FAÇA O
CERTO,
FAÇA
AGORA

FAÇA O CERTO, FAÇA AGORA

A JUSTIÇA EM UM MUNDO INJUSTO

RYAN HOLIDAY

Tradução de André Fontenelle

Copyright © 2024, Ryan Holiday

Todos os direitos reservados, incluindo o direito de reprodução total ou parcial, em qualquer formato.

Este livro foi publicado mediante acordo com Portfolio, um selo do Penguin Publishing Group, divisão da Penguin Random House LLC.

TÍTULO ORIGINAL
Right Thing, Right Now: Good Values. Good Character. Good Deeds.

PREPARAÇÃO
João Guilherme Rodrigues

REVISÃO
Mariana Gonçalves
Luana Luz de Freitas

ADAPTAÇÃO DE PROJETO GRÁFICO E DIAGRAMAÇÃO
Julio Moreira | Equatorium Design

DESIGN DE CAPA
Jason Heuer

IMAGENS DE CAPA
Detalhe do mosaico/balança, século III d. C., de Sousse, Tunísia.

CIP-BRASIL. CATALOGAÇÃO NA PUBLICAÇÃO
SINDICATO NACIONAL DOS EDITORES DE LIVROS, RJ

H677f
    Holiday, Ryan
        Faça o certo, faça agora: a justiça em um mundo injusto / Ryan Holiday ; tradução André Fontenelle. - 1. ed. - Rio de Janeiro: Intrínseca, 2025.
        304 p.

    Tradução de: Right thing, right now
    Sequência de: disciplina é destino
    ISBN 9788551012963

    1. Filosofia antiga. 2. Estoicos. I. Fontenelle, André. II. Título.

5-96742.0   CDD: 188
                                                                       CDU: 17

Gabriela Faray Ferreira Lopes - Bibliotecária - CRB-7/6643

[2025]
Todos os direitos desta edição reservados à
EDITORA INTRÍNSECA LTDA.
Av. das Américas, 500, bloco 12, sala 303
22640-904 – Barra da Tijuca
Rio de Janeiro – RJ
Tel./Fax: (21) 3206-7400
www.intrinseca.com.br

Aquele que comete injustiça é blasfemo, pois a natureza de todas as coisas foi criada para que os seres racionais se ajudem mutuamente, a fim de beneficiarem uns aos outros com justiça, mas de forma alguma prejudicarem-se. Logo, aquele que transgride essa vontade é blasfemo em relação ao mais ancião dos deuses.

MARCO AURÉLIO

SUMÁRIO

As quatro virtudes	11
Introdução	15

PARTE 1: O "EU" (PESSOAL)

"Na presença do rei"	27
Cumpra com sua palavra	45
Diga a verdade	49
Assuma a responsabilidade	54
Seja seu juiz	59
Seja bom, não seja grandioso	63
Seja um livro aberto	67
Seja digno	72
Faça seu trabalho	77
Não suje as mãos	83
Integridade é tudo	88
Alcance seu potencial	93
Seja leal	98
Escolha uma estrela-guia	104
Faça o certo, agora	108

PARTE 2: O "NÓS" (SOCIOPOLÍTICO)

"A vós, de mãos vacilantes, lançamos a tocha..."	113
Só é preciso ser gentil	131
Conheça a vida da "outra metade"	135
Você tem que ajudar	140
Comece aos poucos	146
Crie alianças	151
Torne-se poderoso	157
Pratique o pragmatismo	163
Adquira competência	170
Dê, dê, dê	176
Plante uma árvore de treinadores	180
Cuide dos fracos	185
Crie a boa confusão	190
Volte sempre	195
Algo maior do que nós...	200

PARTE 3: O TODO (É UM SÓ)

Amar o mundo de tal maneira...	205
Escale sua segunda montanha	229
Pare de pedir a "terceira coisa"	233
Dê esperança	238
Seja um anjo	243
Perdoe	247
Repare os erros	251
A grande unidade	256
Amplie o círculo	261
Encontre o bem em todos	266

Dedique-se plenamente	272
O amor triunfa	276
Passe adiante	282
Posfácio	287
Qual a próxima leitura?	301
Agradecimentos	303

AS QUATRO VIRTUDES

Já faz muito tempo desde que Hércules chegou à encruzilhada. Em um vale silencioso entre as colinas da Grécia, à sombra de pinheiros nodosos, o grande herói da mitologia encontrou seu destino pela primeira vez.

Ninguém sabe exatamente onde ou quando aconteceu. Ouvimos sobre esse acontecimento nas histórias de Sócrates. Podemos vê-lo retratado nas mais belas obras de arte do Renascimento e sentir o ímpeto crescente do herói, seus músculos robustos e sua angústia na cantata clássica de Bach. Se o desejo de John Adams tivesse sido cumprido em 1776, Hércules na encruzilhada teria sido imortalizado no brasão oficial dos então recém-fundados Estados Unidos.

Isso tudo porque, naquele momento, antes de sua fama imortal, antes dos doze trabalhos e antes de mudar o mundo, Hércules teve uma crise, tão real e transformadora quanto as crises que qualquer um de nós já enfrentou.

Para onde ele se encaminhava? Para onde estava tentando ir? Esse é o ponto principal da história. Sozinho, anônimo e inseguro, Hércules, assim como tantos outros, não sabia.

De um lado da bifurcação, uma bela deusa ofereceu ao rapaz todas as tentações que ele poderia imaginar. Adornada com elegância, ela lhe prometeu uma vida tranquila e jurou que ele jamais passaria necessidade, sentiria infelicidade, medo ou dor. "Siga-me", disse ela, "e todos os seus desejos serão realizados".

Do outro lado, uma deusa com uma expressão mais severa, em um vestido branco, esperava-o. Fez uma proposta menos exuberante. Não prometeu nenhuma recompensa, exceto as que resultariam do trabalho árduo. Explicou ao rapaz que seria um caminho longo. Que haveria sacrifícios e momentos assustadores, mas que se tratava de uma jornada digna de um deus, o percurso de seus ancestrais. Que ele se tornaria o homem que tinha nascido para ser.

A história é verdadeira? Aconteceu mesmo?

Se estamos falando só de uma lenda, tem alguma importância?

Tem, pois é uma história sobre nós.

Sobre nosso dilema. Sobre nossas encruzilhadas.

Hércules precisava escolher entre vício e virtude, entre o caminho fácil e o caminho difícil, entre a estrada trilhada por muitos e a estrada menos percorrida. Assim como todos nós.

Depois de apenas um segundo de hesitação, Hércules escolheu o caminho que fez toda a diferença.

Escolheu a virtude.

A palavra *virtude* pode soar antiquada. Na verdade, "virtude" — *areté* — tem uma tradução muito simples e muito atemporal: excelência. Moral. Física. Mental.

Na Antiguidade, a virtude possuía quatro atributos fundamentais.

Coragem.

Temperança.

Justiça.

Sabedoria.

O rei-filósofo Marco Aurélio os chamava de "os pilares da bondade". Milhões de pessoas os conhecem como as "virtudes cardeais", quatro ideais praticamente universais adotados pelo cristianismo e por boa parte da filosofia ocidental, mas também valorizados no budismo, no hinduísmo e em quase todas as filosofias que se possa imaginar. C. S. Lewis destacou que essas virtudes são chamadas de "cardeais" não porque tenham sido instituídas pela Igreja Católica, mas porque se originaram do latim *cardo*, ou dobradiça.

São coisas *essenciais*. Que abrem as portas para a boa vida.

Também são o tópico deste livro e desta série.

Quatro livros.* Quatro virtudes.

Um objetivo: ajudar você a escolher...

Coragem, bravura, resistência, honra, sacrifício...

Temperança, autocontrole, moderação, compostura, equilíbrio...

Justiça, equidade, serviço, companheirismo, bondade, gentileza...

Sabedoria, conhecimento, educação, verdade, autorreflexão, paz...

    Esses atributos são o segredo para uma vida de honra, de glória e de *excelência* em todos os sentidos. Traços de personalidade que John Steinbeck descreveu muito bem como "agradáveis e desejáveis para [seu] possuidor e que permitem que ele realize atos dos quais possa se orgulhar e com os quais possa se sentir satisfeito". Aqui, porém, o *ele* quer dizer "toda a humanidade". No latim, a palavra *virtus* (virtude) não era feminina nem masculina, simplesmente *era*.

    E ainda é. Não importa o gênero com o qual você se identifique. Não importa se você é fisicamente forte ou extremamente tímido, um gênio ou alguém de inteligência mediana, a virtude é universal. Continua sendo um imperativo universal.

    Todas as virtudes são inter-relacionadas e inseparáveis, embora cada uma seja distinta das outras. Fazer a coisa certa quase sempre exige coragem, assim como é impossível atingir a disciplina sem a sabedoria do que vale ser escolhido. De que vale a coragem se não for aplicada à justiça? De que vale a sabedoria se não nos tornar mais modestos?

    Norte, sul, leste, oeste. As quatro virtudes são uma espécie de bússola — há um motivo por que os pontos cardeais são chama-

---

* Este é o livro 2. O livro 1 é *O chamado da coragem*.

dos assim. Eles nos orientam, nos mostram onde estamos e o que é verdade.

Aristóteles descreveu a virtude como uma espécie de ofício, algo que devemos buscar da mesma maneira que buscamos dominar uma profissão ou uma habilidade. "Nós nos tornamos construtores construindo e nos tornamos harpistas tocando harpa", escreve ele, "do mesmo modo, portanto, nos tornamos justos realizando ações justas, moderados realizando ações moderadas e corajosos realizando ações corajosas".

Virtude é algo que *fazemos*.

É algo que escolhemos.

Não uma só vez, pois a encruzilhada de Hércules não foi um acontecimento único. Trata-se de um desafio diário, que enfrentamos constante e repetidamente. Seremos egoístas ou abnegados? Corajosos ou temerosos? Fortes ou fracos? Sábios ou estúpidos? Cultivaremos um hábito bom ou ruim? A coragem ou a covardia? A felicidade da ignorância ou o desafio de uma nova ideia?

Permanecer o mesmo... ou crescer?

O caminho fácil ou o caminho correto?

INTRODUÇÃO

~

Justiça, aquele adorno mais resplandecente da virtude por meio da qual uma boa pessoa recebe o título de boa.

CÍCERO, *DE OFFICIIS*, LIVRO I, VII

A maior evidência de que a justiça é a mais importante de todas as virtudes é o que ocorre quando ela é revogada. É cristalino: a presença da injustiça de imediato tira o valor de qualquer ato virtuoso (a coragem, a disciplina, a sabedoria), qualquer habilidade, qualquer realização...

Coragem para fazer o mal? Uma pessoa brilhante sem moralidade? A autodisciplina que leva a um absoluto egoísmo? Há quem diga que, caso todos agíssemos com justiça o tempo inteiro, não haveria tanta necessidade de coragem. Embora o discernimento modere a coragem e o prazer nos sirva de alívio para um excesso de autocontrole, os sábios da Antiguidade nos diriam que não existe virtude que sirva de contrapeso à justiça.

Ela simplesmente é.

Ela simplesmente *é o xis da questão*.

De todas as virtudes. De todos os atos. Da vida em si.

Nada é certo se não fizermos aquilo que é correto.

Algo que diz muito acerca do nosso mundo de hoje, porém, é que, quando as pessoas ouvem a palavra "justiça", a primeira coisa em que pensam não é na decência ou no dever, e sim no sistema jurídico. Pensam em advogados. Pensam em política. Nós nos preocupamos com aquilo que é legal, lutamos por "nossos direitos" muito mais do que *por aquilo que é certo*. Parece um exagero dizer que isso é uma "acusação" dos valores modernos, mas é difícil pensar de outra forma.

"Justiça é muito mais do que as coisas que acontecem em um tribunal", lembrava C.S. Lewis à sua plateia em uma famosa série de palestras. "É o antigo nome de tudo aquilo que hoje em dia chamamos de 'equidade'; inclui honestidade, dar e receber, veracidade, cumprimento de promessas, toda essa parte da vida."

Ideias muito simples, porém, de fato, raríssimas.

Nós precisamos compreender que a justiça é muito mais do que algo entre um cidadão e o Estado. Esqueça o processo judicial em si; o que *você* tem feito? Stare decisis ["Vale o decidido"]? A justiça nos encara. Devemos agir de acordo com ela? Não apenas nos grandes momentos de responsabilidade, mas também nos pequenos: no modo como tratamos pessoas desconhecidas, no modo de gerir os negócios, na seriedade com que tratamos nossas obrigações, no jeito como conduzimos nosso trabalho, no impacto que imprimimos no mundo à nossa volta).

Com certeza, adoramos debater a justiça. *O que é? A quem é devida?* Desde pequenos, não há nada que nos empolgue mais do que um bate-boca sobre equidade, se alguém foi prejudicado ou não, se temos ou não o direito de fazer algo. Adoramos uma suposição incômoda, uma discussão interminável sobre exceções polêmicas às regras ou conclusões morais que provam que ninguém é perfeito.

A filosofia moderna se contorce em torno de dilemas complexos, como o chamado "dilema do bonde" ou a suposta existência do livre-arbítrio. Os historiadores discutem acertos e equívocos de decisões militares, políticas e empresariais que moldaram nosso mundo atual, ora deleitando-se com as ambiguidades, ora fazendo generalizações categóricas em preto ou branco em relação àquilo que está em uma área infinitamente cinza.

É como se essas decisões morais fossem óbvias e fáceis, ou como se fossem pontuais, em vez de uma presença constante.

Como se fôssemos os autores da pergunta, quando na verdade é a vida que cobra de nós.

Nesse meio-tempo, já nas primeiras horas do dia cada um de nós já tomou dezenas de decisões éticas e morais, cuja importância não é pequena, sem nem sequer dedicar a elas um décimo da nossa reflexão. Enquanto ficamos pensando no que faríamos em situações de grande relevância, mas que são improváveis, a todo instante surge um número *infinito* de oportunidades para pôr essas ideias em prática, de forma efetiva, no mundo real. Naturalmente, damos preferência à justiça como uma abstração, o que nos distrai da necessidade de agir (não importa o quanto seja imperfeito) com justiça.

Enquanto não pararmos de debater, não começaremos a *agir*. E é para não termos que começar a agir que prolongamos o debate.

A JUSTIÇA COMO UM MODO DE VIDA

No início desta série sobre as Virtudes Estoicas, definimos "coragem" como o ato de colocar o nosso na reta; e "autodisciplina" como se manter na linha. Dando continuidade à metáfora, podemos definir justiça como *aguentar na linha* (ou estabelecer nossas "Regras para Estar na Linha", parafraseando o general norte-americano James Mattis). Em outras palavras, a linha entre bem e mal, certo e errado, ético e antiético, justo e injusto.

O que você vai fazer.
O que você não vai fazer.
O que você *deve* fazer.
Como fazer.
Para quem fazer.
O que você está disposto a entregar a alguém.
Há certa relatividade nisso? Às vezes exige concessões? Claro que sim, mas de algum jeito, ao colocar em prática, seja qual for a época ou a cultura, é reconfortante encontrar tanta universalidade

e atemporalidade (uma concordância impressionante em relação *àquilo que é certo*). Você perceberá que os heróis deste livro, por mais diferentes que sejam (em gênero ou histórico, na guerra ou na paz, poderosos ou fracos, presidentes ou miseráveis, ativistas ou abolicionistas, diplomatas ou médicos), todos estão incrivelmente alinhados quando se trata de honra e consciência. O fato é que, por mais que as preferências do ser humano tenham mudado muitas vezes ao longo dos séculos, um consenso prevalece: nós admiramos aqueles que cumprem com a palavra dada. Odiamos mentirosos e trapaceiros. Celebramos aqueles que se sacrificam pelo bem comum; detestamos aqueles que ficam ricos ou famosos à custa dos outros.

Ninguém admira o egoísmo. No fim das contas, desprezamos o mal, a ganância e a indiferença.

Os psicólogos têm motivos para acreditar que até mesmo bebês são capazes de sentir e compreender tais conceitos, uma evidência a mais de que "a fome e a sede por justiça" vivem dentro de nós desde os primeiríssimos dias de vida.

O "certo" é complicado... mas também é bastante simples.

Todas as tradições da filosofia e da religião (de Confúcio ao cristianismo, de Platão a Hobbes e Kant) giram em torno de alguma versão da "regra de ouro". No século 1 a.C., um cético perguntou ao rabino ancião Hilel se ele era capaz de resumir a Torá equilibrando-se num pé só. Na verdade, ele resumiu em onze palavras. "Ame o próximo como a ti mesmo", respondeu Hilel. "O resto são comentários."

Preocupe-se com os outros.

Trate-os como gostaria de ser tratado.

Não apenas quando for conveniente ou recompensador, mas principalmente quando não for.

Mesmo quando não retribuírem. Mesmo quando lhe for custoso.

"As palavras verdadeiras são simples, e a justiça não precisa de interpretações sutis, pois ela se basta", escreveu o dramaturgo Eurípedes, em *As Fenícias*. "Mas as palavras injustas, corrompidas em si mesmas, necessitam de sábios tratamentos." Você reconhece a justiça só de vê-la (ou, em um nível mais visceral, você a *sente*, sobretudo diante de sua ausência ou de seu oposto).

Um jovem chamado Hyman Rickover chegou aos Estados Unidos em 1906, fugindo com a família dos *pogroms*, os violentos ataques e perseguições contra os judeus, na Rússia. No novo país, conseguiu galgar a hierarquia da Academia Naval, na qual se impregnou das virtudes clássicas. Durante a longeva carreira, que se estendeu ao longo de treze presidentes (de Woodrow Wilson a Ronald Reagan), Rickover tornou-se, sem chamar muita atenção, um dos homens mais poderosos do planeta. Foi o pioneiro na área de navios e submarinos nucleares e acabou liderando programas responsáveis por bilhões de dólares de equipamentos, milhares de soldados e trabalhadores, além de armas com gigantesco potencial destrutivo. No decorrer de seis décadas e conflitos globais em que a ameaça de uma guerra nuclear apocalíptica sempre esteve em jogo, na qual um simples acidente em uma instalação nuclear ou a bordo de um navio poderia resultar em consequências catastróficas, Rickover influenciou toda uma geração dos melhores e mais brilhantes oficiais do mundo.

Às vezes, Rickover dizia a esses futuros líderes que era preciso agir como se o destino do mundo repousasse em nossos ombros (parafraseando Confúcio, na verdade), e que, em alguns casos durante sua carreira, isso quase ocorre de fato. Mas Rickover também era apenas um ser humano normal, com seu temperamento, seus colegas e subordinados, esposa, um filho, pais, vizinhos, contas a pagar, engarrafamentos a enfrentar. O que o guiava, algo que ele sempre compartilhava nas palestras e reuniões, era a importância dessa noção do que é o certo e o errado, do sentido de dever e honra que serve de guia em meio aos infinitos dilemas e decisões diante das pessoas. "A vida não é sem sentido para aquele que considera alguns atos errados simplesmente por serem errados, sejam eles contra a lei ou não", explicou certa vez.

"Essa espécie de código moral representa um foco, uma base para a conduta pessoal."

É desse tipo de código que o presente livro se trata. Aqui não haverá juridiquês complicado, nem aforismos intelectuais. Não vamos explorar as origens biológicas ou metafísicas do certo e do errado. Embora consideremos os profundos dilemas morais da existência, o objetivo é superá-los (da mesma forma que precisou fazer quem já passou por eles) para não sobrecarregar você com abstrações sem sentido. Aqui não trataremos de nenhuma grande teoria do Direito, nem vamos prometer o Céu ou ameaçar com o Inferno. O objetivo deste livro é muito mais simples e prático: dar continuidade à tradição dos antigos sábios, que consideravam a justiça um hábito ou um ofício, um modo de viver.

Porque é isso o que a justiça deveria ser: não um substantivo, mas um verbo.

Algo que praticamos, e não que recebemos.

Uma forma de excelência humana.

Uma declaração de propósito.

Uma série de atitudes.

Em um mundo com tanta incerteza, no qual tanta coisa foge do nosso controle, onde o mal existe e escapa impune o tempo todo, o compromisso de viver com retidão é um refúgio em meio à tempestade, uma luz na escuridão.

Estamos em busca disto: fixar a justiça como o norte em nossa bússola, a Estrela Polar de nossa vida, deixando-a nos guiar e nos orientar, nas horas boas e más. Assim como foi para Harry S. Truman e Gandhi, Marco Aurélio e Martin Luther King Jr., para Emmeline Pankhurst e Sojourner Truth, Buda e Jesus Cristo.

Quando o almirante Rickover batia o telefone ao final de uma ligação ou encerrava uma reunião, ele não aprofundava seu elevado grau de exigência, nem dava instruções específicas sobre como queria que as coisas fossem feitas. Em vez disso, deixava os subordinados com algo que era ao mesmo tempo muito mais genérico e também absolutamente explícito e pé no chão:

"Faça o que é certo!"

Por isso, podemos encerrar esta introdução com a mesma diretriz:

Faça o que é certo.
Faça agora.
Por você.
Pelos outros.
Pelo mundo.
Nestas páginas, vamos discutir como.

FAÇA O CERTO, FAÇA AGORA

PARTE 1
O "EU"
(PESSOAL)

A virtude de uma pessoa não deve ser medida pelo que ela faz de esforço, e sim pelo que faz de comum.

BLAISE PASCAL

A busca pela justiça não começa em lugares remotos. Começa em casa. Começa com você. Começa com a decisão de *quem você será*. Com os ultrapassados valores de integridade pessoal, honestidade, dignidade e honra. Com atitudes simples que refletem esses ideais: fazendo aquilo que é dito. Fazendo negócios do jeito certo. Tratando bem as pessoas. Os estoicos diziam que, na vida, a principal tarefa é concentrar-se naquilo que se pode controlar. Pode até ser que a injustiça, a iniquidade e a crueldade absoluta dominem o mundo, mas está ao alcance de cada um de nós ser uma exceção à regra. Ser uma pessoa de *retidão* e *dignidade*. Quaisquer que sejam as leis, qualquer que seja a cultura, seja lá o que se possa fazer com impunidade, é possível tomar a decisão de obedecer ao nosso próprio código (um código rigoroso e justo). Alguns podem achar que isso é restritivo demais. Para nós, a verdade é o contrário: nossa conduta nos liberta, nos proporciona um sentido e, acima de tudo, provoca uma diferença positiva. Trata-se de um evangelho que pregamos não com palavras, mas com ações (sabendo que cada ato é como um lampião que ilumina as trevas; cada decisão de fazer o certo, uma afirmação que pode ser escutada por nossos pares, nossos filhos e pelas futuras gerações).

"NA PRESENÇA DO REI"

Talvez tenha sido o momento mais crítico da história mundial. Um presidente amado era velado. Uma guerra assolava dois frontes. Na Europa, a carnificina continuava, e os campos da morte seguiam alimentando fornalhas e câmaras de gás macabras. No Pacífico, a longa campanha para tomar ilha após ilha se arrastava, a cada dia tornando mais iminente uma temida invasão perto da qual o desembarque na Normandia empalideceria.

Uma sinistra Era Nuclear (ainda envolta em segredo) havia apenas começado. Um ajuste de contas racial, adiado por tantos séculos, era inevitável. No horizonte, entre as grandes potências vitoriosas, se assomavam as escuras nuvens da Guerra Fria.

Nesse período, em que milhões de vidas estavam por um fio, no limiar de tempos de incerteza e dificuldade, um homem encontraria seu destino. Quem seria o enviado dos deuses? Quem a fortuna teria criado para esse momento decisivo?

Um fazendeiro de uma cidadezinha do Missouri. Um baixinho que usava óculos com lentes tão grossas e côncavas que os olhos ficavam esbugalhados. Um dono de armarinho de roupas falido sem diploma universitário. Um ex-senador de um dos estados mais corruptos dos Estados Unidos, que entrara para a política depois de fracassar em quase tudo o que fizera na vida. Um candidato a vice-presidente a quem o então falecido Franklin Roosevelt mal se dera ao trabalho de explicar o cargo.

O momento encontrou o homem: Harry S. Truman.

Em bem pouco tempo o choque da notícia deu lugar ao temor, não apenas por parte do povo norte-americano e dos soldados no exterior, mas também do próprio Truman. "Pessoal, não sei se alguém já foi atingido por um monte de feno na cabeça", dirigiu-se à imprensa o sucessor de Roosevelt, "mas, quando me contaram o que aconteceu ontem, foi como se a lua, as estrelas e todos os planetas tivessem despencado em cima de mim". E, quando Truman perguntou se poderia fazer algo pela ex-primeira-dama, a enlutada viúva de Roosevelt balançou a cabeça em negativa, com ar sombrio, e disse: "Tem algo que nós possamos fazer por *você*? Porque agora é você quem está com problemas."

Nem todos, no entanto, caíram em desespero. "Ah, eu fiquei tranquilo", comentou um dos homens mais poderosos e experientes de Washington, "porque eu o *conhecia*. Sabia o tipo de homem que ele era". De fato, aqueles que conheciam Truman de verdade não ficaram nem um pouco preocupados, porque, como disse um capataz do Missouri que conhecera o futuro presidente quando este era um menino e ganhava 35 dólares por mês para ajudar a mãe, Truman era "um cara decente da raiz do cabelo até o dedão do pé".

E assim começou o que poderíamos qualificar como uma experiência inacreditável, em que uma pessoa aparentemente comum foi projetada sob os holofotes a um posto de responsabilidade quase sobre-humana. Será que uma pessoa comum poderia dar certo em uma tarefa tão monumental? Será que era possível não apenas manter seu caráter intacto, mas também provar que esse caráter tinha, na verdade, algum valor neste louco mundo moderno?

Para Harry Truman, a resposta era "sim". Um sonoro "sim".

Mas essa experiência não começou em Washington. Nem em 1945. Começou muitos anos antes, com o simples estudo da virtude, e o exemplo de um homem que já vimos nesta série. "Seu nome verdadeiro era Marco Aurélio Antonino", diria Truman tempos depois, "e ele foi um dos maiores". Não sabemos quem apresentou Marco a Truman, mas sabemos o que Marco ensinou a Truman. "O que ele escreveu em suas *Meditações*", afirmou ao explicar a visão de mundo que pegou emprestada do imperador, "é que as quatro grandes virtudes são a moderação, a sabedoria, a justiça e a fortaleza, e que, se um homem é capaz de cultivá-las, isso é tudo de que ele precisa para viver uma vida feliz e bem-sucedida".

Foi com essa filosofia, aliada à educação dada pelos pais, que Truman criou uma espécie de código de conduta pessoal. E era inabalável quanto à obediência, fosse em momentos bons ou ruins. "Se não for o certo, não faça", sublinhou Truman em seu surrado exemplar das *Meditações*. "Se não for verdade, não diga (...). Em primeiro lugar, não faça nada com imprudência ou sem um propósito. Em segundo, certifique-se de que seus atos são voltados para um fim social."

Truman era pontual. Honesto. Trabalhava com afinco. Não traía a esposa. Pagava os impostos. Detestava ostentar ou chamar a atenção. Era educado. Cumpria com a palavra. Ajudava os vizinhos. Carregava o próprio fardo no mundo. "Desde a infância, no colo da minha mãe", relembrava Truman, "eu acreditava em honra, ética e na retidão como recompensas em si mesmas".

Era bom que ele pensasse nelas como recompensas em si mesmas, porque durante muitos anos o que ele conseguiu não foi muito além disso.

Terminado o ensino médio, Truman tentou a sorte como contínuo do jornal *Kansas City Star*, caixa de mercado, cronometrista da ferrovia de Santa Fe, bancário e produtor agrícola. Primeiro foi rejeitado pela Academia Naval de West Point, por causa da visão debilitada, e depois (na verdade, foram várias vezes) pelo amor de sua vida, Bess Wallace, cuja família não o considerava à altura dela.

Sendo assim, ele continuou batalhando, pagando as contas... com muita dificuldade. Aguardando uma oportunidade para afirmar-se.

A primeira veio exatamente 27 anos antes de Truman chegar à Casa Branca, quando viajou pela primeira vez ao exterior, aterrissando na cidade francesa de Brest, como integrante da Força Expedicionária Americana, capitão de uma unidade de artilharia, a Bateria D. A lista de motivos plausíveis para dispensar Truman de servir na Primeira Guerra Mundial era longa. Ele tinha 33 anos, bem acima da idade do alistamento. Já havia servido na Guarda Nacional. Tinha a visão prejudicada. E, como produtor agrícola e arrimo da irmã e da mãe, ninguém esperava que se alistasse. Porém, era-lhe impensável que outra pessoa servisse em seu lugar. Motivado pelo chamado de Woodrow Wilson para tornar o mundo seguro para a democracia (para trabalhar em prol de um "fim social", como ele aprendera com os estoicos), Truman se alistou e embarcou.

Foi então que, de repente, seu rígido código de conduta pessoal foi posto à prova pela primeira vez diante de outras pessoas.

"Sabe, a justiça é uma tirana ferrenha", escreveu Truman em uma carta para a família, refletindo sobre a disciplina que era obrigado a impor a seus homens, estabelecendo castigos rigorosos, porém justos, aos transgressores. Apesar disso, ele era ao mesmo tempo o tipo de líder que se arriscava a enfrentar uma corte marcial por conceder uma noite a mais de folga enquanto a guerra estourava, e que, muitos anos mais tarde, continuaria ajudando empresas pertencentes aos veteranos da Bateria D a não entrar em falência.

Passada a guerra, Truman abriu um armarinho, que prosperou apenas por tempo suficiente para lhe dar a esperança de que sua maré de azar tivesse terminado. Porém, o negócio logo se tornou outro fracasso empresarial, deixando dívidas que ele se sentia tanto na obrigação de honrar que, quinze anos no futuro, já com a carreira política bem estabelecida, ele ainda as pagava (e com juros).

Na verdade, foram exatamente essas dívidas que o levaram a entrar para a política. "Preciso comer", foi o que disse, com o chapéu na mão, a um camarada do exército, Jim Pendergast, sobrinho do todo-poderoso da política em Kansas City. Tom Pendergast, que controlava todos os cargos e apadrinhamentos do estado, foi benevolente com o amigo de seu sobrinho querido, indicando-o para concorrer ao posto de juiz do tribunal do condado de Jackson, em 1922.

Se estivéssemos escrevendo a história dos bastidores de um político corrupto, a real trajetória de vida de Truman despertaria simpatia até mesmo no leitor mais cético. Ele sempre fora um homem de bem. Servira seu país. Vira o pai ingressar na política local, como supervisor de estradas em Grandview, no Missouri, em 1912, cargo em que a corrupção não apenas era comum, mas incentivada (quase uma parte do processo político). E ainda assim o pai de Harry, mesmo quebrado, resistiu à tentação de enganar seus concidadãos e encher o próprio bolso de dinheiro. O trabalho arrasou com o pai de Truman, que morreu dois anos depois, deixando a família com nada além de dívidas (tradição à qual Truman parecia pronto para dar continuidade).

E assim, Harry, falido e desesperado por um emprego, foi ungido na política por um dos chefões mais ricos e corruptos dos Estados Unidos, em um cargo parecido com aquele que o pai tivera. Essa era a chance dele de ganhar um pouco de dinheiro! De mostrar à esposa que era um homem especial. De ocupar o próprio espaço no mundo.

Em vez disso, nas palavras de Pendergast, ele demonstrou ser "a porcaria do burro mais do contra do planeta". Decidido a erguer um prédio para o tribunal do condado, e pagando do próprio bolso, Truman dirigiu milhares de quilômetros para pesquisar prédios e arquitetos. Quando a obra começou, ele visitava todos os dias o canteiro para supervisioná-lo, recusando-se a admitir furtos, propinas ou trabalho malfeito. "Foi-me ensinado que o dinheiro público que gastamos é uma responsabilidade do governo", explicou, "e minha opinião a esse respeito nunca mudou. Ninguém nunca recebeu qualquer dinheiro público pelo qual eu fosse responsável sem, em troca, prestar um serviço decente". Quando tinham que tratar com Truman, as empreiteiras dos esquemas políticos levavam um susto ao vê-lo pedir para analisar de verdade as propostas (e ao verem que ele não parecia dar preferência às empresas locais em relação às de outros estados, quando estas eram melhores e mais eficientes). "Você vai conseguir contratos comigo", dizia ele, "quando me fizer a menor proposta". Tempos depois, ele estimou que, durante o mandato, poderia ter roubado até 1,5 *milhão* de dólares do condado.

Em vez disso, economizou várias vezes esse valor.

"Em 30 de abril de 1929, quando Harry já tinha empregado mais de 6 milhões de dólares em contratos para estradas", escreveu seu biógrafo, David McCullough, "ele recebeu um veredito de inadimplência de 8.944,78 dólares, por conta das antigas dívidas relacionadas ao armarinho. A mãe dele, nesse meio-tempo, havia sido obrigada a hipotecar a fazenda mais uma vez. No entanto, quando uma das novas estradas atravessou quatro hectares da propriedade dela, Truman sentiu-se obrigado a negar à mãe a indenização devida pelo condado, por causa do cargo que ocupava".

"A impressão que tenho é a de que todo mundo ficou rico em Jackson, menos eu", escreveu Truman à esposa, Bess. "Fico feliz em poder ter uma noite de sono tranquila, mesmo que minha maldita penúria seja um sacrifício para você e Margie." À filha, ele admitiu ser uma negação financeira, mas disse com orgulho que estava tentando deixar para ela "algo que (como diz o sr. Shakespeare) não dá para roubar: uma reputação honrada e um bom nome".

No fim das contas, foi esse rigor renitente e frustrante que acabou por impulsionar a carreira de Truman para um nível acima do regional, "chutando-o escada acima", por assim dizer, a um assento vago do Missouri no Senado. Ter um homem em Washington não era má ideia, mas para Pendergast, que sabia ser impossível pedir a Truman algo antiético, a ideia era colocar alguém mais típico (mais *receptivo*) no cargo mais próximo do seu quintal.

Evidentemente, o pessoal de Washington não enxergava as coisas da mesma forma. Os colegas que não esnobavam Truman como um caipira se referiam a ele como "o senador do Pendergast", supondo que tinha se vendido para estar lá. Quanto a Truman, tudo o que ele podia fazer era recorrer a Marco Aurélio, em especial a um trecho que destacou no livro com o comentário "*Verdade! Verdade! Verdade!*".

Quando disserem algo injurioso a seu respeito, aproxime-se dessas pobres almas, penetre-as e verás que tipo de homem são. Hás de descobrir inexistir razão para qualquer incômodo por esses homens terem esta ou aquela opinião a respeito de ti. Porém, hás de ter boa disposição em relação a eles, pois são de natureza amigável.

Como senador, Truman batalhou nas sombras, incapaz de chamar a atenção da opinião pública até 1941, quando o Subcomitê de Mobilização de Guerra, ao qual ele pertencia, começou a investigar contratos da Segunda Guerra. De repente, a experiência que tivera com a tentação e a corrupção em nível municipal veio a calhar (ele sabia como funcionava o sistema e onde os esqueletos estavam escondidas). E, tendo presenciado o rigor hipócrita a que certos políticos submeteram o dinheiro do New Deal de Roosevelt, destinado a auxiliar os mais miseráveis, Truman não pretendia "tolerar" o desperdício que esses mesmos grupos estavam dispostos a aceitar, quando a questão eram os fornecedores do setor de defesa.

Aquilo que se tornou conhecido como o "Comitê Truman", segundo um perfil da revista *Time*, em 1943, deixou "envergonhados membros do ministério, chefes de agências de guerra, generais, almirantes, grandes e pequenos empresários e líderes sindicais". Esse comitê acabou poupando aos contribuintes norte-americanos cerca de 15 bilhões de dólares e levou à cadeia autoridades corruptas, inclusive dois generais de brigada.

"Espero fazer meu nome como senador", escreveu Truman à esposa, "ainda que, caso minha vida seja longa, esse êxito financeiro seja como um queijo suíço. Mas, se colocar isso em prática, você vai ter que aguentar muita coisa, porque não vou vender influência, e não me importo de ser xingado quando tenho razão".*

---

* Enquanto isso, em plena campanha eleitoral de 1940, a fazenda da mãe de Truman foi leiloada na escadaria do tribunal.

Hoje, com nossas abrangentes (porém insuficientes) regras de financiamento de campanha e outras formas de auditoria previstas em lei, talvez tudo isso pareça um tanto irrelevante. Como a corrupção obviamente parece errada e digna de vergonha, é fácil subestimar o quanto a carreira política honesta de Truman foi notável e solitária (uma coisa é tentar manter-se honesto, outra é conseguir fazer isso em um covil de ladrões).

Talvez você não enxergue a importância de um presidente insistir em pagar pelos selos postais das cartas para a irmã, "porque elas eram pessoais. Não tinham nenhum caráter oficial". Mas a questão é exatamente essa. Ou se é o tipo de pessoa que traça linhas éticas ou não se é. Ou você respeita o código ou não respeita.

Será que essa honestidade e a boa vontade que ensejou convenceram Franklin Roosevelt a escolher Truman como candidato a vice? Ou Roosevelt o escolheu por não representar uma grande ameaça? A única coisa que sabemos é que, em abril de 1945, Roosevelt, durante uma folga em Warm Springs, na Geórgia, não resistiu a um AVC e de uma hora para outra um homem comum era presidente.

Embora nem mesmo a atração do dinheiro nem as tentações da fama tivessem mexido com seu caráter até então, seria compreensível imaginar que o poder absoluto talvez acabasse conseguindo corrompê-lo. Mas isso tampouco afetou a autodisciplina de Truman. Antes de assumir o cargo, ele sempre fora um homem pontual. Era algo arraigado desde cedo, desde os tempos de escola, quando se esperava que os estudantes fossem, segundo o livro de regras, "pontuais e assíduos na frequência; obedientes no espírito; organizados em seus atos; aplicados nos estudos; e corteses e respeitosos nas maneiras". Agora que ele era presidente, embora todos se dispusessem a esperá-lo sem reclamar, atrasos continuavam sendo algo impensável para o homem. "Quando ia almoçar", explicou um de seus assistentes, "se ele avisasse que voltaria às duas da tarde, voltava sem erro, não às 14h05, não às 13h15, mas às duas horas".

Havia quatro relógios na Mesa do Resolute, no Salão Oval da Casa Branca, mais dois no cômodo, além de um no pulso. Até quando caminhava estava sempre no mesmo compasso, algo que lhe fora incutido no exército (120 passos por minuto). Funcionários de hotéis e repórteres chegavam a acertar o relógio pela rotina diária de Truman. "Ah, ele vai sair do elevador às 7h29 da manhã", diziam sempre que ele estava em Nova York.

E ele saía! Nunca falhava!

Pouco tempo depois de assumir o cargo, Truman participava de uma conversa que considerava normal com Harry Hopkins, um dos assistentes e confidentes mais antigos de Roosevelt, depois de mandá-lo em uma missão de emergência na Rússia. "Estou extremamente grato pelo que você fez", disse-lhe Truman, "e quero agradecê-lo por tudo". Hopkins ficou espantado. Ao sair da sala, disse ao secretário de imprensa: "Sabe, acabou de acontecer comigo algo que nunca tinha acontecido na minha vida... O presidente acabou de me dizer 'obrigado'."

Truman era o tipo de homem que, quando a filha de um membro do gabinete passava por uma cirurgia enquanto o pai estava no exterior a serviço do governo, telefonava para o enviado com notícias a respeito do estado da jovem, *de dentro do hospital*; que, depois de uma breve conversa com um universitário na Califórnia, pediu ao rapaz que lhe enviasse uma carta e solicitou ao reitor que o mantivesse a par das notas do jovem; que, em pleno Bloqueio de Berlim, mandou uma nota de condolências da Casa Branca quando o filho de um veterano da Bateria D morreu em um acidente automobilístico; e que, por fim, levou às lágrimas o ex-presidente Hoover ao convidá-lo a voltar à Casa Branca depois de doze anos de exílio.* Mas o primeiro vislumbre público dessa empatia e atenção pessoal veio apenas seis dias depois de tomar posse, quando

---

* Ele incorporou Hoover ao trabalho de envio de alimentos e suprimentos à Europa, tarefas em que o homem se especializara ao final da Primeira Guerra Mundial e durante as grandes enchentes de 1927.

Truman foi ao enterro de Tom Pendergast, *persona non grata* após cair em desgraça e ser condenado à prisão. "Que tipo de homem não iria ao sepultamento de um amigo por medo de ser criticado?", questionou Truman.

É preciso ser um tipo especial de ser humano para ter uma ampla capacidade para se importar com outras pessoas durante aquele que talvez tenha sido o período mais estressante de sua vida, e muito possivelmente um dos mais estressantes vivenciados, no sentido literal, por qualquer pessoa viva naquela época. No espaço de trinta dias, os soviéticos estavam interferindo na Polônia e entrando na guerra contra o Japão, enquanto as Nações Unidas eram formadas para prevenir futuras guerras mundiais e o primeiro carregamento de urânio se encontrava em rota para uso militar.

"É um homem de imensa determinação", disse Winston Churchill pouco tempo depois de conhecê-lo. "Não quer saber se o terreno é instável, Truman apenas planta os pés com firmeza nele." Algo bom, porque nos meses seguintes ocorreriam o colapso econômico da Europa, o Bloqueio de Berlim e a implantação da Doutrina Truman.

A decisão mais importante que ele tomou naquele período foi, é claro, o lançamento das bombas atômicas em Hiroshima e Nagasaki. O debate acerca dessa decisão é intenso até os dias de hoje e assim também o foi já naquela época, mas um fato esquecido é que a questão quase não foi debatida no passado. Poucos meses antes das primeiras explosões da era nuclear, Truman nem sequer sabia da existência da bomba! Tratava-se de um projeto militar e, antes de tudo, de uma decisão militar. Mais tarde um general descreveria Truman como "um menininho no tobogã que nunca tivera a oportunidade de dizer 'sim'. Tudo o que era capaz de dizer era 'não'". O assunto, no entanto, era mais complexo do que isso, como o próprio Truman comentou no exato momento dos primeiros testes, lamentando um mundo onde "as máquinas estão séculos à frente da moral", e torcendo por um no qual não existissem coisas assim.

No presente, porém, ele enfrentava um inimigo implacável e de maldade quase incompreensível. Em 30 de julho de 1945, o *Indianapolis*, navio que apenas quatro dias antes havia levado à ilha Tinian os materiais para montar a primeira bomba atômica, foi afundado por um submarino japonês. Mais de mil homens morreram, muitos deles comidos por tubarões enquanto boiavam no oceano.

Sabemos que Truman decidiu não dizer "não" (e pelo resto da vida acreditou ter tomado a decisão certa, pois, como presidente eleito por milhões de pais e mães, seu dever era proteger vidas norte-americanas acima de qualquer outra conjectura). Porém, depois da devastação infligida em 6 e 9 de agosto, as consequências dessa decisão ganharam uma relevância total e atômica. Embora a incineração de mais de 200 mil japoneses seja uma tragédia que ficará gravada para sempre na história humana, uma consequência crucial foi o sentimento posterior de Truman, de que um poder tão horrendo não pode, sob circunstância alguma, ser entregue às mãos de oficiais militares. Trilhando com firmeza um terreno complicado, ele garantiu o controle civil sobre o arsenal nuclear, que desde então (felizmente) assim permanece, sem ter sido utilizado uma segunda vez até agora.

A essa altura já é quase um clichê, nas narrativas sobre liderança, lembrar que, em sua mesa na Casa Branca, Truman tinha um pequeno aviso com os dizeres: "The Buck Stops Here" ("A responsabilidade é minha", em tradução livre). Era a mais pura verdade e de fato a expressão de sua atitude (que consistia não apenas em tomar decisões difíceis, mas também em assumir a responsabilidade por elas). Menos conhecido, porém, é um aviso mais simbólico, que muitos menos líderes atuais seriam capazes de cumprir. "Faça sempre o certo!", dizia, uma citação de Mark Twain. "Alguns ficarão contentes e o resto ficará espantado."

O uso das armas nucleares foi o certo a se fazer? O debate perdura. Em contrapartida, ninguém questiona o Plano Marshall. Quando a Alemanha se rendeu, em maio de 1945, os problemas da Europa ainda estavam muito longe do fim. Tanto a Europa continental quanto a Grã-Bretanha tinham sido arrasadas pelos seis anos de guerra. Cerca de quarenta milhões de pessoas tinham ficado desalojadas. Uma geração de crianças ficou órfã. Em grandes parcelas do continente inteiro havia pessoas desempregadas, sem aquecimento ou comida. Se a guerra já tinha sido uma calamidade humanitária, causando a morte de milhões, o inevitável sofrimento subsequente seria ainda mais incompreensível.

Decidido a agir, Truman e seus conselheiros bateram o pé pelo socorro econômico de todo um hemisfério. Ele disse ao Congresso que precisaria repassar 15 ou 16 *bilhões* de dólares. Quando o presidente da Câmara dos Representantes, Sam Rayburn, hesitou, Truman lembrou-o de que essa tinha sido quase exatamente a quantia economizada pela Comissão Truman, poucos anos antes. "Agora, vamos precisar desse dinheiro", disse, "e podemos salvar o mundo com ele".

Se o plano foi de todo obra de Truman, por que não levou o nome dele? Perspicácia política é um dos motivos. Outro é a modéstia típica do Meio-Oeste. "General, quero que o plano entre para a história com seu nome nele", afirmou Truman ao general George Marshall, arquiteto muitíssimo popular do esforço de guerra aliado nos Estados Unidos, conhecido dele desde os tempos de soldado na Primeira Guerra Mundial. "E não me traga nenhum argumento contrário. Já tomei minha decisão e, lembre-se, sou seu comandante em chefe." E assim, aquilo que o historiador Arthur Toynbee chamaria de "feito marcante da nossa época" (a doação de bilhões de dólares a países devastados, assolados pela guerra e, em alguns casos, a ex-inimigos) foi coroado por um simples ato de humildade: dar o crédito a outra pessoa.

Existiram vários líderes de grande integridade pessoal, mas com histórico lamentável quando o assunto eram direitos humanos. A ironia trágica tanto da cruzada norte-americana na Europa quanto no Pacífico (a luta contra o fascismo e o genocídio, e pela democracia e pelo império da lei) é o quanto a união era imperfeita dentro de casa. Truman fora criado em um estado com histórico escravocrata, a apenas uma geração de distância da abolição da escravidão, e carregara para a idade adulta grande parte da bagagem repugnante associada a uma criação desse tipo no que concerne questões raciais. Seus avós, tanto os paternos quanto os maternos, foram senhores de pessoas escravizadas. Seus pais tinham uma lembrança tão viva (ou incorreta) da Guerra de Secessão que a própria mãe de Truman se recusava a dormir no Quarto Lincoln quando visitava o filho na Casa Branca.

Desse modo, um homem criado por racistas para ser um racista e casualmente chegou a cogitar entrar para a Ku Klux Klan, em 1922, como se fosse mais um de uma dezena de clubes que ele frequentava, transformou-se na pessoa que aboliu a segregação racial nas forças armadas norte-americanas em 1948 (uma das poucas coisas que o presidente tem poder para decidir unilateralmente). Mais tarde, esse mesmo homem proibiu a discriminação na administração federal, gerando, com uma canetada, milhares de empregos para norte-americanos de todas as raças, credos e origens. Foi Truman quem realizou o primeiro comício político multirracial, no estado do Texas, em 1948, e depois tornou-se o primeiro presidente a discursar para a NAACP, organização defensora dos direitos civis, na escadaria do Memorial Lincoln. Anos antes, porém, em Sedalia, no Missouri, Truman já desafiava seus próprios semelhantes e vizinhos em relação à questão racial. "Acredito na fraternidade entre os homens", disse a eles, "não na mera fraternidade entre os homens brancos, mas na fraternidade de todos os homens perante a lei. Acredito na Constituição e na Declaração de Independência. Ao conceder aos negros direitos que lhes pertencem, estamos apenas agindo de acordo com nossos próprios ideais de uma democracia autêntica".

Ele poderia ter feito mais (todos poderiam), mas o que fez, seus conselheiros lhe disseram, era praticamente "suicídio político". Em 1948, ele viu o que o alerta significava, quando vários estados sulistas se retiraram da convenção nacional do Partido Democrata, na Filadélfia, por causa de suas políticas de direitos civis.

Truman reconheceu a perda de apoio, mas retrucou, corajoso: "Sempre dá para seguir adiante sem o apoio de gente assim."

Por que ele foi se meter nisso? Óbvio, foi por acreditar na Constituição e na Declaração de Independência. No discurso do Memorial Lincoln, ele antecipou em dezesseis anos o famoso sonho de Martin Luther King Jr., ao dizer: "Quando me refiro a todos os norte-americanos, estou falando de *todos* os norte-americanos." Mas o maior motivo foi a notícia de um terrível linchamento em Monroe, na Geórgia, de um veterano negro da Segunda Guerra Mundial, o qual foi explicitamente incentivado por políticos locais. A pura crueldade e violência desse linchamento acabaram com qualquer ilusão que Truman alimentava desde a infância. Aquilo agrediu seu senso de decência e humanidade fundamental. "Meu Deus!", exclamou ao ficar sabendo da maneira como o sargento Isaac Woodard Jr., uniformizado, tinha sido arrastado para fora de um ônibus na Carolina do Sul, surrado e propositalmente cegado dos dois olhos por um chefe de polícia local. "Eu não fazia ideia de que era tão terrível assim", comentou Truman. "Precisamos fazer algo!"

E ele fez.

A Comissão Presidencial de Direitos Civis, criada por ele pouco tempo depois, modificou de modo significativo o alcance da Justiça nos Estados Unidos, iniciando uma transformação não apenas adiada por muito tempo, mas que tinha sido ignorada pelo próprio Truman. "O desdobramento mais incrível e maravilhoso desse período", diria um conselheiro da Casa Branca, "foi a capacidade de Harry Truman de evoluir".

Em 1950, Truman soube que a família do sargento John Rice enfrentava dificuldade para sepultá-lo em *qualquer* um dos cemitérios de Sioux City, em Iowa. Rice, herói de guerra no Pacífico, fora morto em combate na Coreia, pouco depois do desembarque em Incheon. Também era, por acaso, uma pessoa indígena, cujo nome de batismo era Walking in Blue Sky [Caminhando no Céu Azul, em português). Revoltado com a injustiça, Truman agiu para que Rice fosse enterrado no cemitério militar de Arlington, com todas as honrarias militares e um avião enviado especialmente para seus familiares. "O presidente considera que a apreciação nacional do sacrifício patriótico não deve ser limitada por raça, cor ou credo", afirmou a declaração oficial.

Em Harry Truman, quase nada remetia a Franklin Roosevelt ou a Abraham Lincoln. Ele fazia poucos discursos grandiloquentes; ninguém enxergava nele um dos grandes líderes da história. Era um homem baixinho. Não era bem-apessoado. Não exalava elegância, poder ou traquejo social. Suas decisões não eram resultado de uma ideologia coerente. Baseavam-se menos em uma visão grandiosa do futuro do que em algo muito mais simples e acessível (algo mais humano também). Aquilo que a própria consciência e respeito pessoal exigem que ofereçamos aos outros, na nossa maneira de tratar os outros.

Truman não era perfeito e, como todo homem, foi um produto de seu tempo (para a decepção de muitos, aferrou-se a preconceitos e convenções por mais tempo do que deveria). Mesmo assim, deve servir de inspiração para nós que o mordomo da Casa Branca, Alonzo Fields, funcionário negro que serviu quatro presidentes ao longo de duas décadas, tenha comentado que Truman foi a única pessoa poderosa conhecida que *arrumou tempo para compreendê-lo como pessoa*.

Quantos políticos são honestos? Quantos são gentis? Quantos vivem de acordo com um código de conduta? Quantas pessoas dão prioridade aos outros? "Sempre li, o tempo todo, que ele era um homem comum", costumava dizer Dean Acheson, secretário de Estado de Truman, homem de família rica e diplomado pelas escolas de elite. "Seja lá o que isso signifique... eu o considero um dos seres humanos mais extraordinários que já viveram."

Talvez não exista prova maior disso do que o Truman *pós*-presidência. Tendo decidido não se candidatar a um terceiro mandato (retomando uma tradição rompida por Roosevelt), Truman se viu diante da realidade de entregar o cargo a Dwight D. Eisenhower, homem que ele admirou durante muito tempo, mas que, a seus olhos, foi se tornando um adversário político ingrato.*

Depois de uma campanha virulenta, em que ambas as partes fizeram ataques pessoais recíprocos, o dia da posse foi tenso. Eisenhower vencera com uma maioria esmagadora, mas não se sentia muito magnânimo. Esnobou um convite educado de Truman para tomar café na Casa Branca e tentou forçar o presidente a mandar buscá-lo no hotel. Depois de muito relutar, Eisenhower concordou em fazer uma visita ao presidente (como era de praxe). Só que ficou esperando no carro, para forçar que Truman fosse até ele, o que o presidente fez sem criar caso.

Então ali, na escadaria do Capitólio, Eisenhower ficou pasmo ao descobrir que seu filho, que servia o exército no exterior, encontrava-se presente. "Queria saber quem é o responsável por meu filho John ter sido trazido da Coreia até Washington", cobrou Eisenhower. "Pergunto-me quem está tentando me constranger." Truman, que tinha planejado em segredo essa atenciosa surpresa para seu então rival, respondeu apenas: "O presidente dos Estados Unidos deu a seu filho a ordem de assistir à posse do pai na presidência. Se o senhor acha que alguém está tentando constrangê-lo com essa ordem, nesse caso o presidente assume plena responsabilidade." Alguns dias depois, Eisenhower enviou a Truman uma carta reconhecendo "a gentileza de trazer meu filho da Coreia para casa [...] e, em especial, por não ter deixado que ele ou eu soubéssemos que o senhor dera tal ordem". Por fim, retribuiu a gentileza ficando mais seis anos sem dirigir a palavra a Truman.

Ao deixar Washington, onde seu carro voltou a parar nos sinais vermelhos pela primeira vez em quase uma década, Truman retornou a Independence, no Missouri. Os repórteres perguntaram o

---

* Truman destruiu com as próprias mãos provas de que Eisenhower tinha traído a esposa durante a guerra, por acreditar que ninguém tinha nada a ver com aquilo. Segundo relatos, ele se comprometeu a não tentar a reeleição caso Eisenhower manifestasse interesse pela presidência.

que ele fez no primeiro dia fora do cargo. *Subi com as malas para o sótão*, respondeu, voltando sem maiores transtornos à sua rotina anterior e à pessoa que era antes da presidência (isto é, uma pessoa comum). Poucos dias mais tarde, ele foi visto no acostamento da estrada, onde parara para ajudar um fazendeiro a conduzir os porcos para fora do caminho.

Truman, assim como muitos ex-presidentes, foi cercado de oportunidades de lucro (empregos de fachada, que lhe teriam garantido uma vida abastada e tranquila). Ele recusou todas. "Preferiria morrer em um abrigo a fazer algo desse tipo", afirmou. Na verdade, o receio da opinião pública de que isso pudesse de fato ocorrer levou à criação, para grande constrangimento de Truman, da primeira pensão presidencial.

No cargo, Truman disse várias vezes, ao conceder a Medalha de Honra do Congresso, que preferiria ganhar ele próprio aquela medalha a ser presidente dos Estados Unidos. No entanto, aos 87 anos, Truman anunciou que não aceitaria a honraria do Congresso. "Não considero ter feito nada que devesse ser motivo de algum prêmio, do Congresso ou de outrem", escreveu. "Isso não significa que não dou valor àquilo que vocês e outros fizeram, porque valorizo, sim, as palavras gentis que foram ditas e a proposta de agraciar-me com a condecoração."

Na visão dele, a Medalha de Honra era concedida por heroísmo em combate, e as regras não podiam ser distorcidas em seu favor. Até mesmo para aquilo que ele queria mais do que tudo.

Truman era esse tipo de homem.

Esse é o tipo de exemplo que devemos tentar seguir.

Ainda que pouquíssimos concordem conosco. Ainda que não seja algo a ser recompensado.

É preciso que entendamos: a justiça não é algo que exigimos de outras pessoas, e sim algo que cobramos de nós mesmos. Não é um tópico de discussão, é um modo de vida. Tampouco pode ser uma eterna abstração, algo esotérico. Pode ser algo prático, acessível e pessoal. Na verdade, existe um jeito melhor de começar?

A justiça pode ser...
... os padrões que estabelecemos para nós mesmos;
... nosso jeito de tratar as pessoas;
... as promessas que cumprimos;
... a integridade que imprimimos ao que dizemos;
... a lealdade e a generosidade que oferecemos aos amigos;
... as oportunidades que aceitamos (e recusamos);
... aquilo a que damos importância;
... a diferença que fazemos para a vida dos outros.

Isso nem sempre renderá popularidade. Nem sempre será valorizado. Truman deixou o cargo como um dos presidentes mais impopulares da história, assim como costuma ser a maioria dos líderes que tomam decisões difíceis porém necessárias. Mas seus atos envelheceram bem, como costuma ocorrer com a ética e a honra.

Se continuamos a fazer o certo, no fim isso nos mantém certos...

... e, a rigor, o mundo também.

CUMPRA COM SUA PALAVRA

No ano de 256 a.C., Marco Atílio Régulo estava muito perto de derrotar os cartagineses, mas não era para ser. Seus inimigos, reforçados pelo apoio dos espartanos, derrotaram os romanos em uma reviravolta surpreendente, na Conquista de Túnis. Poucos meses depois de tentar impor termos de rendição impossíveis aos adversários, Régulo era, então, prisioneiro de guerra.

Durante cinco anos ele definhou em Cartago, a mais de 1.500km de Roma, longe da família, rebaixado à escravidão, vestido com farrapos, desesperançoso e impotente. Tudo parecia perdido, até que uma vez mais, em outra reviravolta no campo de batalha, Cartago pediu a paz e o enviou de volta a Roma para negociar uma troca de prisioneiros e o fim das hostilidades.

Livre de Cartago, com o vento do mar batendo no rosto, Régulo tomou o rumo de casa. Depois de tantos anos distante, o herói de guerra estava de volta do mundo dos mortos. De volta à família. Longe do jugo do inimigo.

Só que, após explicar os termos de Cartago, Régulo tinha um conselho a dar ao Senado de Roma: rejeitem a proposta. Cartago encontrava-se enfraquecida, informou. Do contrário, não teriam me enviado como moeda de troca. Continuem lutando. *Dá para ganhar a guerra.*

Agradecidos, os romanos seguiram o conselho... e Régulo fez as malas. Não para juntar-se ao exército, mas *para retornar a Cartago, como prisioneiro.* Os amigos ficaram incrédulos. Agora você está em segurança, por que iria querer voltar? "Jurei a eles que voltaria" foi a resposta de Régulo, explicando que tinha sido solto com base em um código de honra. "Não desobedeço a meus juramentos, mesmo quando os faço ao inimigo."

Ele tinha dado a palavra. E pronto.

E quanto a nós? A gente sempre tenta escapulir daquilo com que acabamos de concordar. Arrumar um jeitinho de não ter que cumprir com uma promessa. Porque pintou algo melhor. Porque apareceu algo mais lucrativo. Porque só agora vimos como ia ser complicado. Porque acreditamos que isso é irrelevante.

Sim, é verdade, cumprir com a palavra pode ter um custo para você, que fica comprometido a fazer algo que talvez não quisesse. Você terá que deixar passar uma oportunidade melhor, que apareceu depois de ter concordado com outra coisa. Ao insistir naquilo que já aceitou, acaba com uma oportunidade abaixo do valor de mercado.

Porém, descumprir com sua palavra não sai de graça. E não é somente a reputação que costuma estar em jogo. Não apenas porque todos nós representamos outras pessoas, mas porque, toda vez que trapaceamos ou traímos a confiança de alguém, solapamos a fé pública e tornamos mais difícil que as pessoas confiem em nós de novo.

Mas o inverso também é verdadeiro: toda vez que cumprimos com a palavra dada, fazemos um depósito, nós acrescentamos uma fibra à corda que mantém o mundo unido.

Quase no fim da vida, com a saúde debilitada, Harry Truman precisou começar a cancelar entrevistas e aparições públicas. "Sinto muito por não ter podido sair hoje de manhã", disse a um repórter com quem precisou remarcar. "Não tem problema, presidente. O senhor estava indisposto." "Eu sei", respondeu Truman, com os olhos marejados, "mas eu gosto de cumprir com minhas obrigações".

Tem alguém que admiramos que *não* tenta cumprir com suas obrigações? Que não cumpre com a própria palavra?

Quando cumprimos com o prometido a nós mesmos, isso é disciplina.

Quando cumprimos com o prometido aos outros, isso é justiça.

Quando alguém diz que vai cumprir um prazo, que vai custar isso ou aquilo, que o projeto pode ser considerado aprovado, que estará lá na hora marcada... As pessoas deveriam ser capazes de ter total confiança. Na verdade, muitas vezes a confiança é necessária. Elas fazem planos com base no compromisso do outro; gastam dinheiro com base na aprovação dele; reservam duas semanas logo depois que você confirma que o serviço é delas. Elas contam para *outras* pessoas que está definido, que está em andamento, que o negócio foi fechado.

Quando dizemos que alguém está "comprometido" pela palavra, em parte é isso o que "compromisso" quer dizer. Não apenas um laço entre duas pessoas, mas um compromisso literal. Um contrato.

Um aperto de mãos deveria bastar. Sua palavra deveria bastar.

Porque, se não bastar, onde vamos parar?

Nos anos 1960, a jovem poeta Diane di Prima participava de uma das famosas festas *beatnik*, que vieram a ser tema de tantos filmes. Todo mundo estava lá. Havia drogas, ideias e romances. Jack Kerouac estava presente. Allen Ginsberg também. Mesmo assim, Di Prima precisou se levantar para ir para casa cedo, para assumir o lugar da babá.

Alguns outros escritores na festa acharam graça disso, por acreditarem que a vida literária deveria ser prioridade diante de questões tão mundanas. "Se você ficar pensando na babá", disse-lhe Kerouac na frente de todo mundo, "nunca será escritora".

No entanto, Di Prima foi embora mesmo assim. No fundo, ser boa mãe e boa escritora exigem a mesma coisa, "a mesma disciplina do início ao fim". Ela tinha dado a palavra. No trabalho ou na família, em qualquer situação, ela assumia um compromisso.

Não deixe ninguém lhe dizer o contrário. Não deixe ninguém julgar você por isso.

Não deveríamos fingir que sempre será fácil. Estar à altura daquele voto... aquele, da saúde e da doença, da fidelidade até que a morte nos separe? Isso, sim, é um teste. Você prometeu à família que nunca mais beberia, prometeu aos eleitores que, se fosse eleito... mas agora chegou a hora de manter o compromisso, faça chuva ou faça sol. Prometer ajudar um amigo a fazer a mudança é uma coisa, mas e quanto a cumprir uma promessa feita a um amigo que não respeitou a parte dele? Retribuir a alguém que você odeia? E se você descobre que aquele acordo feito vai sair muito mais caro, a ponto de deixar outras pessoas extremamente irritadas? Pode exigir o envolvimento de advogados. Ameaças podem ser feitas. Vão surgir incertezas. Se dependesse do lado de lá, estariam rindo da ideia de retribuir.

Ficar em dúvida é natural. Esperar que o problema se resolva sozinho, ou até pedir arrego ou flexibilidade, é natural. Pedir que abram uma exceção, ou livrem sua barra. No fim das contas, porém, não há como fugir da palavra livremente dada e aceita, de um contrato assinado de boa-fé.

Você deu sua palavra. Estão contando com você. *Faça*. Mesmo que não pareça algo tão importante. Mesmo que seja difícil ou sofrido.

Na vida, a gente se arrepende de muita coisa. Mas não *de ser o tipo de pessoa* que cumpre com a palavra.

O tipo que põe em prática fielmente, com seus atos, as promessas que fez com palavras.

DIGA A VERDADE

Em 2002, Cynthia Cooper alertou o mundo para uma das maiores fraudes contábeis da história: o escândalo da telefônica WorldCom. Em 1971, Daniel Ellsberg expôs a história secreta dos Estados Unidos na Guerra do Vietnã. Em 2015, Tyler Shultz ajudou a derrubar a Theranos, empresa que enganou investidores promovendo um falso exame de sangue revolucionário. Em 2019, o médico Li Wenliang advertiu sobre um vírus devastador que começava a surgir na China, tendo que enfrentar a censura do governo.

Por conta disso, eles ficaram conhecidos como "delatores". No entanto, o que fizeram foi algo muito mais simples, muito mais básico.

Eles contaram a verdade.

Viram algo. Disseram algo.

Era assim que pensava Ernie Fitzgerald, que expôs superfaturamentos e martelos de 500 dólares e cafeteiras de 7 mil dólares quando exercia um cargo civil no Pentágono. Ele não gostava do rótulo de "delator". Em vez disso, preferia ser chamado de "contador da verdade". Preferia encarar aquilo como o que o pagavam para fazer, como funcionário, e esperavam que fizesse, como cidadão. Sua esposa, Nell, concordava. Na véspera do depoimento dele ao Congresso, enquanto os chefes o pressionavam a se fingir de morto, ela lhe disse: "Acho que não conseguiria viver com um homem que eu não respeitasse. Se você for lá e mentir, deixarei de respeitá-lo."

A delação é uma forma agressiva de contar a verdade. Trata-se de pronunciar-se com um toque de risco pessoal ou profissional.

Algo que se torna necessário quando se descobre uma mentira ou uma fraude, quando se testemunha ou se é vítima de um ato de má-fé que o mundo desconhece. Seria de se imaginar que esse tipo de coragem rendesse elogios, mas não é o que acontece. Embora às vezes delatores sejam respeitados e admirados, muito tempo depois dos fatos o mais comum é que eles sejam colocados em dúvida, pressionados, criticados e atacados.

Seus motivos são impugnados. Suas vidas pessoais, investigadas. E, embora existam poderosos mecanismos jurídicos de proteção dos delatores (nos Estados Unidos, eles datam de 1778), não se trata de um ato simples de serviço público.

E qual foi a recompensa de Ernie Fitzgerald por ter dito a verdade? Tornou-se o homem mais odiado da força aérea norte-americana. Gravações secretas flagraram o presidente Richard Nixon ordenando aos assessores para "se livrarem daquele filho da puta", e, então, ele foi demitido. Que fique de lembrete: apesar de todos os discursos a favor da verdade, o fato é que ser sincero costuma ser um ato radical, e até perigoso. Talvez seja uma das coisas mais raras do mundo.

Quantas pessoas realmente sinceras você conhece?

Gente que diz a verdade mesmo quando é inconveniente? Que deixa claro de que lado está? Que não comete equívocos?

Sendo sincero, você se incluiria nessa categoria?

"A singela atitude de um homem corajoso comum é não fazer parte de mentiras, não apoiar atos falsos!", disse certa vez o dissidente soviético Alexander Soljenítsin. "A regra dele é: pode deixar que isso venha ao mundo, pode até deixar que reine soberano... mas não por meu intermédio."

Políticos fazem algazarras e exageram em relação a coisas insignificantes (a multidão em um comício) e fazem as pessoas à volta se sentirem à vontade para estar em desacordo com os fatos, com a própria consciência. É o que Hitler fez, acuando os generais para que aceitassem suas mentiras insanas, muito antes de ter matado uma única pessoa. Na Theranos, tanto os investidores quanto os funcionários perceberam que havia um abismo entre a realidade de seus produtos e o marketing, dizendo a si próprios que a máquina de bombear do Vale do Silício era assim mesmo. Só que havia muito dinheiro dependendo deles para que fingissem o contrário.

Nem sempre é algo tão drástico. Ao vender um produto, fazemos projeções otimistas demais. Inflamos nosso currículo. Driblamos respostas difíceis, preferindo deixar o silêncio fazer o trabalho pesado. Há um longo caminho do "fazer de conta até virar a realidade" à fraude pura e simples, mas não um tão longo quanto é de se imaginar.

Não queríamos ficar de fora. Precisávamos mesmo do apoio deles. Outros fariam muito pior! Optamos por não ver... para não ter que dizer nem fazer nada. *É por uma boa causa*.

Sempre temos nossos motivos.

Existe aquela antiga fábula, do rei que estava nu, e dos bajuladores que não queriam contar para ele. Na vida real, o imperador Adriano exercia sua autoridade em uma corte repleta de gente assim. Foi por isso que viu tanto potencial em um jovem chamado Marco Aurélio, que desde cedo gostava de filosofia e parecia sempre dizer o que pensava, até mesmo aos poderosos. Adriano apelidou-o de "Verissimus", que significa "o mais verdadeiro".

Marco Aurélio, que viria ele próprio a ser imperador, passou a desprezar aqueles que não tinham como política a honestidade. Para ele, eram particularmente incômodas as pessoas que começavam uma frase afirmando que diriam a verdade, dando a entender, como fazemos tantas vezes sem perceber, que na maior parte do tempo não é o que fazemos. A franqueza não deveria precisar de um prefácio. Uma pessoa honesta, dizia Marco Aurélio, é como uma cabra fedorenta: *você sabe quando ela está na sala*.

Quem é honesto cumpre com a palavra. Não se esconde atrás do linguajar. Não enrola. Quando vai ocorrer um problema ou um atraso, conta. Quando tem preocupações, avisa (em vez de concordar com a cabeça e depois dizer "Eu avisei"). Uma pessoa assim não engana a si mesma achando que tudo vai se resolver, nem se preocupa em agradar. Aceita, como Cassandra ou os mensageiros na peça *Antônio e Cleópatra*, que os outros nem sempre vão acreditar ou gostar dela.

Isso não quer dizer que sejam pessoas grosseiras. Existe uma diferença entre contar a verdade e ser agressivo, entre dizer o que pensa e dar opiniões que não foram pedidas a respeito de como as pessoas devem viver, aparentar ou agir. "Diga a verdade tal como a vê", repetia Marco Aurélio para si, "mas com gentileza. Com humildade. Sem hipocrisia".

A verdade por si só já é bastante dolorosa. Não é preciso usá-la para magoar.

Isso nos faz voltar aos delatores. Muitas vezes, eles são acusados de estar em busca de atenção ou de fama. É ridículo pensar assim, porque primeiro eles quase sempre tentam abordar de forma educada e privada aquilo que descobriram. Tais pessoas já recorreram a todos os canais internos (tanto oficiais quanto extraoficiais), às vezes ao longo de *anos*. Falaram com os superiores sendo respeitosos. Tentaram manter a roupa suja dentro de casa, tirando as manchas antes de lavá-la em público. Foi só depois que nada disso deu certo (depois que todas as tentativas de boa-fé foram rejeitadas) que procuraram a atenção da mídia ou da lei.

No fim das contas, porém, eles fizeram o que precisava ser feito. E, porque sabiam que tinham razão, também não se esquivaram disso.

Essas pessoas seguiram um conselho atemporal, que no longínquo século 2 d.C., o poeta romano Juvenal deu a um político chamado Ponticus:

> Seja um bom soldado, um bom guardião, um juiz incorruptível; se chamado a testemunhar em um caso ambíguo e duvidoso, mesmo que o tirano Fálaris venha em pessoa, trazendo seu

touro* ao preço de sua vida, para ditar o perjúrio que teria que dizer, considere abominável preferir a vida à honra, e perder, em nome da vida, a razão de viver.

Nas questões grandes e pequenas, públicas ou privadas, convenientes ou inconvenientes, resultando em recompensa ou punição, diga a verdade. Seja um bastião da verdade em um tempo de mentira. Diga *não por meu intermédio*.
Não apenas é a coisa certa a fazer: é seu dever. Como contador. Como servidor. Como recepcionista. Como esposa. Como ser humano.

---

* Déspota de Acragas, na Sicília, Faláris supostamente queimava os inimigos dentro de um touro de bronze. (N. do T.)

ASSUMA A RESPONSABILIDADE

~

Quando adolescente, Maxwell Perkins, que no futuro seria editor de Ernest Hemingway e F. Scott Fitzgerald, nadava com um amigo em um lago pequeno e profundo em New Hampshire. De repente, o outro jovem, Tom, começou a se afogar. Em pânico e debatendo-se, o amigo o agarrou pelo pescoço e puxou-o para dentro da água.

Perkins, excelente nadador, mas confessamente um menino tímido e acovardado, batalhou para se desvencilhar e nadar quase até a margem. Mas alguma coisa nele, algo mais forte que aquilo que o tornava um rapaz assustado de 17 anos, tomou conta de seu corpo e o fez nadar de volta na direção de Tom. Depois de conseguir agarrar o amigo bem na hora em que ele ia afundar, Perkins, exausto, mais uma vez avançou com ele até a terra firme. Fora da água, reanimou Tom e salvou a vida do amigo.

Como acontece muitas vezes com jovens que escapam da morte por um triz, os dois juraram nunca mais falar daquele momento assustador. Mas aquilo mudou Maxwell Perkins para sempre. "Naquela hora, eu tomei a única resolução que já cumpri", diria tempos depois a um amigo, "isto é: nunca fugir da responsabilidade".

Esta é a primeira decisão que deve ser tomada em uma vida baseada em justiça.

Por ser complicado, nós fugimos das responsabilidades. Porque elas implicam riscos. Porque já é difícil demais tomarmos conta de nós mesmos. Porque preferimos que outra pessoa seja a responsável. Mas como seria o mundo se todos fizéssemos isso? Se ninguém adotasse a resolução que mudou a vida de Perkins?

Com certeza não seria um mundo dos mais justos.

Antes de podermos assumir a responsabilidade por uma segunda vida, precisamos começar pela decisão de assumir a responsabilidade por nós mesmos, como afirmou a jornalista norte-americana Joan Didion. É daí, segundo ela, que brotam o *caráter* e o respeito de si. As decisões mais elementares em relação à nossa conduta (resolver que tipo de pessoa vamos ser) não são apenas questões de disciplina, mas também de justiça.

Como vamos resolver nossos pepinos? Ou ficamos na esperança de que outra pessoa resolva?

Dá para contar conosco? Ou não?

Somos daqueles que fazem o trabalho direito... ou apenas o mínimo?

Nós nos importamos com as consequências de nossos atos ou somente com nossos interesses?

Aquele que escolhemos ser afeta muito além de nós. Tem consequências mundo afora.

Entender isso não é apenas esclarecedor, mas profundamente empoderador. Aquilo que fazemos importa. *Nós importamos.*

Por mais que pareça um pouco egocêntrico, com certeza é bem melhor do que a alternativa imatura (escolhida pela maioria das pessoas), que supõe que quase nada merece ser levado a sério, que o que está em jogo não é tão importante, que dá para continuar indefinidamente em um estado de amadurecimento interrompido.

No porto de Nova York há uma linda estátua dedicada à liberdade. Não existe um monumento assim para a responsabilidade. Pois, para encontrá-la, é preciso que olhemos para dentro de nós.

Muito embora ninguém tenha assinado o contrato social, todos nós o herdamos. Todos temos que cumprir com nossas obrigações, deveres e expectativas.

"Em nossa sociedade, a frase 'Não sou responsável' virou uma resposta-padrão quando alguém reclama de um serviço malfeito", comentou certa vez o almirante Hyman Rickover. "Essa resposta tem um erro de semântica. Em geral, o que a pessoa quer dizer é: 'Perante a lei, não posso ser responsabilizado.' No entanto, de um ponto de vista ético ou moral, a pessoa que refuta a responsabilidade tem razão: ao optar por essa saída, ela realmente não é responsável, é *irresponsável*."

O mundo está cheio de pessoas desse tipo. Gente que não se importa de ter dito que faria alguma coisa. Gente que só é honesta quando acha que está sendo observada ou que vai se meter em encrenca. Gente que desperdiça o próprio talento, achando que o tempo é eterno ou que tem muitas vidas para viver. Gente que nunca para e pensa em como as decisões que tomam vão afetar os outros. Gente fraca ou incapaz de fazer algo por si mesma ou pelos outros. Gente que recua, achando que alguém vai tomar o lugar dela.

Todos nós já agimos assim em algum momento (porque éramos jovens, ou porque pouco era esperado de nós; porque ninguém chamou nossa atenção quanto à imaturidade; porque a vida era fácil e não fomos colocados à prova). Parte de nós teme que a responsabilidade vire um estorvo, que seja sem graça. Ou que no fundo haja algo de injusto em assumi-la, já que a maioria das pessoas claramente não a toma para si.

Depois de salvar aquele rapaz, Maxwell Perkins viria a se tornar um dos maiores editores da história da literatura. Faria o melhor possível para ajudar grandes talentos a alcançarem seu potencial, viabilizando a expressão de gênios incríveis. Ele também se responsabilizaria por eles, atuando como o adulto no cômodo nas muitas vezes em que se comportavam como crianças.

Não há como não ver uma referência a essa relação no conto "The Adjuster", de Fitzgerald, editado por Perkins em meados da década de 1920. A história gira em torno de uma mulher chamada Luella Hempel, uma jovem e rica esposa que sempre levou uma vida confortável. Privilegiada e entediada, indiferente ao próprio filho recém-nascido, estressava-se quando os criados lhe deixavam a mais simples tarefa doméstica. Ela alimenta a fantasia de se divorciar para voltar a viajar e curtir a vida.

Porém, de súbito ocorre uma série de tragédias. Surge uma série de choques de realidade e responsabilidades. Baratinada diante de tudo aquilo, ela é auxiliada por um terapeuta misterioso, que lhe aconselha a encarar a vida e agir como adulta.

"Com crianças, nós fazemos um acordo para que fiquem sentadas na plateia, sem precisar ajudar na peça de teatro", explica o terapeuta enquanto os dois se instalam no sofá. "Mas, se elas crescerem e continuarem sentadas na plateia, alguém vai ter que realizar uma dupla jornada por elas, para que continuem curtindo o brilho e as luzes do mundo."

"Mas eu quero o brilho e as luzes", queixa-se Luella. "Na vida, não há nada além disso. Não pode haver algo errado em querer conforto."

"Mas o conforto não vai acabar", responde o terapeuta, tranquilizando-a.

"Como?"

"É de você que o conforto virá."

E em seguida o terapeuta profere à espantada paciente uma definição de justiça que Rickover aprovaria, uma definição à qual todos nós deveríamos aspirar, se esse for nosso objetivo de vida.

"É sua vez de ficar no centro", diz ele, "de dar aos outros aquilo que lhe deram por tanto tempo. Você precisa propiciar segurança aos mais jovens e tranquilidade a seu marido, e algum tipo de compaixão pelos mais velhos. Precisa deixar que seus funcionários dependam de você. Precisa dissimular mais algumas dificuldades do que demonstra, ser um pouco mais paciente do que a maioria das pessoas, fazer um pouco mais, e não um pouco menos do que aquilo que lhe cabe. O brilho e as luzes do mundo estão em suas mãos... "É sua vez", diz a ela, "de acender a fogueira."

Na nossa cabeça, seria maravilhoso não ter que fazer isso. Que a gente pudesse simplesmente se livrar das coisas que nos atrapalham, que fosse possível continuar na plateia ou agir como criança e dizer: "Não sou responsável."

Mas não é possível. Isso é mentira.

Nós somos responsáveis.

É um fardo, mas também um privilégio. Porque junto das responsabilidades vêm o sentido e o propósito (vêm um conforto intenso e revitalizante).

É por isso que devemos jurar nunca fugir delas.

SEJA SEU JUIZ

Quando acertou a bola com o taco de beisebol, Frank Robinson tinha certeza de que ela voaria além do muro esquerdo do campo do estádio Fenway. Tanta certeza, aliás, que seguiu trotando até a primeira base, assistindo ao voo alto da bola, em direção à rede acima do muro de 11 metros de altura, carinhosamente apelidado de "Monstro Verde". Só que, de repente, a bola ricocheteou na parede de concreto e zinco e foi pega no chão por um adversário.

Robinson, jogador conhecido por ser um corredor veloz, teve que se contentar com a primeira base, quando poderia ter avançado à segunda ou à terceira, se tivesse se esforçado na corrida.

No fim, não parecia ter tanta importância, já que o Orioles ganhou o jogo de lavada. Um erro fácil de esquecer, apenas uma em mais de 10 mil tentativas de rebatida em uma carreira de 21 anos. Depois do jogo, no entanto, Robinson entrou na sala do gerente do time e jogou 200 dólares na mesa dele.

Ele estava multando a si mesmo.

Robinson não tinha desobedecido a nenhuma regra da liga de beisebol, mas havia deixado de dar o melhor de si. Pior ainda: tinha desrespeitado um dogma da cultura do beisebol (sair correndo em todas as rebatidas) e seu equívoco prejudicara a equipe.

Ele não ficaria esperando que lhe dissessem algo. Pouco lhe importava terem vencido ou não. Pouco lhe importava se o deixariam sair impune. Tendo cometido o crime, era sua obrigação cumprir a pena (ou, nesse caso, pagar a multa).

Pouco importam nossos bons motivos. Ou se, no fim das contas, tudo deu certo. Temos que ter um alto padrão de exigência conosco, mais alto até mesmo do que o do nosso time. E, quando ficamos aquém dessas expectativas, precisamos ter coragem a ponto de aceitar, de boa vontade, as consequências, até mesmo chamando nós mesmos a atenção para elas quando ninguém mais percebeu.

É assim que se torna um MVP [o jogador mais valioso, em tradução livre]. No caso de Robinson, ele foi o melhor jogador das duas ligas de beisebol e, para coroar, o MVP das finais do campeonato. Também sempre foi assim que ele manteve a união do grupo, tanto como atleta quanto como treinador (servindo de modelo e nunca se isentando de uma cultura de retidão e obediência às regras).

Existe aquilo que ninguém vai cobrar de você, e existem os padrões de exigência que você se compromete a cumprir.

Sim, os tribunais e a opinião pública têm sua importância. Seria impossível praticar esportes sem regulamentos, juízes e federações para garantir o cumprimento das regras. Tratam-se de instituições fundamentais, que desempenham um papel essencial para que a disputa seja equilibrada e o mundo, justo. Porém, antes e acima de tudo isso, existe nosso senso de justiça, aquele que impomos a nós mesmos. Esse é o que verdadeiramente conta.

Nem todo mundo enxerga assim. Veja o caso da polêmica carreira do golfista Patrick Reed, que sem dúvida é bem-sucedido e riquíssimo. Porém, toda a sua trajetória foi manchada por acusações de trapaça e violação de regras. "Quando se acha que pagou uma penalidade, mas depois descobrem que você na verdade não a pagou, é uma infração das regras, e você é punido. Acontece toda hora", disse Reed certa vez, tentando se livrar de outro escândalo. "Trapaça é quando se tenta levar alguma vantagem intencional dentro do campo."

Veja bem, quando se faz uma distinção entre "trapacear" e "violar as regras", você já é um perdedor...

Claro, digamos que trapacear ajude alguém a levar vantagem, mas *a troco de quê*? Tem certeza de que vai se sentir bem ao chegar ao ponto a que isso o levar? Ser honesto e assumir responsabilidade pode tolher você, é óbvio (mas tolher da vergonha, apenas). A honestidade evita que você tenha que guardar segredos, ou ficar torcendo para não ser pego. A honestidade lhe dá tanta grandeza quanto a de Frank Robinson, acima da vitória ou da derrota em um jogo (e não foram poucas as vezes em que isso também ajudou Frank a ganhar muitas partidas).

Em 2012, na chegada de uma longa prova de atletismo, o corredor queniano Abel Kiprop Mutai ficou confuso e parou alguns metros antes da vitória. O espanhol Iván Fernández Anaya, que vinha logo atrás, poderia ter tirado proveito da situação para ganhar. Em vez disso gesticulou, até acabar empurrando o adversário à frente (abrindo mão, assim, da própria chance de ganhar).

Porém, de certa forma os dois venceram, assim como todos que assistiram à cena. Eles vivenciaram e testemunharam o que o ser humano tem de melhor.

Na Grécia Antiga, houve um estoico chamado Crisipo, que também era corredor. Assim como os competidores de hoje, ele queria ganhar (e queria muito; é disso que se trata o esporte e a vida). Mas ele também compreendia que, sem uma noção de honra, sem um compromisso com as regras e a equidade, a vitória era desprovida de significado. "Não é errado ir em busca das coisas que são úteis na vida", afirmou, referindo-se tanto aos louros atribuídos aos campeões quanto às recompensas pelo sucesso nos negócios ou na política, "mas fazer isso em detrimento de outrem não é justo".

Avisar ao caixa que ele se esqueceu de cobrar alguma coisa, avisar ao cliente que ele pagou a mais, confessar ao árbitro que ele errou ao fazer uma marcação a seu favor… fazer tudo isso tem um custo. Mas é melhor pagá-lo do que levar vantagem por nada. É melhor do que ser um trapaceiro.

Só você ia ficar sabendo, mais ninguém… mas é isso o que importa, não é? É para si próprio que você vai olhar no espelho de casa.

Durante a Guerra de Secessão norte-americana, na longa batalha de Vicksburg, que durou muitos meses, os generais Grant e

Sherman discordavam em relação a um plano de ataque proposto por Grant. Considerando o plano arriscado demais, Sherman escreveu um parecer contrário. Para sua surpresa, a estratégia de Grant teve um êxito retumbante. Após alguns dias, no quartel-general de Sherman, Grant encontrou o colega conversando com um grupo de oficiais do exército nortista, que tinha vindo comemorar a vitória. "Grant merece todo o crédito pela campanha", anunciou Sherman, sem que ninguém lhe pedisse. "Eu fui contra. Escrevi uma carta para ele dizendo isso." Anos depois, quando soube que Grant tinha destruído os registros, Sherman enviou uma cópia da carta ao biógrafo de Grant, para que a história mostrasse que o amigo estivera certo.

Não importa se você poderia escapar impune, porque isso não o levará a lugar algum. Não leva a nada que valha a pena.

Então, aplicamos a punição em nós mesmos. Não aceitamos "caminhos fáceis". Pagamos do nosso jeito... pagamos nossos impostos com prazer. Com os outros, podemos ser complacentes, mas com nós mesmos somos muito mais rigorosos. Por excesso de zelo, damos o alerta. Revelamos um conflito de interesses e nos retiramos. Publicamos uma correção. Confessamos ao árbitro. Arcamos com a multa, mesmo que o treinador não tenha cobrado. Quando cometemos um erro (ou alguém diz que foi prejudicado), pedimos desculpas.

Seu advogado vai dizer que é loucura (pense nos danos morais!). Seu contador vai ficar atônito. Seus fãs, indignados. Seu cônjuge ou seus amigos vão ficar perplexos. Seus rivais vão se deliciar e lamber os beiços.

Podemos até sair perdendo por causa disso... Mas não vamos perder aquilo que é crucial.

Vamos conquistar o que realmente importa. Vamos ganhar do jeito certo.

SEJA BOM,
NÃO SEJA GRANDIOSO

Muito antes de se tornar um dos maiores romancistas norte-americanos, Walker Percy era um aluno de medicina em apuros. Em 1940, depois de tirar notas medianas na Universidade Columbia, ele escreveu uma carta ao tio William Alexander Percy, então gravemente adoentado, pedindo conselhos.

Esta era uma família com um histórico extenso e intimidante de sucesso. Walker Percy esperava um sermão. Uma humilhação. Na melhor das hipóteses, talvez esperasse algum incentivo... ou dinheiro para pagar por aulas particulares. Em vez disso, o tio Will, que tinha adotado Percy e os irmãos e os apresentara às obras de Marco Aurélio e dos estoicos, respondeu-lhe que não se preocupava nem *um instante sequer* com as notas.

"Toda a minha teoria sobre a existência", respondeu Will, apesar de ele próprio ter se formado sem dificuldade em Harvard, "é que a glória e as realizações são muito menos relevantes do que a formação do caráter e uma vida pessoal do bem".

O próprio Marco Aurélio se viu diante de uma situação parecida. Jovem e talentoso, foi destinado à grandeza desde uma idade precoce. Em razão disso, poderia ter sido um conquistador de nações, como Alexandre, o Grande. Poderia ter tentado construir mais monumentos do que Augusto. Poderia ter tentado ser um orador mais brilhante que Cícero, ter sido mais farrista que Tibério.

Ele dispunha dos recursos. Da inteligência. Do poder.

Mas nada disso lhe importava.

O caderno de lembretes e frases motivacionais que ele escrevia para si mesmo, as *Meditações*, não está repleto de planos para se tor-

nar famoso. Ou de projetos de grandes realizações. Ou de como derrotar inimigos. Em vez disso, o tempo todo, concentra-se em algo muito mais modesto, muito mais íntimo. "Lembre a ti mesmo que tua missão é ser um bom ser humano", escreve, "lembre-se daquilo que a natureza exige das pessoas. E depois coloque em prática, sem hesitar". Seguindo as palavras de Platão, ele se concentra em somente uma coisa: *fazer o certo e comportar-se como um ser humano bom*.
Não em ganhar batalhas.
Não em ganhar dinheiro.
Não em deixar uma marca.
Mas em fazer o bem, ser bom. Ser justo. Ser digno. Ser honesto. Ser solícito.

"Um melhor lutador que você?", escreveu Marco Aurélio para si mesmo, notando, talvez, o quanto vinha dedicando energia a treinar no esporte que amava. "Mas não um cidadão melhor, uma pessoa melhor, mais preparada para lidar com situações difíceis, alguém que perdoa falhas com mais facilidade?"*

Um pai ou mãe melhor, não um profissional melhor. Um professor melhor, não um *aproveitador* melhor.

O poeta Hesíodo observou que o carpinteiro compete com o carpinteiro; o cantor, com outros cantores. Essa é a energia que faz o mundo avançar, mas é raro isso tornar as pessoas melhores. A impressão é a de que competimos uns com os outros pelo sucesso profissional, não pela gentileza ou pelo civismo; pela fama, não pela amizade.

Mas como seria se as pessoas resolvessem tentar descobrir...
... quem é a mais confiável?
... quem é mais ético na vida?
... quem ajuda mais pessoas?
... quem é capaz de perdoar o erro mais grave?
... quem evitou a guerra, e não quem a venceu?
... quem tem a menor pegada de carbono, e não a maior casa?

---

* *Meditações*, Livro 7, 28. (N. do T.)

... quem criou os filhos mais gentis, e não quem os colocou na melhor faculdade?

Agesilau, rei de Esparta, tentou viver assim, comparando-se a outros governantes não pela fortuna, pela fama ou pela beleza da esposa, mas por quem era mais justo. De que valia ser rei, disse ele certa vez, se não fosse para ser o maior e mais justo de todos os seus contemporâneos?

Talento é o que não falta por aí. Gente capaz de fazer, e que fez, coisas incríveis. Gente que quebra recordes nos esportes. Que faz descobertas em laboratórios. Que gera emprego para milhares de pessoas. Que nos fascinam com sua arte.

Porém, quando vamos ver que tipo de pessoa elas são... bem, de repente não são mais tão especiais. Um escroto vulgar. Um abutre. Um traíra. Um hipócrita. Um estereótipo ambulante. Um caso perdido.

Existe um antigo ditado: *É mais fácil ser um grande homem do que ser um homem bom.* Com certeza existem mais dos primeiros do que dos últimos.

Ser justo é ser grande, mas de um jeito diferente. Aqueles que admiramos pela conduta, pela dignidade... estas são pessoas que não fazem isso para levar vantagem. Na maioria das vezes, esses padrões lhes são tão *custosos* quanto são úteis. O que significa que fazem isso por um motivo bem diferente.

Desde já, todos nós precisamos decidir onde vamos concentrar nosso esforço, rumo a qual objetivo vamos lutar. Porque, como diz outro ditado: o que dá para medir dá para administrar.

Epicteto, escravizado cujo pensamento filosófico tanto influenciou Marco Aurélio, desprezava a competição para alcançar o primeiro lugar, a maior fortuna ou a pele mais bonita. Essas são métricas superficiais e sem sentido. "O ser humano não tem nada que determine quem é superior ou inferior, como a velocidade de um cavalo?", questionou. "Não há *modéstia, constância, justiça*? Mostre sua superioridade nesses elementos e serás superior como homem."

Isso exigirá uma tremenda recalibrada. Porque é fácil comparar saldos bancários... mas como você quantifica a integridade? No basquete, o percentual de arremessos certos é uma medida clara... mas como calcular o melhor companheiro de equipe? Um líder é eleito quando obtém o maior número de votos... mas o que determina a autoridade moral para *liderar*?

A decisão de abrir mão daquelas disputas em favor destas (ou de priorizar estas em detrimento daquelas) exige coragem. Mas é uma decisão baseada na justiça que torna o mundo um lugar melhor. A virtude tem que ser nossa bússola; a bondade, nossa meta.

Para tanto, será requerido tanto trabalho quanto o domínio de qualquer outro ofício. Também exigirá sacrifício... vai ser doloroso (no curto prazo) tornar-se a pessoa que deseja ser.

E o lado positivo de ser bom é que você pode fazê-lo em *qualquer* profissão. Na verdade, não existe profissão em que isso não seja algo impressionante, essencial ou imperioso.

No fim das contas, cumpre notar que Marco Aurélio fez, sim, grandes realizações (assim como Walker Percy). E foi, sim, corajoso no campo de batalha (assim como William Alexander Percy). Em Roma ainda está de pé uma torre de mármore de quarenta metros detalhando as façanhas de Marco Aurélio... a apenas alguns quarteirões de uma grandiosa estátua equestre dele. Mas, nessa estátua, o que ele está fazendo? Erguendo o braço para perdoar as tribos bárbaras que combateram Roma. Ele não está segurando nenhuma arma. Traz consigo a paz, e não a guerra. Ao concentrar-se no mundo interior, ele deixou sua marca no mundo exterior. O homem que escreveu nas *Meditações* que fazer o certo hoje vale muito mais que a fama póstuma conseguiu as duas coisas.

Não se trata de ironia. Essa é a questão.

Ele foi bom por tanto tempo que se tornou grande.

A história está repleta de gente ambiciosa e bem-sucedida. Dignidade, honra, gentileza, a gente vê muito por aí. Ser bom e ser hábil naquilo que faz? Isso é raríssimo.

E faz de você um unicórnio.

SEJA UM LIVRO ABERTO

A Roma onde Marco Lívio Druso viveu não era uma terra conhecida pela honestidade ou honradez. Na juventude, ele testemunhou seu tio, o estoico Rutílio Rufo, ser forçado ao exílio por *não* se dobrar aos interesses de poderosos e recusar suborno. A justiça era uma farsa total; o processo político, uma piada ainda maior. A oligarquia romana tinha praticamente abandonado qualquer aparência de legitimidade, mergulhando na mais franca complacência e devassidão.

Havia a sensação de que o sistema estava entrando em colapso. A violência política tornou-se lugar-comum.

No meio disso tudo surge Druso, herdeiro de imensa fortuna, líder de uma poderosa tradição política. Como todos os outros, ele poderia ter se corrompido. Como todos os outros, poderia ter caído na gandaia.

Em vez disso, ele adquiriu a reputação de ser o contrário. Como político, foi um reformista. Lutou para expandir os direitos à cidadania. Ampliou o senado. Tentou resolver conflitos de classe. Como cidadão, em uma esfera individual, era tão generoso que, dizem, só lhe restaram barro e ar para distribuir. Era um homem imaculado e respeitado.

Um dia, um arquiteto fez uma proposta a Druso. Tendo observado que a residência de Druso em partes ficava exposta aos olhares públicos, o projetista sugeriu algumas medidas simples que dariam ao homem a tão desejada privacidade.

"Pago-lhe o dobro", respondeu Druso, "para deixar minha casa inteiramente exposta, de modo que todo cidadão possa testemunhar como vivo".

Hoje, damos a isso o nome de "transparência". E, infelizmente, pouquíssimas pessoas em posições de poder parecem se sentir obrigadas a praticá-la. Não apenas vivem em mansões detrás de muros altos, cercados por seguranças, mas escondem seus negócios em empresas de fachada e paraísos fiscais. Nossos políticos se recusam a revelar a própria renda ou os conflitos de interesse. Fazem reuniões secretas. Contratam marqueteiros para distorcer e esquivar-se. E advogados para ocultar e proteger.

Por quê?

Para livrar a cara deles, é claro. Para que possam se manter longe dos olhares curiosos (ou seja, *julgadores*) aquilo que sabem que não cairia bem perante o público, os acionistas ou a lei.

Joseph Pulitzer é o autor de uma frase famosa: "Não existe nenhum crime, nenhuma artimanha, nenhum truque, nenhum vício que viva sem o segredo." Ou, como se encontra na Bíblia, o mal *odeia a luz* (João 3:20).

Embora não haja nada errado em ser uma pessoa reservada, o fato é que quem se propõe a ser líder, a entrar no mundo dos negócios, da política ou da arte, optou por ser uma *figura pública*. Não famosa, mas *pública*, no sentido de servir e ser responsável por alguém ou alguma coisa além de si. Aquilo que fazemos, como nos comportamos, é importante.

Em 1630, quando John Winthrop definiu os Estados Unidos como "a cidade na montanha", não se tratava de uma referência a uma ideia de excepcionalismo norte-americano. Ele disse isso no sentido de advertência. Uma cidade na montanha não tem como se esconder. O mundo inteiro estava olhando e essa nova nação (construída tendo como fundamento a virtude) tinha que dar um bom exemplo.

A decisão de viver e trabalhar com transparência serve como uma espécie de imunizante contra a corrupção, a desonra ou a desonestidade. Muitas leis, sem dúvida, foram aprovadas para tornar essa decisão mais fácil. Declarações de conflito de interesses. Demonstrações contábeis trimestrais. Notificações aos acionistas.

Relatórios de informação privilegiada. Porém, como dissemos, a justiça vai além disso. Quem é transparente não age apenas em cumprimento da lei, mas vai além e fornece aos interessados as informações de que necessitam. Não esconde o jogo. Manda logo a real. Não mente nem engana de modo algum.

E, ainda assim, isso é só o começo...

Quem se preocupa em saber aquilo que o Código de Defesa do Consumidor obriga a divulgar? Seu cliente merece saber o que há no prato que está comendo. Quem se preocupa se você *não precisa* manter seus investidores informados? Essas pessoas confiaram a você o dinheiro delas e precisam saber como está sendo aplicado. Quem se preocupa com aquilo que *a maioria* das empresas e dos profissionais liberais fazem? Não é porque sua profissão não possui um código de ética obrigatório que você não pode elaborar um e torná-lo público. O fato de você ter como se safar com contratos obscuros ou taxas disfarçadas não quer dizer que esteja certo (não quer dizer que deva agir assim).

Não espere até que o peguem no flagra. Não espere que o problema passe despercebido. E, em um nível pessoal, não iluda as pessoas (abra o jogo em relação a suas necessidades e planos).

Reza a lenda que um rei de Esparta encontrou dois súditos, um jovem e a amante do jovem, por acidente em meio a uma multidão. Constrangidos, os dois tentaram esconder o rosto enrubescido, mas o rei percebeu e respondeu: "Filho, você tem que andar na companhia do tipo de pessoa que não o faz ficar vermelho quando encontra alguém."

Se é algo que deixa você com vergonha, algo que não quer que vejam, algo que não ousa fazer em público, algo que reserva para a escuridão da noite... o que isso significa?

Imagine quanta mudança veríamos se mais coisas da vida fossem submetidas a esse teste. Se as empresas se orgulhassem de seus métodos de fabricação e suas cadeias de abastecimento. Se os clientes pudessem estar de acordo com a origem da própria comida. Mesmo que alguns não se importassem (ou se reclamassem do aumento do preço), continuaria sendo o padrão ideal a ser cumprido.

O fato de ficarmos tão indignados quando alguém não é transparente conosco deveria bastar para exigir de nós que sejamos mais transparentes do que gostaríamos.

Cada um de nós terá que decidir o que é considerado "transparência", em nosso próprio setor, ou nossa vida, e quanta prática faz sentido. Mas cada um de nós pode assumir o compromisso de ser o mais direto e transparente possível, tentar não fazer nada que, nas palavras de Marco Aurélio, "exija paredes ou cortinas". Essa prática não é um golpe de marketing ou um palavrório sem sentido, e sim um modo de viver, uma decisão consciente de abraçar a luminosidade, de deixar que ela o limpe e ilumine seu exemplo, a fim de que os demais a vejam e a sigam.

Thomas Jefferson sabia disso. Em 1785, ele escreveu, em carta ao amigo Peter Carr, que "sempre que fizer alguma coisa, mesmo que ninguém fique sabendo dela a não ser você, pergunte a si mesmo como agiria se o mundo inteiro o observasse, e aja de acordo". Excelente conselho... que ele sabia estar lamentavelmente longe de seguir. Em Paris, de onde escreveu a carta, Jefferson estava acompanhado de Sally Hemings, mulher escravizada e sua concubina, a quem controlava e estuprava (e mantinha na ilusão de uma eventual alforria... e reconhecimento de seus filhos como legítimos).*

Nos círculos de recuperação, costuma-se dizer que nosso mal é do tamanho do nosso segredo. Jefferson era um homem atormentado por segredos, comprometido pelos horrores da escravidão, que seu pessoal encobria, mentindo para si mesmos a respeito do assunto. Ele mesmo era vergonhosamente cúmplice disso. Não agia como se o mundo inteiro observasse, nem em relação a

---

* E, provando o argumento de Pulitzer, foi um jornalista o primeiro a revelar a história dos vergonhosos relacionamentos de Jefferson, em 1802.

seus casos nem em relação à convivência com seu superior e seus colegas, como membro do gabinete de George Washington. Ele achava que dava para sair ileso, e saiu mesmo.

Porém, e agora que nós sabemos? Bem, não temos mais uma imagem tão positiva a respeito dele.

Naquela mesmíssima época e naquele mesmíssimo país, Benjamin Franklin explicava que não teria que demitir o criado se este se revelasse um espião britânico — como ele suspeitava que fosse (e era mesmo) —, porque, como Druso, Franklin tentava levar uma vida acima de qualquer crítica.

Enquanto isso, quantos casamentos sobreviveriam se nosso cônjuge espiasse nosso celular? E se nosso chefe pudesse ver nossos e-mails? Quantas reputações sobreviveriam a um processo que levasse a uma descoberta?

Se nossa tendência é esconder, é porque provavelmente não deveríamos fazer tal coisa. Se a divulgação nos aterroriza, talvez não estejamos vivendo ou agindo do jeito certo.

Precisamos lutar pelo contrário. *Querer* que as pessoas vejam o que estamos fazendo. *Querer* ser a cidade na montanha. Temos que ser o tipo de pessoa que, quanto mais se fala a respeito, mais se respeita e admira.

Vamos viver de um jeito que nos orgulhe. Vamos agir de dia de um jeito que nos permita dormir à noite.

SEJA DIGNO

~

O célebre advogado Clarence Darrow fazia uma viagem de trem pelo litoral do Pacífico quando ele e o filho passaram por uma experiência desagradável com um atendente. A fila estava enorme no vagão-restaurante. Os passageiros foram perdendo a paciência. Os funcionários, mal pagos, pareciam interessados em ajudar apenas aqueles que tivessem cacife para dar gorjetas. Todo mundo estava irritado.

"Na volta, você vai reclamar com a Chicago and North Western?", perguntou o filho, referindo-se a um garçom especialmente mal-educado, e sabendo que o pai tinha contatos na empresa ferroviária, cujos donos durante muitos anos tinham sido clientes dele. "Não, não, filho", respondeu o pai, minimizando a grosseria. "Não se deve prejudicar quem está ganhando a vida."

Como isso parece longínquo e ultrapassado em comparação com o mundo atual, em que comissários de bordo são agredidos por passageiros, e tratamos qualquer pacote perdido como uma ofensa pessoal. É triste constatar como os funcionários dos restaurantes ficam apavorados com o tradicional *brunch* americano de domingo, em que até os clientes que acabaram de sair da igreja parecem tratar os atendentes como lixo.

Na teoria, todos nós concordaríamos que as pessoas que estão nos servindo ou trabalhando para nós merecem respeito. Mas, se formos ouvir as gravações das ligações dos serviços de assistência ao cliente, duvidaríamos dessa concordância... e de nossa dignidade.

No fim da vida, Darrow (precisando do dinheiro) foi contratado para uma série de palestras pelos Estados Unidos, nas quais participaria de debates com outras personalidades. Ele recebia 500 dólares por evento, e outros 50 para despesas. Mas ficou sabendo, depois do primeiro debate, que o organizador, após descontados os custos e os cachês dos palestrantes, mal conseguia tirar 150 dólares.

Não era justo e ele não ia aceitar aquela situação.

"É muito pouco", disse ao organizador. "Esqueça o meu reembolso de despesas e fique com 100 dólares do meu pagamento." Tempos depois, quando o lucro com as palestras tinha aumentado, Darrow mesmo assim manteve o cachê original, deixando de faturar milhares de dólares. "Darrow sempre se desdobrava para que o outro ficasse com a melhor parte do negócio", explicava, admirado, seu sócio.

Para Darrow, era apenas o que a dignidade exigia.

Faz parte integral do conceito de justiça a compreensão de que os outros são indivíduos autônomos, com dignidade e valor, e que por conta disso é preciso tratá-los bem. Respeito é justiça. É algo que todos merecem.

Quer sejam importantes ou não, nosso modo de tratá-los define *quem nós somos*.

Nas primeiras horas inebriantes de presidência, a cabeça de Truman fervilhava. O monte de feno tinha caído na cabeça dele... e mesmo assim ele não estava pensando nem um pouco em si mesmo. A primeira pessoa em quem pensou foi Eleanor Roosevelt, a quem autorizou permanecer na Casa Branca enquanto precisasse (e, como dissemos, perguntou o que *ela* precisava dele). Logo em seguida pensou nos vizinhos de seu apartamento na Connecticut Avenue, cujo aluguel mensal custava 120 dólares. Sua preocupação foi a possível enxurrada de assédio e alvoroço indesejados que receberiam por ter um presidente morando ao lado.

Nosso modo de tratar as pessoas em circunstâncias normais é uma coisa. Nosso modo de tratá-las quando estamos cansados, quando estamos estressados, quando o peso do mundo está em nossas costas... quando alguém acaba de fazer uma besteira, acaba de nos causar um prejuízo sério. Isso é tudo.

Durante a pandemia, esse foi um teste em que muitos de nós não passamos. Não apenas aqueles que não se incomodavam em tomar precauções básicas em relação aos outros, em pensar em como seus atos afetavam as pessoas. Mas também o restante de nós, que de imediato cancelamos essas pessoas (esquecendo-nos de que elas mesmas eram vítimas da desinformação, do estresse, do medo e de circunstâncias totalmente desconhecidas, que em alguns casos até lhes custaram a vida).

"É uma ideia que talvez faça rir", escreveu Albert Camus, "mas a única maneira de lutar contra a peste é a honestidade". Isso se aplica a qualquer tragédia, rival e situação: o jeito de derrotá-lo é mostrar-se superior, não permitir que mude seus valores, que desmereça outras pessoas, ainda que a tragédia ou o vírus provoquem exatamente isso. "A dignidade", disse ele, "ajuda o homem a se elevar acima de si mesmo".

Quem não conhecia Truman, como Winston Churchill, ficava impressionado com sua tomada de decisões. Quem já o conhecia ficava muito mais impressionado com sua dignidade. O exemplo maior era seu relacionamento com a sogra. Várias vezes ela tentou dissuadi-lo de casar-se com a filha dela. Porém, depois do matrimônio, durante três décadas morou junto do casal. Ele nunca se queixou. Nunca retrucou as indiretas e a falta de respeito dela. Durante a luta política mais importante de sua vida, a sogra perguntou a Truman por que ele estava "concorrendo contra um homem tão bom quanto Thomas Dewey". Ele sorriu e não reagiu. Era gentil com uma mulher que o tempo todo era grosseira com ele.

Truman não se utilizava de mentiras nos negócios, na política ou no casamento. Era honesto com os que trabalhavam para ele. "O sujeito incapaz de ser paciente ou atencioso com aqueles que estão trabalhando de verdade para ele", disse, certa vez, "é alguém que não vale nada, e não gosto de quem é assim".

E "não gritar" é apenas o menor dos critérios. Quem você acha que tem que limpar a sujeira que você mesmo fez? Quem você acha que carrega todo o peso que você trouxe consigo? Quem teve que atravessar a cidade inteira para buscar aquilo que você pediu? Claro, chefes têm o direito de mudar de planos... mas eles se dão conta de que isso exige que outra pessoa ligue para o cônjuge, cancelando o jantar de aniversário de casamento? Que isso significa que outro terá que trabalhar mais, por mais tempo, sob maior estresse? Palavras bonitas são ótimas... mas um aumento no salário é ainda melhor.

Sair em defesa de pessoas comuns não se trata apenas de empatia, deveria ser também uma questão de honra. *Eu não furo greves*. Também é uma boa estratégia. Quando se trata a todos com respeito e interesse, como se tais pessoas pudessem fazer algo para você, é espantoso como elas podem mesmo. E fazem! Você nunca sabe se aquela pessoa um dia será chefe do *New York Times* ou se vai socorrê-lo quando seu carro enguiçar no meio da estrada. Todo mundo tem algo para nos ensinar. Todo mundo é um futuro eleitor, consumidor ou cliente. O mundo dá voltas e nunca sabemos quando nós mesmos podemos ser a pessoa comum.

Cansaço não é desculpa. Dizer que foi maltratado, tampouco. Isso também se aplica caso você esteja passando por um estresse enorme. Se Truman conseguia dar um jeito de tratar as pessoas com dignidade, se pessoas sofrendo terrivelmente ou de luto pelo cônjuge conseguem, então você também deve ser capaz.

Em um mundo de maldade, injustiça, crueldade e corrupção, a honestidade básica se destaca. Miep Gies, a amiga que cuidava do dia a dia da família de Anne Frank, ajudando-os a se esconderem dos nazistas, dizia que esses pequenos atos de amizade, honestidade e gentileza são como lançar uma pequena luz em um quarto escuro. É algo que qualquer pessoa pode fazer. É algo que faz uma grande diferença, que ecoa e ilumina mais do que podemos imaginar.

Mundo afora, a sociedade anda enfrentando dificuldades. Não vamos aumentar o fardo de ninguém. Vamos tentar iluminar, sempre que possível. Os outros querem o mesmo que nós. Dignidade. Segurança. Respeito. Liberdade. Felicidade.

Por mais diferentes que sejamos e por mais diferente que seja nossa vida, é preciso recordar que todos sentimos a pressão do tempo, nos sentimos incomodados ou inseguros. Vamos tratar as pessoas levando isso em conta.

Vamos fazer o que dá para fazer. Sejamos uma pequena luz em um mundo de trevas.

FAÇA SEU TRABALHO

Ele era um típico rapaz do sul dos Estados Unidos. Nunca tinha ido para a faculdade. Havia sido chefe de polícia em uma cidadezinha do Alabama, no auge da segregação racial. E conhecia John Patterson, o governador racista do estado, desde que estavam na terceira série.

Por isso, quando o governador reclamou e tentou impedir as "Viagens pela Liberdade" (a tentativa de permitir que pessoas negras andassem de ônibus junto com pessoas brancas, no sul dos Estados Unidos, em 1961), todo mundo achava que ele seguiria a linha do partido. "Aqui está meu secretário de segurança pública", disse Patterson ao representante do Departamento de Justiça. "O nome dele é Floyd Mann, e ele não tem como dar proteção a eles. Diga a ele, Floyd."

Nessa hora, Floyd Mann soltou um longo suspiro e deu a declaração mais importante de sua vida. "Governador, eu sou o secretário de segurança", disse. "Se o senhor me disser para proteger essas pessoas, então eu as protegerei." E foi o que Mann fez, mobilizando o esquema de proteção a manifestantes mais ambicioso da história do nascente movimento de direitos civis: policiais rodoviários escoltando, à frente e atrás, os ônibus interraciais, com helicópteros e aeronaves acima, e um contingente reserva de carros de patrulha rodoviários prontos para agir ao menor sinal de confusão.

Todos no cômodo ficaram chocados, e, mais ainda, o governador. A única pessoa que não viu nada de estranho naquilo foi Floyd Mann, que, na verdade, parecia levar a sério o dever de seu cargo, que era, afinal de contas, *zelar pela segurança das pessoas*. Por mais que o Departamento de Justiça e os corajosos Viajantes da Liberdade tivessem na cabeça os conceitos de igualdade e transformação social, Floyd Mann se preocupava com um tipo de dever mais específico. "Meu objetivo era a aplicação da lei", comentaria mais tarde, "tentar garantir que não acontecesse uma tragédia com aquelas pessoas enquanto estivessem no Alabama".

Poderoso, não é? O fato de alguém cumprir seu dever. O fato de levar a sério a própria função (mesmo diante de pressões ou execração pública). O fato de deixar de lado os detalhes, o fato de dizer: *Enquanto me couber esta autoridade, enquanto eu usar este uniforme, carregar esta licença e portar este crachá, eu vou fazer o certo.*

O fato de a frase "Eu só estava cumprindo meu dever" ser mais uma desculpa por um comportamento constrangedor do que uma explicação para uma atitude heroica diz muito sobre o mundo atual. É um jeito de tirar o seu da reta, quando o que realmente importa em um dever, uma função, é o que ela exige de você.

O escritor Yuval Levin, exasperado com o declínio de tantas de nossas valiosas instituições, certa vez comentou a necessidade de um esforço "de nós mesmos, no momento exato da decisão, fazermos a grande pergunta do nosso tempo que não quer calar: 'Considerando meu papel aqui, como eu devo agir?'". É isso o que as pessoas que levam a sério a instituição à qual pertencem perguntariam: "Como presidente, como parlamentar, como professor ou cientista, como advogado ou médico, como pastor ou fiel, como pai, mãe ou vizinho, o que devo fazer neste caso?"

Ele está falando de *dever*. Não daquilo que nos convém. Não daquilo que é fácil. Não daquilo que todo mundo está fazendo, mas *daquilo que temos obrigação de fazer* devido ao nosso potencial e talento, assim como à nossa profissão ou ao papel que escolhemos para nós mesmos no mundo. Nos negócios, fala-se em "obrigação fiduciária", ou seja, a partir do momento em que se assumiu uma responsabilidade (perante uma empresa, os investidores, os clientes) não se pode simplesmente fazer o que mais lhe convém. Em um processo famoso em Nova York, em 1928, o juiz Benjamin

Cardozo deu uma sentença contra o sócio de uma empresa que tentou enriquecer à custa de outro. "De um fiduciário, espera-se algo mais rigoroso que a moral do mercado", escreveu na sentença. "Não apenas a honestidade, mas o escrúpulo da honradez mais apreciável passa, então, a ser o padrão de comportamento [...] Os fiduciários hão de manter um grau de conduta mais elevado que aquele adotado pela turba."

Alguns deveres, como os de um fiduciário, estão prescritos na lei. Alguns são determinados e impostos por códigos profissionais rigorosos, como no jornalismo. Outros, como o papel de um soldado, são uma mistura de ambos. Infelizmente, na maioria dos empregos e profissões isto não fica tão explícito. Ou, pior ainda, algumas profissões deixaram seus deveres de lado.

Pôncio Pilatos estava cumprindo seu dever como magistrado quando sentenciou Jesus Cristo à crucificação? Sim, é verdade, sua função era julgar casos e, em alguns desses, impor as rigorosas sanções da lei romana. Mas Pilatos também sabia que Jesus era inocente. Mais de uma vez comentou que não conseguia enxergar que afronta Jesus havia cometido contra a lei. Mesmo assim, condenou-o à morte, porque era aquilo o que a maioria queria (porque era a decisão mais conveniente). E ele sabia disso, pois disse à multidão, literalmente, que estava lavando as mãos naquela situação, que o sangue repousava nas mãos deles, a quem delegava a função.

A missão dos policiais no Alabama era "proteger e servir" as pessoas, e não fazer aquilo que o governador mandasse. Com certeza o governador tinha abandonado as próprias responsabilidades e decidido surfar na onda da opinião pública, em vez de cumprir suas obrigações constitucionais. Enquanto isso, as polícias locais, nas cidades por onde passavam os viajantes, colaboravam com a Ku Klux Klan para atacar os ativistas.

Foi isso o que aconteceu em Montgomery, onde um bando de racistas (incentivado pela polícia) atacou os viajantes com ódio voraz e letal. Um jovem chamado John Lewis, que depois viria a ser deputado, foi cercado e agredido ao desembarcar do ônibus. Caído, sem poder fazer nada, viu o amigo Jim Zwerg quase ser morto. Quando já tentava se conformar com a morte iminente, ouviu dois tiros ressoarem.

Um homem avançou por entre a multidão crescente, inabalável enquanto os agressores enlouquecidos, em meio à fuga, quase lhe rasgaram a roupa. Ele se agachou perto de um homem branco que golpeava uma vítima indefesa com um taco de beisebol, encostou o revólver na cabeça dele e disse, calmo: "Outra tacada e você morre."

Era Floyd Mann.

A arruaça terminou no mesmo instante.

"Viste um homem diligente em sua obra?", diz o versículo da Bíblia. "Perante reis será posto." Nessa hora, Floyd Mann, um servidor público cujo título era um tanto enfadonho, foi um completo herói e um rei. Claro, na hora ele não tinha noção disso. Não alimentou delírios de posar de salvador nem de atrair os holofotes para si. Era algo muito mais simples e austero, como diria tempos depois um amigo. Ele simplesmente pensou que estava "fazendo seu trabalho como um bom homem da lei deve fazer".

Ele tinha feito um juramento. Pouco importava se era perigoso. Ou se era impopular. Iria cumpri-lo.

Às vezes, cumprir seu dever exige atitudes extraordinárias. Outras vezes, é bastante banal... mas sempre é heroico. Temos que aprender a reconhecer da mesma forma tanto o jornalista disposto a ir para a cadeia para proteger uma fonte quanto o jornalista que cumpre seu dever cotidiano, insistindo em objetividade e imparcialidade, resistindo à tentação do caça-cliques, dizendo a *verdade* diante dos poderosos. Não é só John Adams, que aceitou advogar pelos soldados britânicos envolvidos no Massacre de Boston na Guerra da Independência dos Estados Unidos. São todos os advogados que representam o cliente mesmo quando este é culpado. Não é só Helvídio, que desafiou o imperador Vespasiano no Senado, ou o deputado Harry Burn, que comprometeu o próprio futuro político ao votar em favor da emenda do sufrágio feminino nos Estados Unidos. É seu funcionário público local deixando de lado a preferência partidária e servindo o interesse da população. Não é só Galileu, que se recusou a trair a ciência. Mas também a cientista Katalin Karikó, pesquisando durante *décadas*, com toda dedicação, em seu subestimado laboratório com financiamento irrisório para se tornar pioneira na pesquisa do RNA mensageiro, que lhe permitiria desenvolver as vacinas contra a Covid-19. Seu papel era continuar cumprindo suas obrigações (até mesmo quando seus chefes mudavam e ela tinha que se recandidatar uma vez mais à própria vaga; mesmo que o reconhecimento e a valorização demorassem a chegar).

Temos que cumprir nosso papel, seja ele reconhecido e valorizado ou não, porque ao aceitá-lo assinamos uma espécie de juramento. Assinamos um contrato. Vestimos um uniforme. Recebemos um pagamento. Agora temos que honrar nossa parte do acordo.

Às vezes, nosso papel vai nos colocar em situações de vida ou morte, como aconteceu com Floyd Mann. Às vezes, têm a ver com os grandes acontecimentos do noticiário de nossa geração, ou com grandes descobertas científicas. Mas pode ser algo bem mais banal. Salvar vidas, enfrentar o mal, essas são coisas importantes, mas tomar a decisão de não ser um prestador de serviço desonesto ou pouco confiável também é. Ou um burocrata incompetente. De fato, decidir dedicar tudo de si à missão de ensinar, de não deixar nenhuma criança para trás, mesmo fazendo horas extras e sem aumento de salário. Defender com todo o zelo um acusado que você não suporta. Ser atleta *e* ser um exemplo.

Pode até não parecer, mas é tão raro que sabemos que é complicado.

Profissionalismo. Dever. Compromisso. Colocar os cidadãos, os clientes, o público, os pacientes em primeiro lugar. E não apenas quando é fácil para nós e tudo é maravilhoso, mas na hora que o bicho pega (quando se está no fio da navalha).

É isso que o torna extraordinário.

Quando fazemos isso, quando cumprimos nossa função, não estamos ajudando apenas as pessoas diante de nós, mas a sociedade como um todo. Estamos elevando o padrão. Talvez ninguém note, é verdade. Talvez não faça diferença. Talvez você não receba o crédito. Talvez você até mesmo desagrade seu chefe. E daí? A alternativa deveria ser impensável.*

Sua profissão não tem um código de ética? *Crie um.* Não o ter é receita para dilemas morais, para deslizes, ainda que involuntários, rumo a zonas cinzentas. E como seria possível fazer a coisa certa, quando não se sabe o que é o correto? Como seria possível cumprir bem sua função quando você não a definiu?

Existem profissões grandiosas. Outras, mais subalternas. "Cada um tem seu papel na procissão", escreveu certa vez Walt Whitman. Mas nós desempenhamos esse papel direito? Ocupamos bem esse lugar? Honramos ou desonramos? Esses são fatores que dependem de nós.

Na verdade, existe uma diretriz válida para absolutamente todas as profissões. "Qual é a sua vocação?", indagou Marco Aurélio a si mesmo. Não era apenas governar um império ou escrever livros de filosofia, assim como o seu não é apenas ganhar mais dinheiro ou dar conta da papelada dentro prazo. Era algo mais simples e básico. "Ser uma boa pessoa", disse ele.

O que também vale para você. Seu papel é ser como Floyd Mann, haja o que houver no seu caminho, em tempos complicados. Cuidar da segurança alheia. Apresentar-se. Ser honesto. *Importar-se.* Agir como um fiduciário. Mesmo sem obrigação legal, você tem que se obrigar a seguir um padrão mais elevado do que o da multidão.

Você fez um juramento para si.

Agora, cumpra-o.

---

* E, diga-se de passagem, quando lhe pedem ou esperam que faça algo que é errado... essa não é sua função.

NÃO SUJE AS MÃOS

"Tá aqui", disse um policial à paisana a Frank Serpico certa tarde, dentro de um edifício-garagem. "Estive guardando isto para você."

Tratava-se de um envelope com 300 dólares. "E o que eu vou fazer com isso?", perguntou Serpico. O policial ficou surpreso. "O que bem entender", respondeu. E ali estava... enfim escancarado. Não dava mais para negar. A tentação silenciosa para qualquer pessoa em posição de poder, de repente, concretizada em forma de um maço de notas antigas de 10 e de 20 dólares.

Estavam lhe oferecendo uma propina.

Sendo um policial veterano tentando uma promoção a detetive, Serpico aceitaria? Sujaria as mãos, como os outros? Seria mais fácil aceitar. Nem dava para saber o que aconteceria se recusasse. A quem poderia contar? Mesmo que ele jogasse fora o envelope, não mudaria o fato de que o recebera de alguém... e que essa pessoa agora esperava algo em troca?

A história de Frank Serpico, famoso por ter denunciado a corrupção da polícia de Nova York no início dos anos 1970, parece ficção, mas não há nada mais real e mais atemporal. A decisão que ele tomou foi a de não se deixar subornar, de não se corromper, de arriscar o emprego e a vida para tornar aquilo público.

Para o restante de nós, porém, a corrupção costuma ser muito mais sutil.

Ninguém nos pede para assaltar um banco, e raras vezes jogam envelopes de dinheiro no nosso colo. No entanto, nos perguntam se queremos alguma coisa quando vamos auditar a empresa. Ninguém põe uma arma na nossa cabeça, mas as pessoas insistem bastante em nos explicar o apoio que perderemos se assumirmos esta ou aquela posição. Mostram como tudo seria mais fácil, como seria um jeito mais simples. Dão de ombros e dizem: "A gente merece, não merece?"

Na Roma Antiga, havia um grupo de homens ricos insatisfeitos com a retidão moral de Catão, o Jovem. Por isso, conspiraram para nomeá-lo a um cargo em uma província remota do império, famosa pelas negociatas por baixo dos panos e pelas oportunidades de libertinagem. "Voltarás de lá bem mais afável e mais manso", previu um deles a Catão. Não se tratava de uma tentativa de suborno explícita. Apenas queriam lhe mostrar *como as coisas deveriam ser feitas*. Queriam dessensibilizá-lo um pouco.

É preciso resistir a isso. Não é porque todo mundo faz de um certo jeito que este é o certo. Não é porque sempre fizeram assim que temos que seguir a manada. Não é porque a oferta parece inofensiva, ou porque é feita sem obrigação, que não estão tentando nos corromper, tentando perturbar nossa bússola moral.

É aquela cena de *O grande Gatsby*, em que Gatsby aborda o jovem Nick Carraway, de quem precisa para recuperar o amor de sua vida. "Eu tenho esse pequeno negócio por fora, uma coisa paralela", explica Gatsby a Nick. "E me ocorreu que, se você não está ganhando muito... poderia ser do seu interesse. Não tomaria muito do seu tempo e daria para levantar uma grana razoável. Só que é uma coisa bem confidencial."

Anos depois, Carraway, tendo compreendido com mais clareza que Gatsby era um gângster e contrabandista, se dá conta de que "em outras circunstâncias, aquela conversa teria provocado uma grande crise na minha vida". Gatsby estava tentando arrastá-lo para essa vida (não com crueldade, mas na esperança de posteriormente lhe pedir um favor). Carraway, porém, sentindo que a proposta era "óbvia e desajeitadamente feita em troca de um serviço", interrompeu-o e alegou estar muito ocupado.

Todos nós queremos acreditar que não nos deixaremos influenciar. Por que não deveríamos ganhar um dinheirinho por fora? *Ninguém vai ficar sabendo...*

Não surpreende que Patrick Reed tenha traído a associação profissional de golfe para aceitar o polpudo contrato de *greenwashing* de um circuito rival, o LIV, bancado por um competidor saudita. Reed foi criticado por aceitar dinheiro de um país governado por uma ditadura suspeita de financiar terroristas e assassinar oposicionistas. Se em relação às regras ele não fazia questão de estar acima de qualquer suspeita, por que se preocuparia com a origem do dinheiro? Por que se importaria com o impacto de sua decisão sobre o esporte... e outros golfistas em ascensão?

O que ele e outros golfistas que viraram casaca (e ao mesmo tempo pressionaram a antiga liga a manter seus privilégios anteriores) fizeram não era ilegal, mas foi um tanto asqueroso.

Rory McIlroy, em compensação, recusou centenas de milhões de dólares fáceis por considerar que a nova liga seria perniciosa para o esporte. Quando se toma decisões "só pelo dinheiro, a coisa não costuma acabar bem", explicou.

O que ele ganhou pela lealdade? Pelos torneios que essa polêmica o impediu de ganhar?

A associação profissional de golfe e seu diretor o traíram semanas depois, ao negociar uma fusão com a mesma liga que, semanas antes, eles mesmos haviam acusado de envolvimento nos terríveis atentados de 11 de Setembro de 2001. (Se bem que ficou barato para McIlroy: depois de delatar a corrupção policial, Frank Serpico levou um tiro suspeitíssimo no rosto durante uma ação.)

Tentar não sujar as mãos rende inimizades. Sua decisão é uma forma implícita de denunciar a decisão alheia. E eles podem ser mais poderosos, matreiros ou ardilosos que você. O importante, porém, é que no fim das contas você se comportou com dignidade e se deu ao respeito.

"Em toda a minha longa carreira, obedeci a certas regras, ganhando, perdendo ou empatando", explicou Truman. "Sob qualquer forma que viesse, eu me neguei a mexer com dinheiro na política. Não me envolvi em interesses privados que o governo pudesse ajudar, quer fosse local, estadual ou federal. Recusei presentes, hospedagens ou viagens pagas por particulares [...]. Durante meu mandato no senado, não dei palestras pagas ou reembolsadas. Vivi do salário que a lei me atribuía e eu me considerava um empregado do contribuinte, do povo do meu país, do meu estado e da minha nação."*

Por conta disso, não deixou uma fortuna para a filha como herança, ele mesmo reconhecia. Mas deixou algo que, segundo ele, ninguém podia roubar: "Uma reputação honrada e um bom nome." A tarefa dela, assim como é a de todos nós, era não desmerecer essa herança.

Ninguém está dizendo que é para ser um santo. No mínimo tente não ser um vendido. Não se "manchar de roxo", como Marco Aurélio relembrava a si mesmo, referindo-se à toga de imperador, e como o cargo parecia transformar aqueles que a vestiam. Tente obedecer a seus códigos, a seus compromissos, à sua consciência. Tome cuidado com as zonas cinzentas. Com a falsa promessa do "só desta vezinha". Tente evitar tentações, ignorar aquilo que é feito à sua volta. Tente pelo menos ser *mais limpo* que a média. Mais limpo que nossos antecessores. Mais limpo do que éramos ontem.

Depois da Guerra de Secessão, o capitão Arthur MacArthur (pai de Douglas MacArthur) estava servindo em Nova Orleans.

---

* Cabe registrar que o almirante Rickover, cuja ordem virou o título deste livro, se envolveu em um escândalo no final de seus 63 anos de carreira militar, acusado de receber alguns milhares de dólares em presentes de prestadores de serviços às Forças Armadas (presentes que, na maior parte, ele repassou a políticos e subordinados). Considerando todo o desgaste pessoal sofrido na Marinha e os orçamentos multimilionários sob sua responsabilidade, sem dúvida ele não estava de olho em dinheiro ou benesses. Apesar disso, foi essa falha de julgamento que deu aos seus inimigos a chance de encrencá-lo. É por isso que não devemos sujar nossas mãos.

Um dia, um corretor de algodão que tentava ganhar uma licitação para uso de instalações do Exército deixou um enorme suborno em espécie no quarto de hotel do jovem militar. MacArthur pegou o dinheiro e, em vez de guardá-lo para si, entregou tudo ao Tesouro dos Estados Unidos. "Requeiro dispensa imediata deste comando", escreveu aos superiores. "Eles estão quase chegando no meu preço."

É preciso conhecer os próprios pontos fracos e tomar decisões que lhe permitam ser forte.

Porque, se não fizermos isso, vamos nos meter em uma encrenca de verdade. Quando vemos certas coisas pela primeira vez, nós ficamos estarrecidos. Os marujos recém-chegados dos navios negreiros reagiam horrorizados. O que também se aplica aos empresários que visitam fábricas que exploram a mão de obra. Ou aos carcereiros. O primeiro gostinho do dinheiro ilícito. Mas e na terceira ou na quarta vez? Depois de certo tempo na função? Acaba virando parte da rotina. Nossa consciência fica anestesiada.

São poucos os que conseguem lidar com a sujeira sem se sujar. Pouquíssimos conseguem chegar a um compromisso *sem se comprometer*.

Quando Catão voltou de Chipre, deparou-se com uma Roma disposta a fazer concessões a César, embora este violasse as normas romanas. Acharam que dava para trabalhar com César, usando sua energia para os objetivos delas. Era um acordo arriscado, advertiu Catão. Ao carregar César nos ombros, afirmou ele, ou acabariam ficando sem energia... ou precisariam soltá-lo.

Isso também vale para todos aqueles que você ajuda a subir (em troca de dinheiro, de acesso, de uma oportunidade de levar vantagem). Ou todos aqueles para quem você faz vista grossa. Alguém sai ganhando. E a gente descobre que tem, sim, um preço.

E nós acabamos pagando o maior preço de todos.

Porque é esse tipo de pessoa que nos tornamos agora.

INTEGRIDADE É TUDO

Em 1935, ofereceram a Martha Graham uma oportunidade única: apresentar seu trabalho nos Jogos Olímpicos do ano seguinte. Ela iria dançar em um palco mundial, o tipo de chance que nenhuma pessoa talentosa ou ambiciosa poderia se dar ao luxo de recusar.

E, no entanto, ela recusou.

"Três quartos da minha companhia são judeus", disse aos emissários de Berlim. "Os senhores acham que eu iria a um país onde centenas de milhares de seus companheiros correligionários são tratados com a brutalidade e a crueldade que vocês demonstraram aos judeus?"

A delegação de nazistas, surpresa ao ver que apelar para o interesse pessoal não deu certo, que ela não quis fazer vista grossa como todos os outros que haviam sido convidados, tentou mudar de estratégia. "Se a senhora não for", disseram, "todos vão ficar sabendo e vai ser prejudicial para sua imagem".

Graham sabia, porém, que era exatamente o contrário. "Se eu não for", respondeu, "todos vão saber por que não fui e vai ser prejudicial para a imagem de *vocês*".

Ela poderia ter sido uma artista gananciosa, já com mais de 40 anos à época, e ter tirado proveito do dinheiro e da publicidade. Mas aquilo não valia sua integridade. Não valia o preço de sua alma. E, ao agir conforme seus princípios, ela denunciava publicamente a maldade de que, até então, poucos tinham falado a respeito.

"Integridade é uma dessas palavras que muita gente guarda na gaveta, com uma etiqueta dizendo 'Complicado demais'", comentou o almirante James Stockdale, refletindo acerca do tempo que passou em Hanoi Hilton, a famigerada prisão norte-vietnamita.

E é complicado demais!

F. Scott Fitzgerald aponta em outra narrativa, em que seu personagem tinha que escolher entre jogar fora a carreira em Wall Street ou fazer o certo em favor de um grupo de agricultores pobres com quem estava fazendo negócio: "Fala-se muito de coragem e convicções, mas, na vida real, as obrigações de um homem para com a própria família podem fazer a rigidez de atitude parecer um capricho egoísta de pura presunção."

Apesar de seu papel como arquiteto da vitória da União na Guerra de Secessão, a relação do general Ulysses S. Grant com a escravidão era complexa, assim como ocorria com muitos norte-americanos à época. Grant foi criado em um estado sem escravizados, e o pai tinha sido um abolicionista fervoroso. Mas a mãe fora criada no conforto, em uma fazenda que fazia uso de trabalho escravo. Havia, ainda, a questão financeira: Grant tinha sido expulso do exército, sustentava a família vendendo lenha à beira da estrada, tentando sobreviver com um sítio de pouco mais de 30 hectares batizado de Hardscrabble [pobre, árduo, de substância, em inglês].

No fundo do poço financeiro, rebaixado de capitão do exército a agricultor pobre, Grant de repente se viu dono de um escravizado chamado William Jones, provavelmente um "presente" da família da esposa. O incômodo de longa data que Grant sempre sentiu em relação à escravidão já não mais podia ser contornado (já não mais era algo que os outros faziam, ou algo de que ele se beneficiava de forma indireta). *Ele* era dono de outro ser humano.

Tratava-se de uma injustiça que Grant simplesmente não era capaz de suportar. Mesmo aquela sendo a tábua de salvação pela qual ele tanto rezara. Mesmo sendo a saída para uma pobreza humilhante e desgastante. Assim, em 29 de março de 1859, Grant tomou a custosa decisão de conceder a alforria de William Jones. Dá para imaginar Grant tentando explicar à esposa o motivo de ter libertado um escravizado que "valia" mil dólares, só porque não suportava a ideia de vendê-lo, enquanto ela observava o marido, ex-aluno da Academia de West Point, exausto e alquebrado, mais uma vez voltando para os campos.

Era uma única pessoa, uma gota d'água em um sistema que, na época, escravizava cerca de 4 milhões de homens, mulheres e crianças. Mas isso não mudava o que o ato significaria para aquela pessoa em específico. Além disso, também significava algo para Grant, embora ele mal pudesse se dar ao luxo de pensar a respeito. Afinal, precisava voltar para seu trabalho, um trabalho honrado (apesar de extenuante) se comparado a arrancar o pão do suor da testa de outro homem.*

Ser íntegro significa viver conforme aquilo que se considera certo. E não conforme aquilo que lhe permite se dar bem ou conforme aquilo que todo mundo faz.

De um modo geral, não é ilegal vender coisas para otários, pessoas que se deixam enganar. São raríssimas as situações em que descumprir a palavra é um crime. Nos Estados Unidos, mentir (mesmo que de forma descarada) até chega a ser protegido pela Primeira Emenda da Constituição. Mas não é porque *podemos* que nós *devemos*.

Na vida, todos temos obrigações, pontos de vista e motivações conflitantes. Todos vamos nos deparar com encruzilhadas. Todos nós vamos cruzar caminho com dilemas morais embaraçosos, tentações, situações com uma lógica particular. Certamente Stockdale tinha consciência disso. Como pai, como cidadão, como militar, ele simplesmente era alguém tentando *sobreviver* no mundo hediondo e tortuoso de um prisioneiro de guerra. Ele era espancado. Também lhe ofereciam um jeito de se livrar de toda dor, bastava ele ajudar seus captores... e a si mesmo. "A integridade de uma pessoa pode proporcionar algo em que se apoiar quando a

---

* Assim como aconteceu com Lincoln, o ponto de vista de Grant sobre a legalidade da escravidão evoluiu até a Guerra de Secessão.

perspectiva começa a ficar borrada", explicou, "quando as regras e os princípios começam a fraquejar, e quando surgem decisões complicadas entre o certo e o errado. É algo que mantém na trilha certa, que impede de afundar".

Existe uma expressão que diz: princípios não são princípios *enquanto não custam dinheiro*. A integridade deixa de ser uma abstração quando a vida coloca diante de você uma oportunidade de colocá-la em prática. Só então a integridade se torna real. Algo comprovado. Você comprovou ser responsável e assumiu a responsabilidade.

Mas não é algo que só cobra um preço. Também é algo que nos orienta, que nos dá apoio, que nos tranquiliza.

Certa vez, o filósofo Agripino foi abordado por um homem que tinha recebido um convite para um dos famosos banquetes do imperador Nero. Ele estava na dúvida entre ir ou não. Por pior que Nero fosse, o homem não queria fazer inimigos. Qual era a opinião de Agripino? "Vá", disse Agripino.

"Mas você não vai", respondeu o homem. "É isso mesmo", disse Agripino. *Quanto a mim? É que eu nem considerei a questão.*

A integridade já tinha respondido por ele.

Como Graham poderia encarar seus amigos judeus nos olhos, naquela época ou depois, quando os verdadeiros horrores do regime nazista vieram à tona, sabendo que tinha emprestado o nome àquele golpe publicitário? Em seus anos de travessia do deserto, Grant não tinha muito de que se gabar, mas sabia que suas mãos estavam limpas. Podiam até estar cheias de calos e bolhas, mas estavam limpas.

É isso o que Joan Didion dizia acerca de autorrespeito: que é a base da integridade. Perdê-lo, advertiu ela, "é acordar no meio da noite, sem um copo de leite quente e um fenobarbital ao alcance da mão, com a mão pousada no edredom, fazendo a conta dos pecados de lavar as mãos e omitir-se, a confiança traída, as promessas sutilmente descumpridas, os dons desperdiçados, por preguiça, covardia ou negligência".

Uma vida de integridade cobra um preço. Não será fácil.

E, apesar disso, de algum jeito todos nós sabemos que viver sem ela é o pior destino que existe.

Quando vemos os outros levando vantagem porque agiram sem ela, quando vemos os outros flexibilizando as regras ou aceitando propina, precisamos nos lembrar de para onde esse caminho inevitavelmente acaba levando.

Pode ser que às vezes a integridade seja relegada à gaveta das coisas "complicadas demais", mas, sem ela, a vida é muito mais dura e triste.

ALCANCE SEU POTENCIAL

~

Em uma noite gelada de 1927, em Chicago, o arquiteto e inventor Buckminster Fuller resolveu pôr fim à própria vida. Era um fracassado. Tinha sido expulso de Harvard. Havia sepultado uma filha. Mantinha em segredo seu problema com o álcool.

Era hora, pensou, de nadar o mais longe possível Lago Michigan adentro e afogar-se.

Quando se preparava para morrer, porém, ouviu uma voz, dizendo-lhe algo assim: *Como ousas? Quem pensas que és... para abandonar as responsabilidades da vida? Perante teus filhos? Perante o mundo?*

"Não tens o direito de eliminar a ti mesmo", disse a voz. "Não pertences a ti mesmo. Pertences ao universo. Jamais saberás qual o teu propósito, mas imagina que hás de cumpri-lo dedicando-te a converter ao máximo tua experiência em favor do próximo. Tu, como todos neste mundo, estás aqui pelo bem do próximo."

Ele levou essa frase consigo, da beira do abismo até o final de seus dias. O trabalho que realizou, as invenções que criou e os filhos que educou foram tentativas de cumprir aquela obrigação, de não estar neste planeta para si próprio, mas para ser bom e pelo bem do próximo.

É quase perfeito demais que a história bíblica sobre os três servos, cada qual deixado com uma quantidade de dinheiro do mestre deles, seja conhecida como a "Parábola dos *Talentos*". Um dos servos, competente e habilidoso, investiu o dinheiro e transformou cinco talentos (quantia considerável) em dez. O segundo, mais devagar do que o primeiro, conseguiu o mesmo feito. O terceiro, sem saber o que fazer diante da possibilidade, ou sem interesse em participar, simplesmente enterrou o dinheiro com medo de perdê-lo.

A verdadeira moral da história se trata do que fazemos com os dons que nos foram dados. O que fazemos de nós mesmos e das oportunidades diante de nós.

Alguns progridem. Alguns se escondem. Alguns alcançam seu potencial. Alguns, não.

E é uma questão de justiça.

Assim como, perante o mestre, os servos tinham o dever de fazer render o dinheiro que lhes foi confiado. Assim como Buckminster Fuller devia, a quem quer que lhe dera a vida, fazer algo dela, nós devemos a nosso "mestre" (*ao mundo*) tirar o máximo das competências e habilidades que possuímos. Sem pessoas que façam isso, onde estaríamos?

Não haveria progresso. Não haveria grandeza. Não haveria arte. Não haveria inovação. Não haveria bravura no campo de batalha. Não haveria transformação social.

Florence Nightingale nasceu com todo aquele potencial. Ela teve instrução. Tinha propriedades. Contatos. Porém, durante muitos anos (dezesseis, para ser exato), ela era como o terceiro servo. Escondida embaixo da terra. Deixava-se paralisar pelo medo dos pais e do que iriam pensar. Evitava fitar o destino nos olhos, não encontrava dentro de si o necessário para atender ao chamado. Por causa disso, o mundo era um lugar pior, assim como é pior quando *qualquer* pessoa se acomoda ou se omite.

Porém, com tempo e incentivo, ela acabou se aventurando. Rompeu seus grilhões — descobrindo que as amarras eram feitas de palha — e, ao fazê-lo, rompeu com séculos de práticas médicas equivocadas, salvando a vida de milhões de soldados mundo afora.

Todos nós, cada um do seu jeito, ignoramos esse chamado, às vezes de forma direta, às vezes como Jimmy Carter (um homem cuja vida foi moldada pela leitura, na juventude, da Parábola dos Talentos, e também pela intercessão do almirante Rickover, que um dia lhe perguntou diretamente por que ele nem sempre dava o melhor de si). Quando não damos nosso melhor, quando nos refreamos, é a nós mesmos que estamos traindo. Estamos traindo nossos dons. Os possíveis beneficiários da realização plena do nosso potencial. Como diz a lição da parábola, a quem muito é dado *muito se espera*. Não estamos necessariamente falando de dinheiro e sucesso.

"Entendo muitíssimo bem seu sentimento de que ser menos que o melhor de todos é um fracasso", escreveu o tio Will a Walker Percy, na carta já citada. "Eu também pensava assim sobre poesia", explicou, falando dos próprios escritos. "Mas agora não me arrependo de os ter escrito, mesmo sabendo que não rivalizam com os maiores e que em breve serão esquecidos. Se eu soubesse que este seria o destino deles, não os teria escrito, porém hoje fico feliz em tê-lo feito. Foi o melhor que pude dar e, se outros podem fazer melhor, não é problema meu."

Dê o melhor de si. Torne-se aquilo que você pode ser. Você deve isso ao mundo.

Faz diferença, mesmo diante da indiferença alheia: gente que atinge o próprio potencial gera emprego a outros, inspira outros, abre portas para outros, descobre e produz coisas úteis para outros, cria mercados para outros, monta plataformas que podem ser usadas para falar com outros. Participar ou não desse sistema... por você e, por conseguinte, pelos outros? Trata-se de uma escolha moral.

Se não concorda, pense na alternativa. Um sistema que inibe o incentivo à realização do potencial individual. Um mundo onde as pessoas *não* participam. *Não* se importam. *Não* se arriscam. Quantas revoluções deixariam de acontecer? Quantas mudanças deixariam de acontecer? Quanto sofrimento inútil teria ocorrido?

"Qualquer um capaz de produzir duas espigas de milho ou duas folhas de grama no mesmo pedaço de terra em que antes só crescia uma", escreveu Jonathan Swift, "mereceria o reconhecimento da humanidade e faria por seu país um serviço mais essencial que a raça inteira dos políticos somada". A mesma lógica se aplica a qualquer tipo de líder. Aquele que consegue um acordo quando ninguém julgava possível; aquele que faz renascer a fé, em vez de destruí-la; aquele que realiza plenamente o potencial de seu cargo ou de seus poderes... esta é uma pessoa que conjura um pouco de justiça em um mundo injusto.

E, na verdade, um dos princípios mais básicos da ciência econômica é a *lei da vantagem comparativa*. Quando um de nós sabe produzir milho melhor, outro sabe plantar grama e um terceiro conhece a arte da política, cada um serve o planeta melhor cuidando da própria especialidade. Quando só fazemos aquilo que os outros nos mandam fazer, ou acham que deveríamos fazer, ou quando nos falta a disciplina para cuidar daquilo que é de fato importante, estamos *privando* o mundo de alguma coisa.

Angela Merkel tinha muito talento como cientista, mas com o passar do tempo foi se dando conta de que havia mais cientistas talentosos do que políticos dessa espécie. Assim como Merkel, como Nightingale, você possui dons e vantagens únicos. Assim como o presidente Carter, você possui dentro de si um nível de performance e dedicação mais profundo do que realizou até hoje. O que você vai fazer com ele? O que vai extrair dele?

O escritor irlandês Oscar Wilde acreditava que todo ser humano era uma profecia, que todos temos um destino. Nossa missão, dizia, era concretizá-la. Como ele escreveu em *O retrato de Dorian Gray*, "o objetivo da vida é o desenvolvimento pessoal. Realizar à perfeição nossa natureza [...] a razão de estarmos aqui". Porém, acrescentou, muita gente, assim como o terceiro servo, tem medo de si mesmo, da tarefa que lhe foi incumbida.

Você vai se tornar aquilo que nasceu para ser? Estará onde é mais necessário?

Essa é a pergunta.

Não a responder porque tem medo é uma traição a seus dons. É deixar o mundo na mão.

Sobretudo quando levamos em conta que é possível ter uma meta ainda mais ambiciosa do que simplesmente *atingir* nosso potencial. Porque essa palavra dá a entender que ele é finito. E se der para atingir ainda mais? Temos que tentar atingir as coisas que ninguém acreditava serem possíveis, que ninguém espera de nós. Mais do que dar o melhor de si, é preciso lutar para ser o melhor de si, para estar entre os melhores. *O homem deve alcançar mais longe que sua mão...*

Com certeza esse alcance, esse alcançar, é o que nos aproxima do céu.

Aqui embaixo, em terra firme, porém, o que se deve evitar, o que as pessoas nunca devem dizer a seu respeito, é a mais lamentável das condenações:

Essa pessoa podia ter sido mais.

Essa pessoa podia ter feito mais.

Essa pessoa *jogou fora* seu talento.

SEJA LEAL

Truman não se dava bem com Eisenhower, mas não era por algo que ele tenha feito a Truman. Na verdade, Eisenhower não tinha feito nada. E esse era o problema. Eisenhower, como muitos dos melhores oficiais do Exército norte-americano, tinha sido pupilo do general George Marshall. Durante décadas, Marshall teve um caderninho preto com o nome dos homens que queria ver ascenderem na carreira, algo que fez incansavelmente, em prol do mundo livre. E o fez a tal ponto que em 1943, quando Franklin Roosevelt ofereceu a Marshall, então chefe do estado-maior do Exército norte-americano, a oportunidade de comandar as forças aliadas na invasão da Normandia, Marshall recusou o convite só para que a função fosse ofertada a seu protegido... Um gesto cujo altruísmo só foi superado pelo fato de que ele se deu ao trabalho de enviar uma cópia da ordem presidencial a Eisenhower, como lembrança e felicitação.

Considerando seu papel inegável como arquiteto da vitória dos Aliados na Segunda Guerra Mundial, poucos poderiam prever que alguns anos depois Marshall seria insistentemente difamado pelo senador Joseph McCarthy, que o acusou, sem quaisquer fundamentos, de ser comunista e um traidor. Em discurso perante o Senado em 1951, McCarthy chegou a colocar Marshall no centro de "uma conspiração de tamanha escala que apequena qualquer iniciativa anterior do gênero na história da humanidade".

Era uma insanidade. Uma crueldade. E também era popular e muita gente acreditou.

Em um comício em Wisconsin, em 1952, Eisenhower teve a oportunidade de tomar uma atitude em relação a esse assunto.

"Conheço Marshall, como homem e como soldado", planejou dizer em defesa da pessoa a quem devia sua carreira, "e ele demonstra generosidade singular e o mais profundo patriotismo a serviço do país". Porém, o governador de Wisconsin, receoso de que isso pudesse custar a Eisenhower os votos do estado no colégio eleitoral (e receoso ainda do constrangimento, já que McCarthy também estava no palanque), implorou a Eisenhower que não seguisse adiante com aquilo.

Bastaria que ele pronunciasse algumas palavras (que até já estavam escritas) em defesa de um grande homem que ele conhecia bem.

Em vez disso, optou por não fazer nada.

Foi mais do que uma falta de coragem. Foi um episódio de espantosa deslealdade. Depois de tudo o que Marshall tinha feito pelo país, e feito pessoalmente por ele, lá estava Eisenhower, deixando-o de lado por calculismo político, comprometendo, diria Truman, "todos os princípios de lealdade pessoal ao compactuar com um ataque difamatório e mentiroso".

Ele nunca mais conseguiu enxergar Eisenhower do mesmo modo. Como Eisenhower, homem corajoso e decente, pôde abandonar Marshall daquela maneira? Como ele podia viver com a consciência tranquila?

A resposta é: assim como todos nós fazemos.

Tirando isso totalmente da cabeça. Dizendo a nós mesmos que não dava para fazer nada. Dizendo a nós mesmos que as pessoas vão entender... porque, no nosso lugar, fariam o mesmo. Dizendo a nós mesmos que é por uma boa causa.

A cidadezinha onde nascemos fica para trás, no retrovisor. Agora que nos tornamos pessoas importantes, nos afastamos daquelas que nos descobriram. Abandonamos um amigo porque ele ficou radioativo. Dispensamos um fornecedor de longa data porque outro propôs uma economia de centavos.

À medida que a faca entra, vamos encontrando argumentos. Desviamos o olhar e deixamos a tarefa para outros.

A lealdade custa caro. É inconveniente. Atrapalha. Causa confusão, é complicada, difícil de explicar.

Durante vários anos, os Estados Unidos ficaram em polvorosa por causa do Terror Vermelho de McCarthy. Muitos inocentes perderam empregos e a reputação. Relacionamentos foram desfeitos, laços foram rompidos (às vezes por precaução, por autodefesa). Ninguém queria a pressão e a encrenca. E, se você fosse parar na berlinda, a culpa devia ser sua... Era cada um por si.

Também houve, diga-se de passagem, espiões de verdade que foram expostos. Um deles pode ter sido Alger Hiss, o primeiro acusado de repassar segredos aos soviéticos, que acabou condenado sob a acusação de perjúrio, por um deputado ambicioso: Richard Nixon.

Hoje, fala-se em "cultura do cancelamento", mas Hiss se viu diante de procuradores federais, uma possível pena de morte por traição e a inevitável morte social e profissional que controvérsias assim provocam. E, embora as evidências contra ele estivessem longe de serem irrefutáveis (e, analisando hoje, tudo o que envolvia Nixon e J. Edgar Hoover exige ceticismo), as acusações não podiam ser mais graves.

No entanto, notavelmente o secretário de Estado de Truman, Dean Acheson, defendeu Hiss, amigo de longa data e ex-colega. "Não vou abandoná-lo", disse Acheson à esposa na manhã em que daria uma entrevista coletiva. O grupo de jornalistas, farejando uma notícia de peso, perguntou, é claro, a Acheson sobre Hiss. Acheson respondeu sem polemizar, dizendo que se tratava de um assunto para os tribunais e que era indevido comentar um processo em andamento. Poderia ter parado por aí, neutro, sem se comprometer, *sem comentários*.

Mas Acheson não faria isso, pois era uma questão de honra. "Suponho que a intenção da pergunta tenha sido arrancar de mim outra coisa", disse aos repórteres. "Gostaria de deixar bem claro que, independentemente de qual seja o resultado do recurso que o sr. Hiss e seus advogados venham a apresentar neste processo, eu não pretendo virar as costas para Alger Hiss."

E, embora essa declaração tenha causado tanto espanto entre os adversários políticos de Acheson (que consideravam Hiss um traidor) quanto comoção entre os amigos, o que de fato importava era a opinião do presidente. O problema da lealdade é que ela nunca é uma só (nossas obrigações são como camadas, e às vezes são conflitantes entre si). Somos leais aos amigos, mas também devemos lealdade à nossa família, pela qual zelamos. Somos leais a um colega de trabalho de longa data, mas também devemos lealdade ao nosso trabalho e à nossa causa, sob pena de comprometê-la. O dever de Acheson para com seu amigo era autêntico, mas será que ele também não tinha obrigações em relação ao cargo, em que representava o país? Ou a Truman, a cuja disposição estava servindo?

Por isso, Acheson seguiu direto para a Casa Branca, na absoluta expectativa de que teria que oferecer sua renúncia a mais um presidente norte-americano. Truman nem quis saber. "Ele olhou para mim", contou Acheson, "e falou que entendia por que eu dissera aquelas coisas". Truman contou-lhe a história do dia em que foi ao enterro de Tom Pendergast e explicou que o importante, o que seria lembrado, era que alguém tinha sido fiel a um amigo. Então, Truman encarou Acheson nos olhos e disse: "Dean, é melhor levar o tiro de frente, nunca de costas", e mandou-o de volta ao escritório. "Temos muitas *coisas importantes para fazer*."

Truman acreditava na lealdade, mesmo quando lhe era custosa. Por isso foi ao sepultamento, mesmo tendo sofrido politicamente pelo ato. Ele também era leal perante os compatriotas e os contribuintes — motivo de ele ter rejeitado todas as oportunidades para se corromper colocados maliciosamente por Pendergast diante dele. A lealdade de Truman não era tampouco cautelosa, ele podia ter só mandado flores. Era uma lealdade *de primeira*, sem enrolação, sem esperar por um momento menos arriscado. E foi por isso que bancou Acheson, como Acheson bancou Hiss, embora o próprio Hiss de fato possa ter sido profundamente desleal.*

Você iria querer um presidente que não fosse leal? Confiaria a sorte do seu time a um atleta que enxerga o esporte como um negócio, sem vínculo com o time ou a cidade? Investiria seu dinheiro em alguém que deixa as pessoas na mão porque ajudá-las lhe causaria problemas? Não, você não faria isso.

A vida é complicada. A lealdade é complicada! (E se Hiss fosse mesmo culpado? Nesse caso, Acheson deveria tê-lo abandonado?) Ninguém disse que não é, ninguém disse que a amizade só tem o lado bom e nada de ruim. Muitos possíveis delatores silenciaram, por lealdade ou por amor às instituições que servem (ponderando se tinham uma obrigação para com uma pessoa ou organização... ou para com a verdade). Também não podemos ignorar as consequências da lealdade para nós mesmos. Os especialistas em teoria dos jogos falam da "recompensa do otário", que foi expressa com perfeição por Sêneca, ao dizer que "a lealdade garante aos desleais o acesso à perfídia".

É verdade. E daí?

Não temos como controlar o que os outros fazem. Não temos como controlar o fato de que vivemos em uma época de justiça com as próprias mãos. Não temos como controlar o fato de essas decisões serem sofridas e complexas, sem um manual de instruções. Temos como controlar *o que nós fazemos*.

Temos que tomar a decisão e assumir a responsabilidade, mesmo que signifique apanhar na cara, quando poderíamos ter ficado ocultos, em segurança. Não podemos ficar em silêncio, como Eisenhower (sabendo o que deveria ser dito ou feito, o que parece certo, para então desistir na última hora, por não querer arrumar dor de cabeça).

---

* Hiss juraria inocência até a morte, em 1996. Algumas evidências reveladas após o fim da União Soviética não foram favoráveis a ele, mas sua culpa efetiva ainda é tema de debate.

Não, nós temos uma obrigação...
... perante aqueles que nos ajudaram
... perante as instituições que nos formaram
... perante aqueles que foram leais conosco
... perante a verdade e a nossa causa
... perante os oprimidos, os perseguidos e os abandonados.

Não podemos lavar as mãos. Não podemos ficar olhando de fora. Não podemos abandonar o barco.

Não é preciso perdoar o que eles fizeram. Ser leal não é proteger os outros das consequências de seus atos. No entanto, precisamos ter comiseração por aquele que está assistindo à própria vida desmoronar (precisamos, se não vestir e alimentar, pelo menos enviar uma mensagem de empatia). Mesmo que estejamos decepcionados, ou até irritados com aquela pessoa. Mesmo que ela tenha cometido um erro. Podemos pelo menos telefonar para saber como ela está. Quando todo mundo vira as costas, nós entramos em contato. Quando todo mundo começa a cuidar de si, nós nos negamos a trair o compromisso que assumimos.

É possível amar alguém como pessoa, mesmo sentindo raiva pelo que ela fez.

Foi no meio de um desses escândalos que um dos assessores de Truman tentou ser pragmático com o presidente. "O senhor foi leal com gente que não retribuiu essa mesma lealdade, presidente", disse.

Era verdade. Mas é essa a questão.

A lealdade é algo que nós damos. Não algo que cobramos.

Nem sempre devemos esperar que ela seja compreendida.

É algo que fazemos porque é o certo.

ESCOLHA UMA ESTRELA-GUIA

Em certa época, o magnata da moda Dov Charney foi dono do maior complexo têxtil dos Estados Unidos, produzindo cerca de 50 milhões de peças por ano. Em média, um costureiro ganhava menos de 50 centavos por hora trabalhada. A American Apparel, de Charney, chegava a pagar regularmente no máximo 20 dólares, com plano de saúde, vale-refeição e transporte.

Isso deixava os investidores confusos. Não fazia o menor sentido. Se ele transferisse as fábricas para o exterior, seu negócio seria muitíssimo mais lucrativo. Haveria menos fiscalização. Na verdade, em alguns casos ele até teria mais acesso a novas tecnologias e maior mão de obra.

Mas Charney tinha um motivo. "Eu não entrei neste negócio apenas para ganhar o máximo de dinheiro possível", explicava ele o tempo todo. "Se eu só me importasse com lucro, nem sequer estaria neste ramo. Teria virado traficante."

Charney queria ganhar dinheiro, é evidente, mas não era isso que o guiava. Ele se preocupava com os milhares de operários da indústria têxtil que empregava, optando por tratá-los bem e garantindo que tivessem planos de saúde e aposentadoria, em vez de explorá-los em condições análogas a escravidão no exterior (o que não apenas seria permitido por lei, mas também uma prática incontestada no setor da moda). Ele se preocupava com o meio ambiente. Com a expressão artística.

Ou pelo menos foi o que ele fez por algum tempo.

E é isso o que torna a figura de Charney tão fascinante e trágica. Durante anos, seu compromisso com valores mais elevados, acima do próprio interesse, acabou servindo muito bem a esse interesse, tornando-o rico, famoso e popular. Os operários o aplaudiam quando fazia uma visita ao chão da fábrica. A imprensa especializada saudava-o como um gênio.

Com o passar do tempo, porém, a bondade foi azedando e acabou sendo trocada por egolatria, ressentimento, necessidade de controle, relacionamentos ilícitos e indisciplina. Nessa trajetória, ele acabou não apenas destruindo o negócio que tinha criado, mas se tornou um desses heróis que vivem tempo demais e acabam testemunhando a própria transformação em vilões.*

Esse é o poder de uma estrela-guia. O poder dos valores. Eles são, como a disciplina, uma espécie de destino.

Ou uma maldição.

Seja como for, representam uma profecia. Determinam onde vamos acabar... e quem seremos quando chegarmos lá.

A disciplina pode nos tolher, como alguém que nos diz o que não pode ser feito. A justiça é diferente. Trata-se de um ideal ao qual aspiramos, algo mais elevado que serve como meta. É isso o que é uma estrela-guia. Algo a ser buscado. Algo além do horizonte, que nos faz olhar para cima em vez de para baixo.

É algo que sobressai em meio ao ruído. Que resolve os dilemas. A justiça é o mais nítido dos pontos cardeais (aponta para o norte, nos mostrando o caminho a ser seguido).

O tempo pode mudar, mas as estrelas, não.

No caso de Truman, seu compromisso não era apenas com a honestidade ou a justiça, mas se dava com esses valores por um motivo: porque é isso o que um político deve à população a quem serve. A estrela-guia dele era o povo norte-americano e a Constituição escrita para garantir-lhes os direitos. A estrela-guia dele era o eterno conceito de virtude, aprendido na infância, o qual o ancorava e orientava até mesmo nos momentos mais sombrios e atormentados. Certa vez, ele citou de cor o poeta Horácio: "O

---

* Em 2014, Charney foi afastado da direção da American Apparel, por acusações de assédio e racismo. (N. do T.)

homem justo e firme de propósito não se deixa abalar de sua firme resolução, nem pela ira do povo que o incita ao crime, nem pelo semblante do tirano ameaçador."

Não é isso o que você deseja?

No caso da rainha Elizabeth II, durante mais de sete décadas, a estrela-guia não foi o Império Britânico, o qual herdou, mas a *Comunidade* Britânica (a Commonwealth, associação de 56 nações espalhadas pela Terra), à qual ela dedicou a vida. No caso de Martin Luther King Jr. foi a não violência (que ele dizia encarar como sua "esposa perante a lei") na busca de um mundo com mais justiça e amor. No caso de Régulo, ele não se sacrificou apenas pela honra pessoal, mas pela integridade e segurança de Roma. No caso de delatores, como Ernie Fitzgerald ou Cynthia Cooper, não foi apenas evitar serem responsáveis ou cúmplices de diversos crimes (tampouco progredir na carreira), e sim informar ao público, que *merecia saber*, o que estava sendo feito em nome dele ou com o dinheiro dele.

Por causas como essas, tais pessoas dedicaram os melhores anos de suas vidas. Foram essas causas que lhes proporcionaram clareza em meio ao caos. Foi por essas causas que ambas se recusaram a fazer concessões... e se dispuseram a abrir mão de qualquer coisa para defendê-las. O "porquê" delas permitiu que suportassem qualquer "como".

Claro, esses mesmos dons, essas mesmas pessoas, não causariam a mesma impressão se tomassem tais atitudes por interesse próprio, vaidade, desejo de vingança, supremacia ou simples prazer. É como o escritor Budd Schulberg comenta em seu romance clássico sobre motivação e caráter, *O que faz Sammy correr?*:

> Que facho de luz tremendamente corrosivo e ofuscante a ambição pode ser onde existe algo por trás, e que faísca tremeluzente e insignificante quando não há.

O dinheiro é uma péssima estrela-guia... mas é fácil recorrer a ele quando não se tem nada melhor. Ego. Fama. Poder. Supremacia. São coisas que podem levá-lo ao topo... mas também vão levá--lo à derrocada. Elas corrompem. Corroem. Lealdade. Um amor à camisa. Um desejo de manter as mãos limpas. A confiança para competir de igual para igual com os melhores. Integridade.

Os gregos tinham uma palavra, *pleonexia* (egoísmo), que, para eles, era o pior tipo de vida. Podemos afirmar que a justiça, a virtude (ser *bom*, e não apenas grandioso) é a antítese de tudo isso. Ser bom o leva para cima, ser grandioso o leva para baixo. Ser bom o leva para frente, ser grandioso o leva para trás, para baixo, para as profundezas.

Enquanto Charney seguiu a própria consciência, realizou coisas incríveis. Quando seguiu seu lado obscuro, tornou-se um monstro. Acabou perdendo tudo. Mas e se a lei e a justiça não o tivessem pegado? Mesmo assim, ele teria sido o perdedor, porque se perdeu no caminho.

O que também vale para todos nós.

Vamos ser perfeitos? Acertar todas as vezes? É improvável. Na vida, podemos perder nossas referências. Seremos tentados a sair do caminho. Nem sempre teremos a certeza de Agripino. Porém, quando fraquejarmos, quando nos perdermos, sempre poderemos olhar para aquele ponto lá em cima no céu. Podemos consultar nossa consciência.

Seguindo-a, vamos chegar aonde precisamos estar.

FAÇA O CERTO, AGORA

Só existe um jeito de enfrentar a maldade na vida em geral: com a perfeição moral, religiosa e espiritual de sua própria vida.

LIEV TOLSTÓI

Muitas vezes nós sabemos qual é o certo a ser feito. O problema é o quando. É a oportunidade certa? É o momento certo?

Para quem é íntegro, porém, o momento certo é óbvio.

Em 1970, Jimmy Carter conquistou uma surpreendente vitória na eleição para governador da Geórgia. No dia da posse, em 1971, porém, ele provocou mais uma surpresa. Depois de ter feito uma campanha conservadora em um estado conservador, lá estava ele, minutos depois de empossado, deixando todos estarrecidos ao anunciar: "Afirmo a vocês, com toda franqueza, que chegou ao fim o tempo da discriminação racial."*

O almirante Rickover tinha tentado ensinar a Carter que o momento certo para a coisa certa *sempre foi o agora*.

"Para mim, é impossível adiar algo que vejo ser preciso fazer", explicou Carter tempos depois.

A disciplina muitas vezes é uma luta contra a procrastinação. Mas às vezes a justiça também é. Não queremos fazer algo porque sabemos como vai ser difícil. Porque sabemos que haverá um preço. Porque também temos outras prioridades. A armadilha é que não precisamos dizer a nós mesmos que *nunca* vamos fazer isso.

---

* Como governador, ele disse: "Não fugirei dessa responsabilidade."

Dá para contar uma mentira conveniente para nós mesmos: *Depois eu faço. Quando estiver mais seguro, eu faço. Quando contar para alguma coisa, eu faço.*

Só que isso vai contra o ponto de vista de Aristóteles acerca da virtude. Ela não é algo que se alcança, é uma prática cotidiana... um hábito. E é nessa prática cotidiana que nos tornamos aquilo que somos.

... Ou não.

"Você poderia ter sido bom hoje", lembrava Marco Aurélio a si mesmo, muito provavelmente quando tinha que pensar em uma decisão polêmica semelhante. "Em vez disso, resolveu ser bom amanhã."

Quanto mais tempo se fica de pé na ponta do trampolim, mais difícil (e menos provável) fica pular. Sua mente fica atormentada. Você começa a inventar desculpas. Perde a coragem.

É melhor não prolongarmos nossas dificuldades. É melhor não fugirmos da obrigação. No fim das contas, temos que fazer o certo... fazer as mudanças, pedir desculpas, tomar a decisão certa, fazer o primeiro lance. Não é melhor, então, resolver logo?

Em algum momento teremos que pagar o preço. Por isso é melhor começarmos a fazer os pagamentos.

Não depois. Mas já.

PARTE 2
O "NÓS" (SOCIOPOLÍTICO)

A justiça é a virtude que nos torna úteis a nós mesmos, assim como aos outros.

Sócrates

A questão não é você. Nunca foi. A disciplina é uma virtude do *eu*. A justiça, por assim dizer, é uma virtude do *nós*. É uma questão de κοινωνικαί (o bem comum). Uma coisa é ter retidão pessoal, mas para quê? Porque queremos tornar o mundo um lugar melhor. Porque queremos contribuir para o bem da população, como recomendam os estoicos. Porque nos importamos com as outras pessoas (pessoas que são como nós, pessoas de quem não gostamos, pessoas que nunca chegaremos a conhecer, pessoas que ainda nem sequer nasceram). Nós nos unimos para fazer o bem juntos. Para fazer o bem pelos menos afortunados, pelos excluídos, pelos perseguidos, pelos que pensam de um modo diferente, pelos que têm necessidades diferentes das nossas. Para ser parte da solução, e não do problema. Para ampliar a definição daquilo que é possível, daquilo que é solucionável. Para fazer pelos outros o que gostaríamos que fosse feito por nós (e, ao fazermos isso, também fazemos um pouquinho por nós mesmos).

"A VÓS, DE MÃOS VACILANTES, LANÇAMOS A TOCHA..."

Foi em maio de 1787. Doze homens se reuniram em uma gráfica no coração de Londres. Alguns eram quakers. Outros, anglicanos. Alguns eram jovens. Outros, idosos. Alguns eram ricos. Outros, não. Alguns tinham um longo histórico de ativismo, enquanto outros nunca tinham assumido um posicionamento público na vida.

Em sua maioria, eram abastados, instruídos e tinham muito pouco em termos de queixas pessoais, ou mesmo familiaridade direta com aquilo a que juraram juntos pôr fim: o tráfico transatlântico de escravizados.

Tratava-se, é claro, de uma das instituições mais abomináveis da história da humanidade. Mas também se tratava, em valores de hoje, de um negócio bilionário. Por mais que a economia dependesse dela, essa terrível injustiça era propositalmente ocultada do cidadão comum do Reino Unido (em Londres não havia correntes, chicotes ou capitães do mato). Tudo acontecia muito longe dali.

No entanto, esses doze indivíduos (todos nascidos livres) decidiram se juntar para dar cabo daquilo. O objetivo era tão ambicioso quanto aparentemente inexplicável. Era, com certeza, algo bastante novo. Como escreveria o historiador Adam Hochschild, talvez tenha disso a primeira vez que "um grande número de pessoas sentiu indignação, e permaneceu indignado por muitos anos, em relação aos direitos de *outros*".

Seria verdade?

Mesmo que não tenha sido a *primeiríssima* vez, ainda assim foi um momento que transformou o mundo.

E, por sinal, o abolicionismo começou em uma encruzilhada que Hércules teria reconhecido.

Em 1785, dois anos antes de fazer parte do grupo dos doze em Londres, um jovem chamado Thomas Clarkson inscreveu-se em um concurso de ensaios, quando era aluno de teologia em Cambridge. A pergunta era em latim, como era o caso de todos os ensaios: *Anne liceat invitos in servitutem dare?* É lícito escravizar outros contra a vontade deles?

Assim como muitos estudantes, a preocupação primordial de Clarkson era com a nota. Por isso, ele se esforçou para escrever o que, a seu entender, venceria o concurso, sem parar muito para pensar naquilo em que realmente acreditava. Deu certo. Seu latim impecável, seu argumento contra a corrente (de que, sim, o ponto de vista predominante na sociedade de seu tempo estava errado, e que era imoral possuir escravizados) rendeu-lhe o primeiro lugar e uma repentina fama acadêmica. Porém, enquanto cavalgava da universidade para casa, ansioso para desfrutar das benesses de uma carreira nova e promissora, Clarkson foi ficando profundamente preocupado.

Por mais que quisesse desprezar seu ensaio como uma simples tarefa, um mero debate de sala de aula, ele não conseguia parar de pensar no argumento que tinha desenvolvido. *E se ele tivesse razão?* E se fosse errado uma pessoa possuir, vender ou explorar outra?

De tão encafifado com o dilema, o qual não saía de sua cabeça, Clarkson desceu do cavalo para pensar, sem conseguir nem sequer seguir viagem andando ao lado da montaria. Naquele local, um cruzamento em frente ao Moinho Wades, em Hertfordshire, Clarkson chegou a uma conclusão que transformou a vida dele e o mundo: se as ideias de seu ensaio fossem verdadeiras, então "era o momento de alguém pôr fim àquelas calamidades".

Em termos mais concretos, *esse alguém podia ser ele.*

No fim das contas, seria preciso bem mais do que apenas um homem, assim como bem mais do que uma dúzia de ativistas em uma gráfica. Seria preciso uma verdadeira coalizão multinacional, multirracial e multigeracional trabalhando em conjunto e também separadamente, durante mais de um século (até 1888, quando o Brasil se tornou o último grande país a abolir a escravidão).

Seria agradável pensar que isso aconteceria de um jeito ou de outro, que a sociedade em algum momento acabaria fazendo o certo. Mas há algo deprimente, até desempoderador, nessa ideia, por mais comum que seja. Porque ela elimina o papel que os indivíduos ímpares (gente como a gente) podem ter no curso dos acontecimentos do mundo. Encobre aquilo que um homem ou uma mulher de coragem pode, sim, fazer para vergar o arco da história na direção da verdade.

Ou não.

Porém, no caso de Clarkson, havia muita coisa que precisava ser feita.

Muita coisa.

Clarkson começou pelo início. Insatisfeito com sua compreensão do tema, de nível acadêmico, decidiu estudar e pesquisar ativamente a instituição a respeito da qual a maioria das pessoas se recusava a pensar. Leu tudo o que pôde encontrar sobre a escravidão (como funcionava, quanto lucro gerava, o que pensavam os envolvidos, quais eram seus segredos). Conversou com traficantes de escravizados e com ex-escravizados. Falou com as seguradoras e as autoridades portuárias. Visitou navios negreiros, embarcando em um pela primeira vez no rio Tâmisa. Desceu aos porões e testemunhou em primeira mão, com "melancolia e horror", as celas de confinamento.

Trabalhando dezesseis horas por dia, viajando milhares de quilômetros por mês, analisou registros e conduziu entrevistas. Documentou a alta mortalidade nos navios negreiros, não apenas dos escravizados, mas também dos tripulantes (nada menos que 20% dos marinheiros morriam a cada viagem). Ele coletou não apenas dados, mas histórias impressionantes, desconhecidas do público. Angariou aliados, tornando-se amigo de um escravizado liberto e escritor chamado Olaudah Equiano. E, mais tarde, ajudou a arrecadar fundos para comprar a liberdade de Frederick Douglass. Tornou-se íntimo do marquês de Lafayette, inspirando-o a aderir à causa, que Lafayette ajudou a divulgar nos Estados Unidos e na França ao longo das três décadas seguintes.

Um dos melhores achados de Clarkson foi um homem chamado Josiah Wedgwood, um magnata da cerâmica que trabalhava para a rainha da Inglaterra. Wedgwood não foi apenas convencido pelos argumentos de Clarkson: conseguiu traduzi-los para o público por meio de imagens poderosas. Foi Wedgwood quem encomendou uma logomarca para o grupo de ativistas: o desenho de um escravizado de joelhos, preso por ferros nos pulsos e tornozelos, elevando os braços aos céus e implorando misericórdia. "Não sou um homem e um irmão?" eram os dizeres da faixa sob seus pés.

Por pertencermos ao mundo em que nascemos, é impossível imaginar o quanto essa imagem se tornaria poderosa naquela época. Ninguém questiona mais se aquele escravizado oprimido e sofrido é um ser humano e irmão de todos nós. No século XVIII, porém, aquele retrato dilacerante dos custos humanos da escravidão foi como um soco no estômago da população, pela primeira vez arrancando do povo as várias fantasias atenuantes que permitiam a indiferença.

Pouco tempo depois, surgiu outra imagem ainda mais poderosa, consequência direta das trabalhosas investigações de Clarkson. Com precisão nauseabunda, ele encomendou um desenho que detalhasse as características exatas de um navio negreiro de verdade, com cada escravizado desenhado à mão do exato jeito que ficavam: empilhados sob o convés. "Os escravizados armazenados em cima e embaixo das prateleiras dispõem de apenas 78 centímetros entre as vigas", dizia a legenda.

Estava tudo ali, exposto. A limpidez e evidência eram rompidas apenas pelos semblantes de cada um dos 454 homens e mulheres, que mal podiam ser distinguidos no desenho. Escravizados não eram simples trabalhadores transportados de um mercado para outro. Eram amontoados (pior que sardinhas) com ganância em escala industrial, em condições a que poucos seres vivos conseguiriam sobreviver. Assim como o poder da foto de um monge que se imola ou de uma criança em uma jaula na fronteira pode mudar a opinião pública da noite para o dia, o diagrama de Clarkson explodiu como uma bomba. Já não era mais possível negar ou ignorar o horror. Ninguém em sã consciência poderia dizer que aquilo era justo, razoável ou digno.

Mas o que as pessoas podiam fazer? Na Inglaterra, o direito ao voto era para poucos e, claro, os escravizados não faziam parte do grupo. Não era por acaso. Os poderosos interesses que lucravam com a escravidão (como acontece com qualquer injustiça) não estavam propensos a simplesmente permitir que o povo legislasse para acabar com seus lucros! Esse é o eterno problema dos movimentos sociais: como aqueles sem voz podem provocar mudanças?

Muitos anos depois, a poeta Audre Lorde escreveria uma frase famosa: "As ferramentas do mestre não irão desmantelar a casa do mestre." No caso da abolição, porém, poucas frases se revelaram tão erradas quanto essa (o que é uma coisa boa). E não apenas porque Clarkson, com bastante habilidade, juntou as diversas ferramentas da escravidão (garrotes, correntes e chicotes), as quais depois exibiu, com efeito arrasador, em discursos e reuniões.

A escravidão era um produto do capitalismo, e o capitalismo seria usado para acabar com ela. Clarkson vinculou a escravidão às instituições que dela dependiam, do setor têxtil ao cafeeiro e tabagista. Extremamente minucioso, ele perseguiu os produtores de açúcar, produto inseparável da brutalidade nas fazendas do Caribe. "Em cada libra de açúcar consumida", declarou um famoso abolicionista, "é como se estivéssemos consumindo cinquenta gramas de carne humana".

Não é o tipo de afirmação que queremos ver sendo feita a respeito do nosso negócio!

Um famoso poeta rotulou o chá como uma "bebida adoçada com sangue", e as vendas despencaram. De repente, uma das práticas culturais mais populares da Inglaterra foi associada à crueldade abominável. Ao transformar o chá da tarde em um ato político, Clarkson aproveitou a publicidade para os primeiros boicotes eficazes ao consumo. Como forma de protesto, cidades inteiras de toda a Inglaterra baniram o açúcar. Centenas de milhares de pessoas pararam de tomar o chá da tarde (ou adotaram o chá-verde). Não estavam apenas bancando os virtuosos, pois as empresas começaram a reagir alterando suas práticas trabalhistas, proclamando em anúncios que seu açúcar era "produzido pelo trabalho de HOMENS LIVRES".

Clarkson tinha inventado o slogan político, o cartaz político e o boicote ao consumo. Ele popularizou as petições públicas e montou a primeira coalizão política diversificada.* Ele usou a indignação para provocar transformações culturais e, o mais importante de tudo, legislativas. Quando morreu, em 1846, aos 86 anos, a escravidão tinha sido abolida na Inglaterra havia mais de dez anos, e o tráfico de escravizados havia quase quarenta.

Um homem, uma ideia, milhões de vidas transformadas, um sofrimento indizível evitado.

Um grupo diminuto de indivíduos engajados pode, de fato, mudar o mundo, sem ter que atear fogo em nada nem em ninguém nesse processo.

E essa é apenas uma pequena fração do legado deles.

Isso porque, pouco tempo depois da morte de Clarkson, enquanto a luta contra a escravidão nos Estados Unidos ainda tinha muitos anos pela frente, outro grupo de pessoas se reuniu, aproveitando o embalo daquilo que os abolicionistas haviam iniciado. Desta vez, eram majoritariamente mulheres, e um grupo bem maior (ao todo, cerca de trezentas). Um pouco mais de meio século depois daquela reunião na gráfica de Londres, o novo grupo encontrou-se em uma capelinha de Seneca Falls, em Nova York.

---

* A organização que fundou existe até hoje, dando continuidade à luta pela libertação dos oprimidos, explorados e traficados.

Tinham esquecido a chave, mas felizmente o filho de 5 anos de uma delas conseguiu esgueirar-se por uma janela aberta para abrir a porta. Ali, na Convenção de Seneca Falls, nasceu o movimento pelos direitos das mulheres (cujas líderes tinham, todas, participado do movimento abolicionista).

"A história da humanidade é a história de repetidas afrontas e usurpações, do homem em relação à mulher, com o objetivo direto de estabelecer uma tirania absoluta sobre ela", afirmaram, parafraseando e aprimorando Thomas Jefferson em sua própria declaração. Não estavam exagerando. Em 1776, Abigail Adams precisou pedir ao marido que se "lembrasse das damas" quando os Pais Fundadores elaboraram as leis de uma nova nação. Então, duas gerações depois, as mulheres ainda não podiam votar e eram forçadas a submeterem-se a um governo que não haviam escolhido. O casamento era a "morte civil" da mulher, que perdia o direito à própria propriedade e à remuneração. Elas não tinham direito algum à custódia dos próprios filhos. Os melhores empregos eram ocupados por homens, com proibição expressa às mulheres (até mesmo de frequentar escolas em que pudessem se capacitar para tais empregos). Elas não podiam fazer parte de júris. Não tinham controle sobre o próprio corpo. Eram submetidas a um código de conduta moral diferente, e levadas a duvidar do próprio valor, da própria capacidade e da própria autoestima, a fim de mantê-las dependentes e à mercê de seus parceiros homens.

Apesar disso, a maioria daquelas mulheres (algumas delas acompanhadas à convenção pelos maridos progressistas) não eram as vítimas mais profundas dessas injustiças. Muitas eram abastadas. Muitas, instruídas. A maioria era branca, afortunada pelo sistema de classes e de castas da época. Podiam passar o tempo em inúmeras outras atividades, contentando-se com uma vida de privilégios. Em vez disso, revoltaram-se pelos próprios direitos, e pelos das outras mulheres também.

"Sim, as mulheres se sentem ultrajadas, oprimidas e fraudulentamente privadas de seus direitos mais sagrados", escreveu o grupo, que não descansaria enquanto isso não mudasse. Não eram ingênuas, não esperavam que isso simplesmente viesse a acontecer do nada. Em vez disso, tinham aprendido com a campanha de Clarkson (da qual elas mesmas participavam havia anos nos Estados Unidos) e compreendiam que havia um manual de instruções para a conquista de direitos. "Vamos contratar militantes, distribuir panfletos, enviar petições aos legislativos do Estado e da nação, e lutar pela adesão da Igreja e da imprensa em nosso favor", escreveram, prenunciando cada convenção, cada onda de resistência e pressão até que todas as mulheres obtivessem aquilo que mereciam.

E de fato foi preciso exatamente isso.

Depois da Convenção de Seneca Falls, em 1848, seguiram-se muitas ondas de campanha, cada uma mais diversificada que a anterior (econômica e racialmente). Em 1851, uma mulher chamada Sojourner Truth subiu ao palco e fez o famoso discurso "E eu não sou uma mulher?". Embora os relatos posteriores o apresentassem no sotaque dos escravizados do sul dos Estados Unidos, Truth (natural de Nova York) falou em um inglês impecável. "O direito da mulher sou eu", disse, com absoluta confiança. "Tenho os mesmos músculos que qualquer homem, e posso fazer o mesmo trabalho que qualquer homem. Arei, ceifei, descasquei, talhei, aparei. Existe homem capaz de fazer mais?"

Ela sofria uma tripla discriminação em sua época. Mulher. Negra. Ex-escravizada. Mas lá estava, requisitando não somente seu lugar à mesa, mas lutando incansavelmente pelo cumprimento da emenda de igualdade racial pós-Guerra de Secessão, muito embora na prática ela só garantisse direitos aos homens negros. Para ela, porém, não era uma questão de um só grupo ou uma só causa, e sim de igualdade e dignidade para todos (por mais tempo que fosse levar). "Fui escrava por quarenta anos e livre por quarenta anos", relatou Sojourner Truth a uma plateia em 1867, "e ficaria aqui mais quarenta anos para que todos tivessem direitos iguais. Talvez eu continue aqui porque ainda me resta algo para fazer; talvez ainda me caiba ajudar a romper os grilhões".

Agora que o gelo já tinha sido rachado, disse ela, o importante era que todos continuassem martelando. A Guerra de Secessão tinha sido por isso; a 13ª, a 14ª e a 15ª emendas à Constituição norte-americana tinham sido por isso.

Em 1872, não se contentando com isso, Susan B. Anthony, abolicionista, feminista e amiga de Truth, dispôs-se a martelar um pouco mais fundo, do seu próprio jeito. "Pois bem, eu fui & voltei & fiz!!", contou a uma amiga. "Votei mesmo na chapa republicana (de cima a baixo) esta manhã, às sete horas & *ainda prestei juramento do meu voto*." Ela foi presa na mesma hora e levada a julgamento. Na hora da sentença, desafiando o juiz, recusou-se a permanecer em silêncio. "Jamais pagarei 1 dólar de sua injusta penalidade", disse ela.

Libertar os escravizados tinha exigido a violência de soldados. Agora, porém, a esperança das mulheres era a de declarar um outro tipo de guerra, contra o Estado que reforçava injustiças. Se Susan B. Anthony ousou desafiar verbalmente um juiz, a geração seguinte de mulheres iria muito mais longe.

Do outro lado do Atlântico, Emmeline Pankhurst lembrou-se da infância, quando foi levada a um evento de arrecadação de fundos para escravizados recém-libertos nos Estados Unidos. Depois que ficou viúva, ela e a filha batalharam sem parar a favor dos direitos das mulheres. Ao contrário de outras associações de sufragistas, a dela foi montada em torno de dois princípios: primeiro, que o direito ao voto era a causa a partir da qual todas as demais questões femininas podiam ser tratadas; logo, devia ser o foco único e exclusivo. Segundo, que nessa luta o que importava eram *atos*, e não *palavras*. "Foi indo para a prisão, e não argumentando", explicaria Pankhurst depois, "que conquistamos o apoio do homem trabalhador da Inglaterra".

E elas foram presas *muitas vezes*.

Por atormentar políticos. Por invadir o palco de eventos. Por destruir patrimônio público (em geral, janelas estilhaçadas a pedradas) como prova de que a sociedade valorizava qualquer outra coisa mais do que as mulheres. Elas não praticavam a violência, mas a recíproca não era verdadeira, afinal precisaram passar a usar papelão por baixo dos vestidos, como proteção contra as agressões físicas que recebiam o tempo todo. Outras fizeram treinamento em artes marciais para que bloqueassem os golpes daqueles que as atacavam, bem maiores que elas.

Quando eram presas, recusavam-se a colaborar, iniciando greves de fome que quase as levavam à morte. Em um famoso discurso, inspirado em Catão, que preferiu morrer a servir Júlio César, Pankhurst explicou que se recusava a aceitar a legitimidade de um governo que não reconhecia suas cidadãs. "Você pode matar uma mulher", dizia ela a respeito de si mesma e de seu grupo de resistentes, "mas então ela terá escapado de você, que não tem como governá-la. Não há força na Terra capaz de governar um ser humano, por mais frágil que seja, quando ele não lhe dá esse consentimento". De fato, uma sufragista, Emily Davison, que já havia tentado se suicidar publicamente em protesto contra a alimentação forçada imposta às feministas em greve de fome na prisão, morreu pisoteada por um cavalo de propriedade do rei, em 1913, segurando uma faixa pelos direitos das mulheres. Sua morte perversa, intencional ou não, captada pelas câmeras dos jornais, foi um prenúncio do martírio público do monge budista Thích Quảng Đức, que se imolou cinquenta anos depois. "Uma grande tragédia", dissera ela, "pode evitar muitas outras".

Enquanto isso, voltando aos Estados Unidos, mulheres se posicionaram diante da Casa Branca (apelidadas de Sentinelas Silenciosas) sob chuva, granizo e calor insuportável, além das surras, das vaias e das prisões. Quando uma era presa, outra a substituía, carregando cartazes de protesto com os dizeres: "Sr. Presidente, QUANTO TEMPO AS MULHERES DEVEM ESPERAR PELA LIBERDADE?"

Carrie Chapman Catt, nascida dez anos depois da Convenção de Seneca Falls, tentou posteriormente colocar em termos numéricos o quanto essa luta de uma geração durou, e *o que* custou:

> Tirar da Constituição a expressão "do sexo masculino" custou às mulheres da nação 52 anos de campanha incessante (...). Durante esse período elas foram forçadas a realizar 56 campanhas de referendos para eleitorados masculinos; 480 campanhas para conseguir que os legislativos submetessem aos eleitores emendas sufragistas; 47 campanhas para conseguir que as convenções do Estado colocassem nas constituições estaduais o voto feminino; 277 campanhas para que as convenções estaduais dos partidos incluíssem o voto feminino em seus programas; 30 campanhas para conseguir que as convenções presidenciais dos partidos colocassem o voto feminino nas plataformas partidárias; e 19 campanhas perante 19 Congressos consecutivos.

Foi uma mulher atrás da outra, uma convenção atrás da outra, uma campanha atrás da outra. Cada uma delas contribuiu com a própria dose de devoção.

Nada iria fazê-las parar. Nada iria dividi-las.

Como seria de esperar, houve tentativas de dividi-las. Mulheres sulistas foram criticadas por se misturarem com mulheres negras. Mulheres nortistas, com mulheres de classes inferiores. Mulheres da Costa Leste, por terem aceitado o apoio de mulheres mórmons do Oeste. E, embora muitas das mulheres que participaram do movimento pelos direitos femininos tivessem pontos cegos, e até mesmo opiniões odiosas sobre classe social ou raça, elas conseguiram montar uma coalizão espantosamente ampla.

"Pela primeira vez na história do movimento feminino", afirmaria Carrie Chapman Catt na abertura da sétima conferência da Aliança Internacional pelo Sufrágio Feminino, em Budapeste, em 1913, "existe a expectativa de que mulheres hinduístas, budistas, confucionistas, muçulmanas, judias e cristãs sentem-se juntas em um Congresso unindo suas vozes em um apelo em comum pela libertação de seu sexo das discriminações artificiais que todos os sistemas políticos e religiosos direcionaram contra elas".

Na verdade, o movimento tinha sido amplo e diversificado desde o início. Thomas Wentworth Higginson, um ilustre nativo de Boston que traduziu Epicteto e liderou soldados negros na Guerra Civil, por muito tempo propôs uma convenção nacional pelos direitos das mulheres. Frederick Douglass, que então tinha apenas 30 anos, chegou a participar de Seneca Falls. "Na minha humilde história, são poucos os fatos", disse no fim da vida, "que olhando para trás me dão maior satisfação do que [...] ter tido a sabedoria de já naquela época, poucos anos depois da escravidão, apoiar [a] resolução pelo sufrágio feminino".

Por que aquele homem, ele mesmo correndo constante perigo de ser sequestrado e revendido como escravizado a qualquer momento, se disporia a lutar *pelos direitos alheios*?

Porque, como explicaria a poeta Frances Ellen Watkins Harper em uma igreja de Nova York logo depois da Guerra da Secessão, não se faz justiça enquanto *todos* não forem iguais perante a lei. "Estamos todos unidos", disse ela, "em um único feixe de humanidade". Nossos destinos estão todos ligados uns aos outros, em sua compreensão, e, quanto antes as pessoas se dessem conta disso, melhor estaríamos, e mais seríamos capazes de fazer.

Assim como o abolicionismo levou à luta pelos direitos das mulheres (como uma tocha que acende outra), a luta pelos direitos das mulheres levou aos direitos civis. Foi outra luta prolongada, mas nesse caminho muita coisa foi realizada. À medida que as mulheres conquistavam o direito ao voto, estado por estado, leis contra o trabalho infantil foram aprovadas. O jugo dos chefões da política sobre as cidades norte-americanas começou a afrouxar. As primeiras leis de bem-estar social começaram a surgir, assim como os primeiros protestos contra o genocídio, neste caso liderados por Alice Stone Blackwell, para quem seu trabalho como feminista era inseparável do apoio aos refugiados do genocídio dos armênios.

"Talvez os homens estejam dizendo: 'Graças a Deus essa história interminável de direitos da mulher acabou!'", disse Crystal Eastman, feminista e sufragista, após a aprovação da 19ª Emenda à Constituição dos Estados Unidos. "Mas as mulheres, se bem as conheço, estão dizendo: 'Finalmente podemos começar.'"

A própria Eastman provaria isso. Ela veio a fundar a ACLU (União Americana pelas Liberdades Civis). Em 1955, Rosa Parks, treinada em disciplina pessoal, não violência e ativismo pela NAACP (Associação Nacional pelo Progresso das Pessoas de Cor) e pela Highlander Folk School, recusou-se a ceder o assento em um ônibus.* E logo depois começou um boicote pelo mesmo motivo. Em uma igreja de Montgomery, E.D. Nixon levantou-se para conclamar à continuação do protesto, porque era a hora de erguerem-se e lutarem. "Vocês, pastores, não param de comer o frango que essas mulheres fritam, mas nunca fizeram nada por elas", disse. Quando iriam cumprir com o seu dever? Quando se posicionariam em favor de Rosa Parks? Ou diriam aos fiéis que eles estavam se acovardando? "Eu não sou covarde!", respondeu Martin Luther King Jr., então com 26 anos.

O que se seguiu, então, foi um movimento que tirou proveito de todas as lições aprendidas por Clarkson, pelas sufragistas, por Jesus Cristo, por Gandhi, por Thoreau. O próprio Martin Luther King Jr. pegaria e adotaria como sua a frase de Frances Ellen Watkins Harper, de que todos estamos ligados por um feixe de humanidade.

A liberdade, disse ele, tem uma "qualidade 'nós'" (desejá-la, buscá-la, lutar por ela ajuda não apenas a você, mas a *todos* nós).

Ele não estava lutando apenas pelos próprios direitos, ou pelos direitos de Rosa Parks, mas pela alma da nação em si, reivindicando

---

* Vale notar que, na verdade, Rosa Parks não foi a primeira mulher negra a realizar um protesto em transportes públicos. Nove meses antes, uma jovem chamada Claudette Colvin tentou fazer o mesmo e, quase cem anos antes, Sojourner Truth já o fizera, ambas em Washington, D.C.

que o sentido daquela crença e daquela fé fosse posto em prática. De novo, tratava-se de uma luta multigeracional, multirreligiosa, multirracial. O próprio King tinha sido incentivado pelo exemplo de Parks, e mais uma vez seria incentivado pela liderança de Diane Nash e um grupo de universitários, reunidos em Nashville, para os primeiros protestos sentados do movimento pelos direitos civis. Juntos, eles arregimentaram idosos, brancos, ricos, pobres, judeus, muçulmanos, sulistas, nortistas, gente do mundo inteiro.

Muitas daquelas pessoas, até então, tinham se contentado com como as coisas eram, convictas de que aquela luta não lhes cabia. Uma mulher, Mary Peabody, tinha o sangue tão azul quanto um norte-americano podia ter (era esposa de Malcolm Peabody, bispo aposentado da Igreja Episcopal da região central de Nova York). Recrutada por ativistas inteligentes a ponto de compreender que a prisão de brancos nortistas renderia mais manchetes, Mary concordou em se deslocar até St. Augustine, onde o movimento fazia campanha, na crença absoluta de que tudo não passava de um grande mal-entendido. "Não acredito que vão me negar o prazer de almoçar com minha amiga negra", disse ao sair de casa.

Quase de imediato, a igreja local negou a comunhão a ela, avó de sete netos, porque a congregação a considerou "radical". Depois, ao tentar entrar em um restaurante para almoçar com a amiga, disseram-lhes que comessem na rua. Na tentativa de encontrar uma boa alma, elas tentaram uma hospedaria pequena descendo a rua, onde foram confrontadas por um xerife armado e uma matilha de pastores-alemães.

Até então, Mary Peabody seria a última pessoa a ser tachada de radical. Naquele momento, porém, ela tinha passado a ser. "Acho melhor ligar para meu filho", disse aos anfitriões, e sem perder tempo telefonou para *o governador* de Massachusetts, Endicott Peabody, para avisá-lo de que dali a alguns minutos sua mãe de 72 anos seria presa na Flórida por ter desafiado uma lei injusta.

"A senhora é igualzinha a Eleanor Roosevelt", comentou uma das ativistas negras enquanto a mulher era conduzida pelos guardas pelo corredor da prisão, usando um terninho rosa antiquado. "Somos primas", respondeu Mary Peabody, piscando o olho. Embora outras duzentas pessoas tivessem sido presas, foi a foto dela que ganhou as primeiras páginas dos jornais do país inteiro. O *New York Times* mostrou a sorridente carola nortista indo parar atrás das grades, vigiada por um guarda armado com uma *pistola de abate de gado*, como se talvez fosse preciso utilizá-la.

Peabody passou os dois dias seguintes na cadeia, tendo preferido permanecer com as novas amigas a sair sob fiança. "Depois que cheguei aqui, passei a ver as coisas de outro jeito", explicou. Assim como aconteceu com ativistas e cidadãos comuns.

"Fui profundamente tocado pelo testemunho criativo de sua mãe na Flórida", escreveu Martin Luther King Jr. em um telegrama para o governador de Massachusetts. "Através das palavras e dos atos, ela está declarando ao país inteiro que todos os homens são irmãos, e que a chaga cancerígena da segregação precisa ser removida do corpo político pelo bem da saúde de nossa democracia."

Repetindo: a mudança acontece quando as pessoas se revoltam em favor dos direitos alheios.

O slogan de Wedgwood dizia: "Não sou eu um homem e um irmão?" A essa altura, no entanto, os manifestantes não estavam perguntando, e sim afirmando: "Eu sou um Homem." Mais do que isso: estavam *mostrando* que eram seres humanos (seres humanos capazes de dignidade, bondade e incrível coragem). É claro que eles tinham sido assim desde sempre, mas forçaram o mundo a ver isso por intermédio da televisão e de combates escolhidos a dedo, por intermédio de testemunho criativo.

Tudo foi planejado e ensaiado, resultado de uma disciplina rigorosa. "Se alguém começava a apanhar feio", explicou Diane Nash, "nós tínhamos pessoas treinadas para interpor o corpo entre aquela pessoa e a violência (...). Treinávamos para não revidar, para o caso de alguém bater em nós". Em confronto após confronto, a autoridade da polícia e a estrutura de poder político foram perdendo força. O poder e a retidão moral dos manifestantes se tornaram inatacáveis, mesmo expondo seus corpos às pancadas (ou melhor, *por causa* delas).

"Não é o xerife que está atrás de vocês", explicou um estrategista dos direitos civis. "São vocês que estão atrás do xerife." Eles eram incansáveis. Não se importavam de ir para a cadeia. Não tinham medo de ferimentos nem da morte. Pressionavam, forçavam a barra, não se deixavam deter por nada. "Você pode me ignorar", disse o reverendo C.T. Vivian a um chefe de polícia racista, "mas não pode ignorar a justiça". A reação do policial foi empurrá-lo escada abaixo (um ato covarde e violento todo registrado por uma câmera de televisão). "Que tipo de gente você é?", gritou Vivian para ele. Suas palavras foram parar em centenas de matérias de jornal. "O que você vai contar a seus filhos à noite? O que vai contar à sua esposa à noite?"

Depois de raios-X e um check-up médico, no dia seguinte Vivian estava de volta à manifestação.

"Uma das coisas que aprendi ao longo dos anos", relatou Diane Nash, "é que a única pessoa que você consegue mudar é você mesmo. O que fizemos no sul foi mudarmos nós mesmos, de pessoas que podiam ser segregadas para pessoas que não mais podiam ser segregadas. A atitude passou a ser: 'OK, podem matar a gente, se é isso o que querem, mas vocês não podem mais segregar a gente.' E depois que se muda a si mesmo, o mundo tem que se adaptar a esse novo você".

Fosse lá o que acontecesse, por mais terrível que a situação ficasse, eles não perdiam o prêmio de vista.

Que prêmio?

A liberdade.

A justiça.

O amor.

Assim como é impossível identificar com precisão o *primeiro* passo na marcha rumo à justiça, também é impossível (felizmente) afirmar que ela terminou. Martin Luther King Jr. passou os últimos anos de sua breve vida lutando no movimento antiguerra.

Um ano depois de sua morte, ocorreu o levante de Stonewall. Na mesma época, Ralph Nader, muito antes de ficar famoso como candidato alternativo à presidência dos Estados Unidos, reuniu um pequeno grupo de advogados, apelidados de "Caçadores de Nader", que deu início à luta, ainda em andamento, para proteger a população contra os abusos dos interesses corporativos.

Direitos dos animais. Direitos ambientais. Direitos eleitorais. Direitos LGBTQIAPN+. Direitos do consumidor. Direitos reprodutivos. Ativistas contra a miséria. Ativistas anticoloniais. Ativistas pacifistas. Reformadores do sistema prisional. Ativistas contra o tráfico humano. Defensores da liberdade de expressão.

Onda após onda, geração após geração. Em busca de uma união mais perfeita, concretizando a promessa do contrato social.

A justiça não é uma coisa que acontece, é algo que se faz, que continua a ser feito, no momento em que você lê estas palavras.

Pelas pessoas que se unem, pelas pessoas que se importam.

Algumas vezes, porque é algo que as afeta diretamente. Mas muitas vezes, o que é mais belo, quando não afeta.

Gente que quer deixar o mundo melhor do que encontrou. Gente que, ao perceber alguma coisa, não fica calada. Gente que faz amizade... e se mete em confusão da boa. Gente que tem paciência... mas ao mesmo tempo não aceita enrolação. Gente com uma estrela-guia... que se supera, que vai além do próprio interesse. Gente com um estrela-guia... maiores do que si mesmas, maiores do que os próprios interesses. Gente com planos grandiosos... mas que começa aos poucos, com aquilo que dá para fazer no momento. Gente que não fica parada, que não aceita a neutralidade, que assume a responsabilidade. Gente que faz o que precisa ser feito. Gente que não apenas faz o próprio trabalho, como também o faz de forma generosa, humilde.

Gente comum... que se torna extraordinária.

"Felizes são os homens e mulheres", escreveria Emmeline Pankhurst em suas memórias, "nascidos na época da grande luta pela liberdade humana. Ainda mais afortunados são aqueles cujos pais participam pessoalmente dos movimentos de seu tempo".

Pois bem, a hora é agora. Todos os infortúnios do mundo, tudo o que acontece à nossa volta é ao mesmo tempo um obstáculo e uma oportunidade. É uma chance para lutarmos... para participarmos da luta. Se nossos pais não fizeram o bastante, tudo bem. Dá para compensarmos. Podemos servir de exemplo para nossos filhos, para aqueles que virão depois de nós.

A justiça é como um revezamento sem fim de tochas, uma marcha inacabada, que começou muito tempo antes e que cada geração assume e leva adiante, do próprio jeito.

Ou não.

É um poder que cada um de nós passa a ter no momento em que vem ao mundo.

Nós temos o poder...

... de cuidar

... de ajudar os outros

... de aprender a transformar

... de sermos generosos

... de forjar laços

... de defender os fracos.

Mas não é uma questão de poder, e sim de vontade.

Você tem vontade?

SÓ É PRECISO SER GENTIL

Como Adriano sabia que podia confiar o trono a Antonino (que não era seu parente)? Parecia um salto no escuro.

Um homem com poder absoluto que dá poder a outro homem com base na promessa de proteger e orientar o jovem Marco Aurélio (o verdadeiro escolhido) para reinar um dia em seu lugar.

Para Adriano, porém, não era um salto no escuro, porque ele acreditava que conhecia o caráter de Antonino. Foi em um momento banal, mas revelador. Ele testemunhou quando Antonino, que não sabia que o observavam, ajudou com todo respeito o sogro doente a subir uma escada.

O critério decisivo foi um ato simples de gentileza, feito com espontaneidade e naturalidade a um idoso necessitado. Adriano soube o que precisava saber.

A história está repleta de homens e mulheres brilhantes e bem-sucedidos. É provável que você tenha encontrado muitos deles ao longo da vida. Mas quantas pessoas realmente gentis encontrou? Então por que é tão espantoso quando você se depara com alguém que faz algo genuinamente gentil pelo outro?

Não é pedir muito... mas é tão raro. "Bem-vindo ao planeta Terra, jovem", escreveu certa vez o romancista Kurt Vonnegut a um admirador. "No verão faz calor, no inverno faz frio. Com sorte, você vai passar uns cem anos aqui. A única regra que eu conheço é: caramba, Joe, você tem que ser gentil."*

---

* J.M. Barrie, criador de *Peter Pan*, articularia a mesma regra em 1902: "A partir da noite de hoje, vamos criar uma nova regra de vida: sempre tentemos ser um pouco mais gentis do que é necessário, sim?"

Gentil com estranhos.
Gentil com colegas ou subordinados.
Gentil com quem cometeu um erro.
Gentil com clientes, e também com vendedores.
Gentil com aqueles que o desagradam.
Gentil com o futuro, com as gerações ainda por vir.

Olhando para trás, uma coisa que nunca envelhece bem é a falta de gentileza. A turba xingando as criancinhas negras no primeiro dia de aula. O tratamento que os colonizadores deram a quem estava lá antes deles. O papel ao qual as mulheres foram relegadas por tanto tempo na sociedade. Do ponto de vista jurídico, é verdade, eram situações terrivelmente injustas. Mais do que isso, porém, o que talvez explique em parte como tamanhas injustiças puderam acontecer: houve uma profunda falta de empatia, de gentileza. Uma incapacidade de pensar no outro como uma pessoa merecedora de um tratamento digno.

Essa é a regra de ouro, não é? Trate o outro como gostaria de ser tratado. E quem não quer ser tratado com gentileza? Com respeito? Com equidade?

Não é somente uma regra, e sim um modo de viver. Os estoicos diziam que precisamos tentar enxergar todos aqueles que encontramos como *uma oportunidade de ser gentil*. Essa é uma mudança maravilhosa de ponto de vista. Transforma a vida cotidiana, por mais complicada e sofrida, em uma série de transformações, uma atrás da outra, em favor da gentileza, de atos gentis, de ser respeitoso, de fazer uma diferença positiva.

Não importa se estamos cansados. Se estamos ocupados. Se nós mesmos fomos maltratados.

Reaja com gentileza. Peque por excesso de compaixão. Faça o que for útil.

Quando a Alemanha nazista começou a guerra-relâmpago, Clementine Churchill precisou escrever um bilhete para o marido, relembrando-o exatamente disso. "Meu querido Winston", escreveu, "devo confessar que notei uma piora da sua atitude; e que você não tem sido tão gentil quanto era no passado". Sim, ele era poderoso, escreveu ela, mas era exatamente esse poder sobre as pessoas (a capacidade de demitir absolutamente qualquer pessoa por um simples capricho) o que lhe dava a obrigação de ser educado e gentil, e, acima de tudo, sereno, mesmo que estivesse irritado. "Não se consegue o resultado ideal sendo irascível e rude", lembrou a ele. "Isso só gera antipatia ou uma mentalidade submissa."

O almirante Rickover era bastante conhecido pela grosseria. Também era alguém que gritava com todo mundo. Mas quem trabalhava com ele sabia que o homem se importava com todos (não apenas em relação ao trabalho e à segurança, mas também em nível pessoal). O que é algo essencial, bem melhor do que a educação que esconde o comportamento oposto. Mesmo assim, não existe pessoa ou equipe (ou criança) neste mundo que não aprecie aquela palavrinha de gentileza no fim... e é algo que custa tão pouco.

Nunca existiu um líder que não tivesse que lidar com frustração. Não existe pessoa inteligente que não tenha se irritado com tolos. Não existe pessoa de bom coração que não tenha sido maltratada ou feito inimigos. É assim mesmo.

Mas o que nos obriga a sermos gentis, apesar de tudo isso, é nossa autoridade, nossa inteligência, nossa dignidade. Como disse Vonnegut, é a única regra que existe.

E nem sempre tem que ser algo grande.

Que tal um sorriso? Que tal reconhecer um trabalho bem-feito? A gentileza de abrir uma porta? Um favor retribuído? A decisão de convidar, de pagar a conta, de elogiar, de incentivar, de ser voluntário, de dar as sobras ao mendigo da esquina, de dar um buquê de flores à esposa?

Nunca sabemos quando podemos salvar uma pessoa do abismo. Nunca sabemos se um dia nos vão retribuir o gesto. Mas, em certo sentido, não importa... Em todo caso, não é por isso que somos gentis.

Somos gentis porque se trata de uma disciplina que se pratica. Somos gentis porque, em um mundo de cinismo, é a atitude mais corajosa. Somos gentis porque é o certo (porque todos *merecem* gentileza e porque a gentileza *nos torna pessoas melhores*).

No final da vida, no leito de morte, Marco Aurélio tinha um único arrependimento, pelo qual ele ainda se penitenciava: os momentos em que saiu do controle, os momentos em que foi grosseiro.

E, quando repassarmos nossa vida, pensaremos o mesmo. Esqueceremos toda a razão que tínhamos. Esqueceremos todos os motivos. Esqueceremos o que fizeram conosco. Desejaremos apenas termos sido um pouco mais educados, um pouco menos cheios de razão, e bem mais gentis.

E daí?

E daí que ainda dá tempo.

CONHEÇA A VIDA DA "OUTRA METADE"

Beatrice Webb cresceu em uma família abastada do Reino Unido. Diferente de muitas mulheres da época, ela teve autorização para estudar nas melhores escolas. Não que precisasse se preocupar em arranjar um emprego ou em se sustentar. Pois homens ricos e atraentes não tardaram a cortejá-la, e por pouco ela não se casou com um futuro primeiro-ministro.

Foi só por conta de um estudo sociológico, elaborado pela Sociedade de Organizações de Caridade, que Beatrice, depois de duas décadas e meia neste mundo, teve o que chamaria de "primeira oportunidade de contato íntimo, em termos de equidade social, com uma família assalariada".

Fingindo ser a srta. Jones, filha de um agricultor comum, foi morar com parentes distantes para vivenciar e estudar o mundo deles. O lugar ficava a poucos quilômetros da casa dela, mas era como se ficasse em outro planeta.

Webb não era somente jovem e alienada. Na verdade, a sociedade daquela época era *feita* para alienar, mantendo as classes mais altas em segurança, isoladas da pobreza sofrida da esmagadora maioria da população e ainda das injustiças que a provocavam... e mantendo as classes mais baixas separadas, de modo que não pudessem se equiparar a seus "superiores".

Naquele tempo, no Reino Unido, e, a rigor, em todos os países desenvolvidos, havia, como Benjamin Disraeli explicaria, "duas nações; entre elas não existe intercurso nem simpatia; uma ignora os hábitos, pensamentos e sentimentos da outra, como se existissem em regiões diferentes, ou habitassem planetas distintos; criadas de um jeito diferente, alimentadas por uma comida diferente, obedientes a costumes diferentes, e não governadas pelas mesmas leis... OS RICOS E OS POBRES".

A experiência de Webb destroçou todas essas barreiras artificiais, transformando não apenas seu ponto de vista, mas também o futuro das organizações sociais. Ali, em fábricas, estaleiros e cortiços, ela viu como a outra metade vivia. Antes, acreditava no *laissez-faire* econômico, crença que não sobreviveu ao contato com os seres humanos que a teoria deixava de lado. O modelo de caridade da época (que pressupunha que os pobres eram imorais e precisavam ser reabilitados) revelou-se terrivelmente insuficiente e cruel.

O resultado dessa experiência que abriu os olhos de Beatrice foi uma vida inteira dedicada ao ativismo social. Em sua extensa lista de realizações estão a criação do conceito de "negociação coletiva"; a fundação da London School of Economics, o relançamento do Partido Trabalhista e o apoio à formação da Sociedade Fabiana, que hoje chamaríamos de *think tank* progressista. Webb lutou por uma rede de proteção social na Grã-Bretanha e contra a pobreza e a exploração, onde quer que as visse.

A maioria das transformações sociais resulta de um despertar repentino como esse. Alguém que vê alguma coisa e decide partir para a ação.

Em 1882, debatendo um projeto de lei promovido pelo Sindicato dos Charuteiros, cujo objetivo era melhorar as condições de milhares de trabalhadores pobres que sofriam nos cortiços da cidade, um senador estadual de 24 anos chamado Theodore Roosevelt percebeu que poderia dar o voto com potencial decisivo. No começo, Roosevelt era contra o projeto, assim como Beatrice Webb, acreditando que era "contrário aos princípios de economia política do tipo *laissez-faire*". Porém, Roosevelt não era nem um pouco *laissez-faire* no modo como formava a própria opinião. Por isso, decidiu ir pessoalmente visitar essas favelas, por não conseguir crer nos relatos que lhe fez Samuel Gompers, o líder sindical por trás do projeto.

Tal favela não ficava tão longe assim de onde ele tinha sido criado. Apesar disso, nunca tinha ido até lá. E o que viu mudou sua vida para sempre. Quarenta anos depois, Roosevelt ainda falava disso com assombro. Considerando que ele costumava dizer que não era "um sentimentalista", podemos supor com boa dose de segurança que o homem caiu no choro ao testemunhar crianças magérrimas dormindo amontoadas em seis ou sete na mesma cama; ao ver famílias com dificuldade para respirar em meio a tanta poluição química, seus próprios sentidos embotados pelo fedor e pela sujeira.

"O que você vai fazer a respeito disso", escreveu o ativista Jacob Riis em seu famoso livro *How the Other Half Lives*, "é a principal pergunta do momento". Roosevelt, ao saber disso, deu uma resposta simples: "Vim para ajudar", disse a Riis, que se tornou um amigo para a vida toda. O fato é que, até morrer, Roosevelt lutou em favor dos explorados e contra interesses arraigados e poderosos.

O que também ocorreu com Lyndon B. Johnson. A infância de Johnson foi o contrário da de Roosevelt. Seus pais nasceram em uma cabana de madeira. Ele conheceu de perto a pobreza, a luta para sobreviver e as privações. Porém, sendo um homem branco no sistema norte-americano de castas, ainda estava melhor que qualquer pessoa das classes inferiores. Duas experiências mostraram a ele algo que não dava para "desver".

A primeira foi lecionando em uma escola para filhos de agricultores mexicano-americanos na cidade de Cotulla, no Texas. Lá, as pessoas eram tratadas, nas palavras de Johnson, "pior do que se trata um cachorro". Ele nunca se esqueceu de uma cena que viu, "crianças mexicanas revirando uma pilha de lixo, sacudindo o pó de café grudado no bagaço das toronjas e chupando o resto em busca do suco que ainda restava".

A segunda, depois de décadas de indiferença dele à chaga da segregação, foi quando sua governanta e cozinheira negra, Zephyr Wright, enfim o tirou da ignorância do racismo no mundo.

Quando Johnson pediu a Zephyr que levasse o cachorro da família de carro de Washington para o rancho dos Johnsons, no Texas, ela implorou a ele para que não a mandasse. *Já é difícil para uma pessoa negra atravessar o sul de carro sem um cachorro*, explicou Zephyr. "Quando vamos de carro para o Texas e eu preciso ir ao banheiro, assim como meu marido ou as meninas, não me deixam entrar. Preciso achar um matinho e me agachar. Quando chega a hora da refeição, não posso entrar no restaurante. Precisamos comer marmita. E, à noite, [meu marido] dorme no banco da frente do carro, com o volante em volta do pescoço, e eu durmo na parte traseira." Johnson chorou após essa conversa, e transmitiu de forma vigorosa essas experiências a outros parlamentares, os quais, em 1964, o ajudaram a trabalhar em prol da Lei dos Direitos Civis.

O problema é que é fácil demais ficarmos presos em nossas bolhas. Não vermos aquilo que não queremos. Deixarmos de fazer os cálculos (de como seria viver com tal salário, de onde vem aquela matéria-prima, ou para onde nosso dinheiro está indo). Nós fazemos de conta que não dá para sentir o cheiro... ou deixamos alguém acobertá-lo.

Porém, até quem está passando por dificuldades, que tem os próprios problemas, pode incorrer no mesmo erro. Quando a própria vida está complicada, fica difícil reunir forças para sentir empatia pelo outro (em especial quando decisões suas contribuíram de alguma forma para tal situação).

Dizem que não devemos andar na companhia de quem nos faz sentir vergonha. Talvez devêssemos fazer algo mais ou menos contrário e proativamente buscar saber coisas que nos causariam vergonha. Precisamos conhecer os fatos desagradáveis da história. Precisamos ficar sabendo das injustiças da sociedade. Precisamos absorver a experiência vivida pelos outros (aquilo que torna difícil ser quem são, que cria dificuldade para eles; precisamos absorver em que situações eles são maltratados, em que aspectos o cotidiano deles é diferente do nosso).

O fato é que há injustiça em toda parte. A transparência não é, como se sabe, uma virtude das mais generalizadas.

O que é desagradável é varrido para debaixo do tapete. As desigualdades, e suas consequências, são acobertadas. O sofrimento e as necessidades desesperadas de milhões de pessoas são ocultados de nós... e nós nos ocultamos deles.

Aparentemente, Steve Jobs nunca visitou nenhuma fábrica da Apple na China. Ele era um projetista, não um fabricante. Estava mais interessado em seus brinquedinhos do que nas condições em que eles eram produzidos.

Mas isso, como disse Riis, não serve como desculpa: é uma incriminação.

Você não sabia? Ou só *não se importava* em saber?

Não dá para consertar aquilo que não encaramos. Não dá para colocar um fim naquilo que nos recusamos a enxergar.*

É preciso acordar. Nós temos que sair em busca das experiências que vão nos transformar. Em busca de uma compreensão de como o mundo funciona e é vivido. Não dá para esperarmos que nos mostrem. Não dá para supormos que sabemos. Não dá para aceitarmos as aparências.

As epifanias de Webb, Roosevelt e Johnson não vieram de graça nem foram fáceis. Elas representaram tremendas rupturas, não apenas no sentido de que essas experiências mexeram com a visão de mundo deles, mas também no sentido de que redirecionaram o rumo de suas vidas.

Sendo pessoas dignas, não foi possível que continuassem como eram antes.

Aquele conhecimento exigia uma atitude.

Por isso, vá em frente e descubra.

---

* E quanto aos que enxergam e mesmo assim não se importam? Esses também são dignos de pena... há algo errado com eles.

VOCÊ TEM QUE AJUDAR

~

Joseph P. Kennedy, pai do presidente norte-americano John F. Kennedy, foi embaixador dos Estados Unidos no Reino Unido de 1938 a 1940.

A Alemanha estava se rearmando depressa, um prenúncio não apenas da guerra, mas do Holocausto, que era o desfecho lógico (e até mesmo anunciado) da visão de Hitler. Fome. Destruição. Carnificina. Os sinais estavam todos ali... assim como as oportunidades de evitar tudo o que aconteceu.

Em vez disso, Kennedy, um isolacionista, defendeu o comedimento por parte dos Estados Unidos. Argumentou com falsas equivalências e questionamentos do tipo "e os outros?". Pôs a culpa nas vítimas. Tentou uma audiência com Hitler. Apoiou o apaziguamento das tensões. Desaconselhou qualquer possível ajuda norte-americana ao Reino Unido, mesmo enquanto as bombas caíam. Primeiro ele disse que a situação não era tão grave e, depois, que não adiantaria interferir.

Joseph P. Kennedy não era um nazista enrustido, mas era parecido com muita gente de então e de agora. Seu desejo era que aquele problema nascente não fosse dele. Buscava formas de ignorá-lo. De não se envolver. De não precisar arriscar nada.

Por isso, talvez seja melhor perdoarmos seu filho John por ter citado erroneamente Edmund Burke, em um discurso ao parlamento do Canadá, em 1961, já como presidente. "A única coisa necessária para o triunfo do mal", disse Kennedy, citando-o, "é que os homens bons não façam nada". Burke nunca disse isso, mas o espírito da ideia soou verdadeiro para um filho assombrado pela covardia e crueldade do pai e pela perda do irmão, na guerra que seu próprio pai tinha contribuído para deixar acontecer.*

Nesse contexto, mesmo os excessos da política externa de Kennedy (no Vietnã e na Baía dos Porcos) assumem uma perspectiva diferente. O que também serve para a resposta inflexível à Crise dos Mísseis de Cuba. Por meio dessa terrível experiência, Kennedy aprendeu que não existe neutralidade em um mundo onde o mal se faz presente. Aprendeu que, caso ignorado, o câncer gera metástase. E isso também explica mais um erro de citação que Kennedy muitas vezes cometia: "Dante disse certa vez que os lugares mais quentes no inferno são reservados para aqueles que, durante um período de crise moral, se mantêm neutros."

As citações não eram factuais... mas, ao se levar em conta o pai dele, eram freudianas.

Além disso, são ilustrativas para os problemas atuais. Porque a questão acerca de permitir ao mal triunfar é que não se trata apenas de ser errado, mas também costuma ser estúpido e autodestrutivo.

No outono de 1985, quase ninguém sabia o que era crack. Em apenas um ano, a droga já devastava as cidades norte-americanas como um incêndio florestal. Os hospitais ficaram lotados. A criminalidade disparou. O sistema de assistência social ficou sobrecarregado. As ruas estavam repletas de armas e a taxa de assassinatos dobrou. Os meios de comunicação cobriam em tempo real os desdobramentos grotescos e terríveis, insuflando o consequente terror coletivo.

Porém, no quesito soluções, a maior parte dos Estados Unidos deu de ombros. A "epidemia do crack" não os afetava. E,

---

* O trabalho de conclusão de Kennedy na faculdade se chamou "Apaziguamento em Munique" e foi transformado em um livro intitulado *Why England Slept*. Sem praticamente nenhuma autocrítica, seu pai financiou um esforço para transformá-lo em best-seller e beneficiar a carreira política do filho.

embora as regiões mais violentas fossem resultado direto do legado da escravidão e das leis segregacionistas, as pessoas se eximiam da responsabilidade. Era um "problema urbano", cultural. Era culpa das vítimas.

Mais do que apenas injustiça e crueldade, a crise foi a perda de uma oportunidade que só aparece uma vez na vida, como não tardariam a descobrir.

Isso porque no fim dos anos 1990, bem quando a epidemia de crack começou a arrefecer, uma epidemia de uma nova droga passou a atingir o povo norte-americano. Dessa vez, as principais vítimas não eram os negros nos bairros mais violentos, e sim os brancos, os ricos e os moradores de áreas rurais. Na verdade, *todos* os norte-americanos estavam vulneráveis a ela. Seria um incêndio muito maior do que o anterior (um incêndio industrializado, corporativo e apoiado pela medicina), com uma mortalidade muito mais abrangente.

Onde estavam os centros de tratamento? Onde estavam as políticas de prevenção? Onde estavam os investimentos para impedir que as pessoas fossem abandonadas? Onde estavam as agências governamentais capazes de unir as pessoas para enfrentar o problema? Na hora em que milhões de pessoas mais precisavam, não havia nada disso. Porque ninguém se preocupou em começar a criá-los quinze anos antes.*

Foi, como a indiferença ao sofrimento costuma ser, uma espécie de ilustração do famoso poema de Martin Niemöller "Primeiro eles vieram buscar...".

Você sabe qual é.

Primeiro eles vieram buscar os socialistas, e eu me calei...

---

* A epidemia de Covid-19 foi uma parábola semelhante. Quão mais seguros todos estaríamos se a sociedade tivesse uma rede de proteção e um sistema de assistência médica melhores? Quantas variantes teriam sido evitadas com um esforço de vacinação global, mais rápido e mais barato?

Porque não era um socialista.
Então eles vieram buscar os sindicalistas,
e eu me calei...
Porque não era um sindicalista.
Então eles vieram buscar os judeus, e eu me calei...
Porque não era um judeu.
Então eles vieram atrás de mim... e não havia mais ninguém
para falar por mim.

Quando você não se importa com o sofrimento alheio, mais adiante acaba atraindo-o, inevitavelmente, para si e as pessoas que ama. Martin Niemöller escreveu seu famoso poema depois de ir parar, por ser cristão, no campo de concentração de Dachau, onde quase morreu. Tempos depois, alguém lhe perguntou como pôde ter sido tão ensimesmado, tão silencioso na hora crucial. "Hoje estou pagando por esse erro", respondeu ele, "e não apenas eu, mas milhares de outras pessoas como eu".

Não se envolver é um impulso humano muito natural. É quase, por definição, a opção *mais fácil*. Podemos até encontrar uma justificativa virtuosa para tanto: *Estou só cuidando do que é meu. Tenho meus próprios problemas. Não quero agravar a situação. Não sei se eu sou a melhor pessoa. É uma situação complexa. Custaria caro demais. Vou esperar para ver.*

Diante de um problema insolúvel, complicado, grande demais, preferimos "enviar nossos pensamentos e orações". Tentamos ficar sentados "em dois assentos", como fez Cícero, à espera de que os assuntos polêmicos se resolvam sozinhos. Ao fazer isso, traímos a nós mesmos e aos outros.

No fim das contas, porém, a inanição dessas desculpas desmorona. Sobra o horror brutal do presente, quando ficamos cara a cara com nossa obrigação fundamental, como seres humanos, de ajudar os indefesos, de fazer o possível para prevenir a dor.

Foi o que aconteceu com Truman. Sua infância tinha sido uma farsa (em torno da qual toda a cultura do sul dos Estados

Unidos fora erguida, a mesma estrutura social que oprimia e torturava os concidadãos negros). À medida que Truman foi conhecendo melhor o mundo, porém, foi como se seus olhos se abrissem. "Não posso aceitar a continuidade disso, e jamais aceitarei, enquanto estiver aqui", escreveu com toda paciência a um amigo particularmente perverso, em 1948, depois de mais um linchamento.* Era um sentimento importante, porém bem menos relevante que as palavras que vieram logo em seguida. "Vou tentar consertar isso."

Responsabilidade é isso, como afirmou Rickover. É aquilo que força o ser humano a *se envolver*. A tentar ajudar. A tentar resolver.

Nem todo problema será desafiar os nazistas ou os soviéticos, ou correr para chamar a ambulância para Kitty Genovese — a jovem de 28 anos assassinada em Nova York em 1964, em um caso que ficou famoso porque ninguém chamou a polícia ou acudiu a vítima — enquanto os vizinhos aumentam o volume da televisão. Pode ser algo simples como assistir à reunião de pais ou votar. É a decisão de fazer algo além de reclamar ou de pôr a culpa em alguém. É a decisão de participar.

Porque, quando não nos engajamos, é preciso que outra pessoa o faça. Ou, pior ainda, significa o empoderamento de alguma outra pessoa ou coisa (que não será boa, não será honesta, não será gentil, não será fiscalizada ou transparente).

"O silêncio diante do mal é o mal por si só", disse Dietrich Bonhoeffer, vivendo na Alemanha hitlerista. "Deus não vai nos isentar de culpa. Não falar é falar. Não agir é agir." Lembre-se de que você também pode cometer uma injustiça ao não fazer nada, escreveu Marco Aurélio para si próprio nas *Meditações*.

Essas frases realmente foram ditas. A verdade contida nelas assombrará seu legado?

---

* Quando um apoiador do sul lhe pediu que garantisse não empurrar a "miscigenação" goela abaixo, Truman sacou um exemplar da Declaração dos Direitos norte-americana e leu para ele. "Eu sou o presidente de todos", disse.

A história mostra o que acontece quando deixamos o mal agir impunemente, quando o sofrimento é ignorado ou permitimos que ele aconteça. Não acaba bem... inclusive para aqueles que viraram as costas ou hesitaram quando poderiam ter feito a diferença.

Podemos até fracassar, sobretudo no curto prazo. Mas toda vez que alguém se debruça para ajudar quem precisa, toda vez que uma sociedade abraça um problema que afeta apenas alguns poucos membros, nós não apenas estamos fortalecendo os músculos do coração, mas também novos músculos. E esses músculos, essa experiência, as ferramentas adquiridas, as lições aprendidas com uma crise, tornam-se trunfos e capital, os quais um dia serão úteis para você ou algum conhecido seu.

Você também enviará uma mensagem, não apenas àqueles que está ajudando (que eles importam, que você se importa), mas a todos os demais. Assim, mostrará de que lado está. Demonstrará o que é justiça.

Ao tratar dos direitos civis, os Estados Unidos não apenas lidaram com uma profunda injustiça... como também ganharam um sistema político melhor. Ganharam políticos melhores. Ao enfrentar as forças que impuseram a segregação racial, os norte-americanos não estavam apenas protegendo minorias, mas também fortalecendo o próprio direito à liberdade de expressão, ao voto, a um julgamento justo, contra a intimidação e os maus-tratos da polícia e contra a violência de facções. Isso também deu ao país uma legitimidade muito maior na Guerra Fria, contra o totalitarismo mundo afora.

Ao ajudar os outros, você ajuda a si mesmo. Não apenas porque somos todos parte do mesmo tecido de auxílio mútuo, mas porque um governo e uma sociedade que sabem ajudar um grupo terão uma probabilidade muito menor de sofrer uma derrocada catastrófica quando tiverem que ajudar um grupo diferente... ou vários.

Ao ser indiferente, você também está ferindo a si mesmo... mas, quando se der conta disso, será tarde demais.

COMECE AOS POUCOS

A liberação e o empoderamento femininos geraram uma transformação completa da sociedade. Mas suas primeiras manifestações foram bastante diminutas e, de tão técnicas, quase esquecíveis.

Na década de 1860, John Stuart Mill, na época membro do parlamento, aderiu ao movimento pelos direitos femininos, convencido pela mulher, a forte e brilhante Harriet Taylor Mill. Ele propôs uma emenda à lei eleitoral, mudando a formulação do texto de "homem" para "pessoa", uma pequenina alteração no linguajar com enormes consequências jurídicas em potencial. Houve quem riu, quem ficou indignado com a timidez da proposta, mas nenhum dos lados se deu conta da revolução que, sem alarde, havia começado.*

Como costuma-se dizer, é preciso começar *por algum lugar*.

Mas o problema é que, se somos ambiciosos demais, grandiosos demais (ou, alguns diriam, ingênuos demais), pode ser que não cheguemos *a lugar algum*. Madre Teresa enxergava isso com clareza, não apenas como uma vocação, mas como um ponto de partida prático e realista. "Se eu olhar para todos", disse, "nunca vou agir. Se eu olhar para um só, agirei".

Podemos perder a esperança no todo, podemos atacar os moinhos de vento dos grandes problemas, podemos ficar falando sem parar de futuros utópicos... ou podemos começar a trabalhar.

---

* Vale observar nesta nota como as notas de rodapé têm sido importantes em decisões judiciais ao longo dos anos. Mesmo sem valor legal, muitas vezes elas plantaram a semente a partir da qual decisões judiciais futuras (e transformadoras) foram tomadas.

Por quem está diante de nós. Por aquilo que está diante de nós. Sofrendo com uma crise pessoal e um sentimento de desespero em relação ao mundo, uma mulher escreveu ao psicólogo Carl Jung. O conselho dele foi: "Faça em silêncio a coisa mais necessária que tiver que ser feita." Se ela desse o menor e mais vital passo adiante de si, estaria sempre avançando, sempre fazendo algo relevante.

É pouco, mas é alguma coisa. Na verdade, é tudo.

Existe uma história antiga de um menino que chega a uma praia coberta de estrelas-do-mar. Centenas, milhares delas que acabaram arrastadas até a praia. É uma visão trágica, lamentável. À beira das lágrimas, ele começa a jogá-las, uma por uma, de volta ao mar.

"Não adianta", diz a ele um adulto. "Não vai fazer diferença nenhuma."

"Para esta estrela-do-mar, vai", responde o menino, enquanto salva mais uma.

Para a pessoa que você está salvando, para a pessoa cujo fardo está aliviando, não há nada de "pequeno" nisso. Quando o Talmude diz que quem salva uma pessoa salva o mundo, talvez, pelo menos em parte, seja isso o que quer dizer (porque você com certeza salva *o mundo inteiro daquela pessoa*).

Apesar da expressão "toda política é local", nossa tendência é pensar no macro antes de pensar no micro. Pensamos nos grandes gestos, nas soluções completas, e não nos avanços graduais, em fazer algo em relação às pessoas ou ao sofrimento que presenciamos.

Mas nenhuma mudança é possível sem esse primeiro passinho.

Veja o caso de Thomas Clarkson. O ensaio que ele escreveu tinha sido a respeito da questão moral, se estava certo ou errado possuir uma pessoa contra a vontade dela. Embora ele tenha chegado à conclusão de que a resposta fosse "não", não foi por aí que o ativismo dele começou. De início, sua preocupação era apenas acabar com o *tráfico* de escravizados. Na verdade, nem mesmo o tráfico global, apenas aquele que ocorria *dentro do Império Britânico*. Veja o caso de Truman. Quando ele decidiu se envolver na questão dos direitos civis, não dava para fazer muita coisa. Então começou nomeando uma comissão. Depois, assinou uma ordem executiva que acabava com a segregação nas forças armadas, junto com uma ordem executiva para pôr um fim na segregação da administração federal.

Não foi o bastante, mas foi um começo.

Ao fazer isso, ao executar o primeiro lance, você está fazendo uma declaração poderosa (talvez a mais poderosa de toda a discussão). Está dizendo que a esperança não morreu. Que a dignidade não morreu. Está carregando a tocha, mantendo a chama viva.

Nós começamos por nós mesmos, com nossos próprios princípios, com as coisas que podemos controlar diretamente. Com nosso jeito de viver, nossa empresa, nossa forma de trabalhar. Depois, cuidamos do que está mais perto da gente, do bem que podemos fazer à nossa volta, da primeira parcela de avanço que podemos fazer. Deixar uma pessoa mais feliz. Ajudar a melhorar alguma coisa.

Isso até pode ser algo pequeno, mas não é nada diminuto. Na verdade, se todos fizermos algo assim, o mundo é, *sim*, mudado.

Nosso mundo está repleto de questões gigantescas, impossíveis de resolver. Nós nos deparamos com enormes "problemas de ação coletiva", como costuma-se dizer. Porém, cabe a cada um de nós fazer o que der, onde der, com aquilo que tiver.

Como está escrito no Daodejing:

Todas as realizações difíceis na vida começam pelo que é fácil.
Todas as grandes realizações deste mundo começam pelo que
é pequeno.

Catar o lixo que encontramos no caminho. Ajudar um amigo a se reerguer. Criar bons filhos. Boicotar o chá que contribui para o tráfico de escravizados, como tantos ativistas fizeram nos séculos XVIII e XIX. "Não diga que é pequena a esfera em que andamos", escreveu a poeta abolicionista Mary Birkett Card sobre todas as mulheres privadas do voto, mas que podiam fazer a diferença pelos hábitos de consumo.

E pelo voto também poderiam (sim, votando). Porque faz diferença. "Todo habitante de Dexter tem que ser registrado como eleitor", declarou Martin Luther King Jr. em 1954, em sua igreja. Essa não foi uma frase tão revolucionária quanto "Eu tenho um sonho", mas foi um começo. Também foi uma oportunidade premente, considerando que até aquele momento menos de 5% dos negros do Alabama tinham se registrado para votar. E começar de algum lugar? Era o que importava. Um de seus raros erros como líder aconteceu durante a campanha em Albany, que fracassou. "O erro que cometi ali", explicou King, "foi protestar contra a segregação como um todo, em vez de lutar contra uma única faceta distinta dela".

A verdade é que não sabemos como as coisas vão acabar, assim como não sabemos para onde aquilo que iniciamos vai nos levar. Lincoln, assim como Clarkson, começou de forma progressiva, até pragmática. No início, não se propôs a libertar escravizados ou a revolucionar os Estados Unidos dentro dos princípios que os Pais Fundadores tinham estabelecido, mas falharam em cumprir. Ele nem sabia se era possível. Em vez disso, iniciou a carreira política de um jeito bem mais modesto (tudo o que esperava conseguir era impedir a *expansão* da escravidão em novos territórios).

O próprio Thoreau argumentou que a escravidão acabaria quando *uma* pessoa decidisse sair do sistema. Não importa, disse ele, "o quanto um começo parece pequeno". Além disso, se não começarmos, não apenas estamos privando o futuro daquilo que poderia ser, como também estamos sendo *cúmplices* do que está acontecendo aqui, no presente.

Cada um de nós é capaz de dar um passo. Cada um de nós pode fazer um pouco de bem... e esse bem mínimo vai se acumulando. Como diz a canção folk de protesto, podemos ser *os pingos d'água que caem na pedra*, ou, como na história popular entre os times esportivos, se cada um der uma pancada na pedra, no fim das contas, mais cedo ou mais tarde, a martelada vai parti-la.

Como disse um manifestante pelos direitos civis quando perguntado se o movimento sairia vitorioso: "Nós ganhamos quando começamos."

É isso mesmo.

Vamos começar.

CRIE ALIANÇAS

Harvey Milk, um dos primeiros políticos assumidamente gays nos Estados Unidos, foi bem-sucedido porque teve aliados. Não "aliados" no sentido moderno e progressista que o termo ganhou nos Estados Unidos (apoiadores da comunidade LGBTQIAPN+), mas aliados políticos. Do tipo com os quais se negocia. Do tipo que o próprio Milk cultivou, embora fossem muito diferentes dele, e embora, na verdade, não concordassem nem um pouco com seu estilo de vida.

Tudo começou em 1973, quando um dos maiores sindicatos dos Estados Unidos, o Teamsters Union, entrou em greve contra um novo acordo sindical fechado por algumas distribuidoras de cerveja. O sindicato precisava do apoio dos bares gays de São Francisco para pressionar as distribuidoras. Harvey se dispôs a apoiar... desde que o sindicato permitisse a filiação de motoristas gays.

"Para que nós, da comunidade gay, contemos com apoio em nossa luta pelo fim do preconceito", escreveria Milk posteriormente, "também precisamos apoiar outros em suas próprias lutas". Assim, gays e sindicalistas se uniram, com bastante êxito, inclusive, levando a um boicote de grande repercussão da cerveja Coors, por conta de um contrato de trabalho até comum para a época.

Depois, quando chegou a hora de Harvey concorrer a uma vaga na câmara de São Francisco, ele contava com alguns favores para cobrar.

"Como assim vocês estão pensando em apoiar esse tal de Harvey Milk?", perguntou o diretor do sindicato dos mecânicos quando ouviu o pedido. "Pelo amor de Deus, vocês querem que eu chegue no serviço e diga ao pessoal que vamos apoiar um desmunhecado para a câmara?" Mas os amigos de Harvey no sindicato tinham uma resposta pronta: "Espera aí. Harvey Milk é o cara que boicotou a Coors nos bares gays." E assim foi: entre todos os candidatos, Harvey era o melhor aliado dos sindicatos. Por isso, eles o apoiaram em contrapartida. "Sei que o cara é bicha, mas ele é ponta firme com a gente", disse o chefão do sindicato municipal, George Evankovich. "Vamos apoiá-lo."

E apoiaram mesmo, eleição após eleição, até que um dia ele venceu e enfim pôde usar um conjunto de lápis e caneta que ganhou de um amigo do sindicato, maravilhado com a capacidade mobilizadora de Harvey. "Quando você chegar à câmara, vai precisar para assinar as leis", disse-lhe o amigo.

E Harvey precisou.

Veja bem, seria maravilhoso se as causas triunfassem por serem justas. Seria maravilhoso se os pioneiros e revolucionários tivessem apoio porque as pessoas se importam com equidade e representatividade. Mas elas não se importam, e é assim que o sistema (ou a história) funciona.

Na infância, Harry Truman fez amizade com um menino chamado Eddie Jacobson. Os Estados Unidos, na época, não apenas eram racistas, como também virulentamente antissemitas, e Jacobson era um dos poucos judeus que Truman conhecia. Eles se aproximaram durante o serviço militar, e mais tarde seria com Jacobson que Truman começaria (e fracassaria) no ramo do vestuário.

Foi em consequência direta das conversas com o amigo que Truman falou publicamente dos horrores da perseguição aos judeus na Europa, em 1943, muito antes de os verdadeiros horrores do Holocausto se tornarem conhecidos. Truman advertiu que "não basta simplesmente falar das Quatro Liberdades (um conjunto de direitos humanos fundamentais identificados pelo presidente Roosevelt: liberdade de expressão, liberdade religiosa, liberdade de viver sem penúria e liberdade de viver sem medo). É necessário agir". Não era um problema dos judeus, afirmou ele, mas dos Estados Unidos, que precisava ser encarado de forma "direta e honrada". Uma vez mais, Truman estava sendo exatamente quem ele era: um homem fiel aos amigos. Um homem que, como todos nós, foi moldado pelas pessoas que conheceu e pelas coisas que testemunhou.

Em 1948, porém, Truman estava às turras com os líderes judeus. Seus conselheiros políticos acreditavam que Israel prejudicaria os interesses petrolíferos dos Estados Unidos no exterior. Truman chegou a se incomodar com o número de diplomatas que fizeram um lobby insistente junto a ele, passando até mesmo a proibir que tocassem no assunto com ele. Quando se tratava desse tópico, ninguém conseguia marcar uma reunião com ele. Ninguém conseguia mudar sua opinião.

Exceto Eddie Jacobson, que apareceu na Casa Branca, sem hora marcada, em uma manhã de sábado. Em poucos minutos ele foi levado até o presidente, não sem antes ter sido avisado para não tocar no assunto de Israel.

Mas era exatamente por isso que ele estava lá.

"Sr. presidente", disse Jacobson, perguntando-se se o amigo ainda guardava algum dos preconceitos incutidos em sua criação. "Eu não disse uma palavra sequer, mas toda vez que penso nos judeus sem um lar, há milhares de anos sem um lar… eu começo a chorar." Então, chorando de verdade, Jacobson fez um apelo que apenas um velho aliado, apenas um verdadeiro amigo poderia fazer. "Soube que o senhor no momento se recusa a se encontrar [com o dr. Chaim Weizmann, um dos maiores defensores da causa israelense] porque se ofendeu com alguns de nossos líderes judeus norte-americanos", disse a Truman. "Esse não é seu jeito de ser, Harry."

Foi essa última frase que aparentemente mais marcou Truman. Ele fez uma longa pausa e girou na cadeira. "Você venceu, seu careca filho da puta."

Exatamente dois meses depois, apenas onze minutos após a criação do Estado de Israel, os Estados Unidos seriam o primeiro país a reconhecer a pátria dos judeus.

A jornada de Israel tinha sido longa, composta por muitos sacrifícios (que permanecem até hoje). Não foi uma solução geopolítica perfeita, motivo pelo qual ainda hoje se vivem as consequências dessa decisão. Porém, o fato é que, sem a intervenção de Jacobson, muito provavelmente Israel não existiria. "Não esqueça por um instante sequer que Harry S. Truman é o indivíduo mais poderoso do mundo", disse Weizmann a Jacobson. "Você tem uma missão a cumprir; portanto, mantenha abertas as portas da Casa Branca."

Poderíamos afirmar que a justiça é um esporte coletivo. Isolados, pouquíssimos de nós conseguimos fazer alguma coisa significativa. Então, por que tanta gente insiste em fazer exatamente isso? Ingenuidade? Ego? Ignorância?

O desejo de realizar coisas, porém, é inesgotável.

Nosso modelo deveria ser Thomas Clarkson, que reuniu três anglicanos e nove quakers naquela reunião da gráfica. À medida que o movimento antiescravidão progredia, o tempo todo ele ia acrescentando novos aliados, novas e diversas vozes, trabalhando com quem quer que pudesse fazer sua causa progredir. E também foi isso o que as sufragistas fizeram: um grande congraçamento de mulheres de credos, origens e opiniões políticas diferentes. Algumas descartavam o casamento, enquanto outras, como as sufragistas mórmons da época, viviam em poligamia. Algumas acreditavam que as mulheres mereciam igualdade total; outras, apenas o direito ao voto. Mas todas foram espertas o suficiente para entender que, naquele momento, seria apenas se juntando que elas poderiam avançar.

Você ajuda os outros. Os outros ajudam você. Juntos, são melhores. É assim que funciona. É assim que se faz justiça.

No entanto, ainda há momentos em que isso pode deixar algumas pessoas incomodadas. Repetindo: nossa tendência é achar que basta termos razão. Achar que o mérito conta. No papel, pode até ser, mas no mundo real, não! Catão, o Jovem, era famoso pela retidão moral, pela incorruptibilidade. Roma, como o mundo de hoje, precisava de mais líderes como ele. Porém, quando Pompeu lhe sugeriu uma aliança, com um casamento entre as famílias, que, aliás, a própria família de Catão apoiava, ele descartou de imediato.

Ele confundiu incorruptibilidade com isolacionismo, o que lhe custou... Roma. Assim, Pompeu casou-se com a filha de Júlio César, e, em pouco tempo, César, tão fortalecido, viria a derrubar a República. Nada disso teria acontecido, comentou Plutarco, se Catão não tivesse "tanto medo das pequenas transgressões de Pompeu a ponto de acabar deixando-o cometer a maior de todas, agregando seu poder ao de outro".

Stalin não era um homem bondoso. Era um aliado necessário para ganhar a Segunda Guerra Mundial (como os Estados Unidos compreenderam). Hitler descobriu isso do pior jeito, jogando a União Soviética nos braços do Reino Unido e dos Estados Unidos (os *Aliados*) ao romper um pacto de não agressão com Stalin e invadir o ex-aliado.

O lado que tem mais aliados costuma vencer. É simples assim.

Quando somos puros demais para isso, para ter amigos, para fazer concessões, quando traímos nossa palavra, quando agimos com corrupção demais, egoísmo demais ou indecência demais para atrair parceiros, alguém vai preencher esse vazio (e aí usar esse poder para promover os próprios interesses, e não os nossos, em nome de causas erradas ou injustas). Quem ganha com isso?

Os estoicos diriam que viemos ao mundo para trabalhar com os outros... que uma das coisas que nos tornam humanos é a capacidade de colaborar, conectar-se e fazer concessões. Ninguém está dizendo que não é irritante. Que não exige imensa disciplina e autocontrole, às vezes até para ficar na mesma sala que aqueles com os quais se é obrigado a trabalhar. Mas é disso que se trata: estar na sala, trabalhando, e não do lado de fora, vociferando.

O movimento de direitos civis teria chegado a um resultado muito diferente sem Louis Martin, um homem negro pioneiro no jornalismo que se tornou influente na política e aconselhava Roosevelt, famoso por organizar o telefonema dos Kennedys que salvou Martin Luther King Jr. da prisão (e garantiu a presidência aos Kennedys). Foi Martin, trabalhando no governo de Johnson, que ajudou a indicar Thurgood Marshall para a Suprema Corte. O próprio Johnson estava bastante acostumado com a capacidade de atuar nos bastidores de pessoas como Martin e certa vez disse que, para conseguir fazer algo no mundo, "é preciso se aproximar de quem encabeça as coisas".

Você pode discordar de muitas crenças de uma terceira pessoa. Pode até odiar alguém com quem precisa se aliar.* Mas, para fazer as coisas boas, é preciso criar alianças. Trata-se de um fato.

Também é um fato que às vezes você passa a gostar de pessoas que achava odiar. Ou, melhor ainda, faz algumas pessoas antes guiadas pelo ódio se converterem ao amor. É maravilhoso: ao forjarmos alianças, ao nos unirmos, *trazemos* justiça ao mundo. Pelo simples fato de trabalharem juntos, Harvey Milk e os sindicalistas construíram uma ponte. Homens reconhecidamente homofóbicos passaram a conhecer, compreender e apoiar uma pessoa abertamente gay. "A união de motoristas de caminhão, negros, *chicanos*, latinos e gays, lutando juntos", escreveu Milk, plantou as sementes da justiça futura e, o que era ainda mais belo, *encarnou* a justiça.

Vamos destruir nossos inimigos tornando-os nossos amigos. Vamos fazer tantas amizades que será impossível alguém nos destruir.

Se nos unirmos, nós podemos tornar o mundo melhor.

Se nos unirmos, o mundo *já fica* melhor.

---

* Churchill nos lembra: "Só existe uma coisa pior do que brigar com aliados, que é brigar sem eles".

TORNE-SE PODEROSO

No ano 416 a.C., Milos, uma ilhota no Mar Egeu, foi invadida por Atenas, uma grande potência estrangeira que dominava o Mediterrâneo. Para os atenienses, a ilha não tinha muita utilidade, mas eles temiam que fosse útil para o inimigo, Esparta. Por isso, como em um movimento de xadrez na longa Guerra do Peloponeso, Atenas partiu para a ofensiva, exigindo a submissão de Milos.

A população da ilha resistiu com bravura, mas estava em desvantagem numérica. Os atenienses sitiaram Milos e enviaram diplomatas para negociar a rendição.

Invadir um país soberano sem provocação era um ultraje, argumentaram os melinos. Eles tinham direito à neutralidade. Tinham direito à liberdade. Que possível justificativa Atenas podia ter para aquela atitude?

Os homens de Atenas nem se deram ao trabalho de explicar. "Não vamos perturbá-los com falsos pretextos", responderam. Não dariam longos discursos nem fingiriam que aquilo que estavam fazendo era justo. Não tentaram sequer fabricar uma provocação que servisse de pretexto. Era tudo muito simples, disseram. O mundo era assim, onde "os fortes fazem o que é possível e os fracos aguentam o que é preciso".

Mais sincero, impossível.

Os atenienses estavam dizendo: somos poderosos. Vocês, não. Nós podemos fazer o que bem entendemos.

Era terrível. Nada justo. Mas era verdade.

Também era um resumo de grande parte da história humana, antes e depois.

O mundo é regido por poder.
Sem poder é muito difícil obter justiça.
Sem poder é muito difícil impedir a injustiça.
Sem poder é muito difícil fazer *qualquer coisa*.
Quando Robert F. Kennedy assumiu o Departamento de Justiça, é claro que considerava os direitos civis uma questão moral. Ele sabia que o racismo era um preconceito arraigado, que levaria várias gerações para ser superado. Mas também sabia ser uma questão de poder político. Afinal, em seus discursos, os políticos do sul nunca explorariam tanto seu preconceito racial se tivessem que lidar com um bloco importante de eleitores negros a cada pleito, explicou Kennedy aos líderes negros. E é por isso que os protestos de Martin Luther King Jr., assim como suas campanhas de alistamento eleitoral, foram brilhantes. "Não apenas estamos usando as ferramentas de persuasão", disse King, "como também precisamos fazer uso das ferramentas de intimidação".

Intimidação.

Não é esse o tipo de sentimento nobre pelo qual os discursos inspiradores dele são lembrados. Mas era exatamente a ideia do boicote aos ônibus de Montgomery: um exemplo explícito do poder econômico dos negros, que quase levou as empresas de ônibus à falência, resultando na mudança, senão das mentes, pelo menos das políticas das autoridades responsáveis.

E não foi disso que se tratou o boicote de Clarkson ao açúcar? Também não foi para isso que ele usou os aliados políticos com cargos públicos? Ele convencia com ideias, mas as colocava em prática com o poder de suas alianças e a pressão exercida por elas.

Assim como os banqueiros e os que tiravam proveito da escravidão resistiram à luta de Clarkson, temendo que lhes custasse milhões, Martin Luther King Jr. também acabou entendendo que havia uma razão para os xerifes e governadores do sul dos Estados Unidos serem tão resistentes a ele. Era bem mais que ideias absurdas sobre miscigenação ou a ordem natural das coisas. É que os racistas sabiam ser minoritários. É que, a cada eleitor que se alistava, o modo de vida deles se tornava cada vez mais ameaçado. É que a cada programa de TV, a cada reportagem de jornal, eles perdiam um pouco o controle do sistema que antes dominavam. Eles simplesmente não iriam deixar aquilo acontecer.

Mesmo quando o status quo é injusto (na verdade, muitas vezes exatamente por ser injusto), há quem se beneficie dele. É óbvio que essas pessoas resistirão à mudança.

No fim das contas, quase tudo o que vemos neste mundo pode ser explicado por esse desequilíbrio de poder. Em parte, o poder explica por que um lado da cidade é bonito e bem-cuidado e o outro, não; por que um grupo recebe subsídio do governo e o outro, não; por que alguns crimes são punidos com severidade e outros, com a mais leve das penas; por que são os ricos que iniciam as guerras, mas são os pobres que morrem nelas; por que algumas questões são debatidas e outras, não... Tudo isso é resultado de uma intensa luta pelo poder, em que alguém ou alguma coisa impõe sua hegemonia sobre o outro, usa do poder da intimidação para obter aquilo que deseja ou necessita.

Algumas dessas batalhas foram resolvidas (de maneira justa ou injusta) muito tempo atrás. Outras estão em andamento ainda hoje. O triunfo da justiça nunca é garantido. O certo, porém, é que dificilmente a justiça prevalece sem poder.

Boas ideias, boas causas, conceitos justos... nada disso é adotado automaticamente. O mais comum é que seja preciso empurrar goela abaixo das pessoas. Para isso, é necessário impulso. Montar uma aliança irresistível. Romper barreiras. É necessário esmagar a resistência.

A mudança mete medo! Significa que haverá vencedores e perdedores. Coloca em jogo dinheiro, benesses e privilégios.

"Relatórios não entram em prática sozinhos", costumava lembrar Florence Nightingale à equipe. Não é porque você sabe o que tem que ser feito, não é porque argumentou com impecabilidade pelo certo e justo, pela solução lógica e premente, não é porque vidas inocentes dependem daquilo, não é por nada disso que vai acontecer. Não, você precisa de competência na execução... e precisa de amigos no alto escalão. Você precisa de verba. Precisa de apoio público. Você precisa ter condições de impor.

Acima de tudo, precisa de poder.

Não faltam ativistas achando que há algo de nobre em ser oposição. Achando que o sistema é inteiramente corrompido. Achando que o *sistema* é o problema. Eles têm certa razão... Existem problemas reais. Porém, por conta desse idealismo e dessa pureza, não conseguem agir em relação a tais problemas, tornando-se, assim, parte do problema também. É muito difícil transformar o sistema estando fora dele.

Até presidentes e primeiros-ministros acabam descobrindo isso. Eles são eleitos, mas se esquecem de que, quando seus partidos não controlam as casas legislativas, quando não recebem do eleitorado um mandato objetivo, quando não conseguem ter influência sobre um outro punhado de pessoas poderosas, suas propostas nadam e nadam para morrerem na praia.

"O poder, em si, não é mau. É necessário", explicaria Angela Merkel. "Poder é 'fazer', realizar alguma coisa. O antônimo de poder é a impotência. De que adianta uma boa ideia se não tenho como executá-la?".

O antônimo de poder é a impotência.

É isso o que você quer?

Você pode renunciar em protesto. Pode xingar. Pode acusar o mundo inteiro de ser corrupto e podre. Saiba, porém, que ao fazer isso você mesmo pode estar se colocando fora do jogo em nome de nada, a não ser seu complexo de superioridade.

A pergunta a ser feita é: a quem serve *não ter* poder? De que adianta?

Qualquer um que deseje praticar o bem no mundo precisa estudar o poder. Qualquer um que deseje fazer algo além de ficar sentado, à espera da mudança, precisa ler Maquiavel e Robert Greene. Precisa estudar as campanhas dos grandes líderes que fizeram acontecer... assim como os tiranos e demagogos que praticaram o mal. Precisa saber como obter e usar o poder com eficiência, assim como se defender dele. Como angariar aliados, como utilizá-los, como fazer as coisas apesar de objeções e interesses escusos. Na verdade, quanto mais uma pessoa é avessa ao poder, mais provável é que necessite conhecê-lo pessoalmente e bem de perto (antes que a inocência ou o idealismo prejudiquem a ela mesma ou a causa que defende).

A vida de Sêneca ilustra esse frágil equilíbrio. Ele chegou a trabalhar para Nero e fez o possível para "estar na sala onde as coisas acontecem", a fim de moderar os excessos de Nero e tentar direcionar o império em um rumo positivo. Nessa função, também enriqueceu muito, aos poucos tornando-se cúmplice dos malfeitos do governo, sujando as próprias mãos no processo. Como sabemos, o poder corrompe. É uma ferramenta perigosa. Não se deve desejá-lo por si mesmo... mas também não se pode ignorá-lo e rezar para que tudo dê certo.*

O fato é que no mundo existem valentões como Atenas. Não apenas no passado, mas neste exato instante (é só perguntar aos ucranianos). Eles são fonte de sofrimento e injustiça. Um mundo com outras potências do mesmo tamanho, um mundo onde a turma do bem faz um desarmamento unilateral? O mundo assim não seria uma versão melhor. Seria um mundo onde os fortes fazem o que bem entendem e os fracos sofrem.

Não é o certo. Não é assim que se fica de mãos limpas.

Além disso, dá muito bem para fazer ambas as coisas.

Em 1860, Abraham Lincoln disputava a presidência enquanto os estados sulistas tentavam expandir a escravidão (instituição erguida com base em uma supremacia, mas viabilizada pela base política e econômica). Lincoln discursou na faculdade Cooper Union, em Nova York, convocando os republicanos a reforçarem a luta abolicionista, sem se deixarem intimidar. Eles precisavam

---

* Outros estoicos, como Ário Dídimo (que foi tutor de Augusto) e Posidônio (conselheiro de Cipião Emiliano), pareciam se sair melhor.

adquirir a capacidade de impedir a aprovação de novas leis; precisavam de advogados para atuar nos tribunais; precisavam nomear juízes que controlassem as cortes; e, em pouco tempo, talvez precisassem de soldados no campo de batalha. "Não deixemos a calúnia nos afastar de nosso dever por falsas acusações contra nós, nem que nos intimidem com ameaças de destruição do governo ou de masmorras para nós", disse ele. E prosseguiu, elevando o tom de voz com uma determinação férrea:

TENHAMOS FÉ QUE A JUSTIÇA FAZ A FORÇA,
E, DESSA FÉ IMBUÍDOS, OUSEMOS, ATÉ O FIM,
CUMPRIR NOSSO DEVER TAL COMO O CONCEBEMOS.

A coragem de contrapor força com força, poder com poder, não é pouca coisa. Na verdade, é a única que os poderosos respeitam. E, agora que dispomos dela, vamos empregá-la para fazer o certo.

PRATIQUE O PRAGMATISMO

Jimmy Carter fez o certo em sua posse, em 1971. O custo político, para ele, era pequeno, porque na Geórgia o governador não tinha direito à reeleição.

Seis anos depois daquele espantoso discurso na Geórgia, ele foi eleito presidente dos Estados Unidos. No primeiríssimo dia no cargo, poucas horas depois do desfile de posse, ele organizou uma reunião, às 16h35 (literalmente seu primeiro compromisso oficial), com um veterano de guerra chamado Max Cleland, para discutir outro anúncio surpreendente. Depois de convidar Cleland, que tinha perdido as duas pernas e um braço na batalha de Khe Sanh, para dirigir o Serviço de Veteranos, Carter lhe pediu que começasse a elaborar um perdão universal a todos que tinham fugido do serviço militar no Vietnã. Isso "curaria as feridas da nação", permitiria a norte-americanos exilados no Canadá o retorno ao país e acabaria com a vergonha e o estigma. Na opinião dele, tinha chegado o momento do perdão e da compreensão.

Cleland, que apoiava a ideia, alertou o presidente de que o Senado não apreciaria a decisão, e que talvez valesse a pena adiá-la, quem sabe para um segundo mandato. "Não me importo se os cem senadores forem contra", respondeu Carter. "É o certo a se fazer."

E assim ele fez (a reeleição que se danasse).

De fato, apesar de um governo que foi surpreendentemente eficaz, Carter não se reelegeu. Em 1980, sofreu uma derrota esmagadora para Ronald Reagan, derrota essa que alguns atribuem à decisão tomada no primeiro dia de mandato.

Carter sempre disse que não queria fazer nada prejudicial ao país. Por isso, recusou-se a adiar uma atitude que era certa.

No entanto, sua esposa, Rosalynn, tentou lhe explicar que não se reeleger seria prejudicial ao país. Esse é um pensamento que até hoje assombra seus apoiadores: o que Carter teria feito com mais quatro anos no cargo, com mais quatro anos no poder?

Por que ele teve que devolver o Canal do Panamá a quem é de direito, ou buscar a paz no Oriente Médio logo no primeiro mandato? Ele teria conseguido mais se tivesse sido um pouco mais pragmático? Um pouco menos idealista? Daria para executar o jogo um pouco melhor?

A verdade é que quem consegue tirar as ideias do papel precisa fazer ambas as coisas.

Quem conheceu Harvey Milk antes ou durante a primeira e malsucedida campanha eleitoral, em 1973, levou um susto ao vê-lo na eleição seguinte. Ele tinha cortado os cabelos compridos para parecer mais respeitável. O Harvey Milk que por fim conseguiu se eleger em 1977 era ainda mais irreconhecível. Tinha parado de fumar maconha. Raspara o bigode e começara a usar ternos executivos impecáveis.

Esta é uma das formas de conquistar aliados: com a aparência de alguém com quem é possível negociar. Pode-se alegar que é injusto, que a aparência não deveria pesar, que as pessoas deveriam poder se vestir e se comportar como bem entendessem, que as únicas coisas a importar deveriam ser o caráter delas e a justiça de suas causas.

Mas sabe de uma coisa? Ao argumentar isso, você está dando mais uma prova da necessidade real de pragmatismo.

Porque não estamos falando apenas de como as coisas *deveriam* ser. E sim de como elas *são*. Essa é uma condição real diante de nós, e não uma teoria. Um fato, e não uma hipótese.

Assim, o caminho a ser seguido estava bem claro para Harvey Milk. "Concluí que era importante demais", explicou, "para estragar tudo por um cigarro de maconha ou sendo pego em uma operação policial em uma sauna".

O que você faz é importante (importante o bastante para exigir pragmatismo).

Se um dia existiu uma causa boa a ponto de obter sucesso sob o próprio mérito, foi a aprovação da 13ª Emenda, que aboliu permanente e irrevogavelmente a escravidão nos Estados Unidos. Quatro anos de guerra levariam até esse momento. Centenas de milhares de soldados sucumbiram.

Lincoln sabia que estava do lado certo da questão, que, "se a escravidão não é errada, nada é". Mas isso não mudava o fato de que faltavam muitos votos no Congresso para aprovar a emenda. Lincoln não resolveu o problema com um novo discurso histórico, como o de Gettysburg. Ele não apelou à bondade das pessoas. Político com mais de duas décadas de experiência, ele arregaçou as mangas. Fez concessões. Trocou favores. Usou mecanismos de pressão. "A forma de fazer, eu deixo por conta de vocês", disse aos lobistas. "Eu sou o presidente dos Estados Unidos, detentor de enormes poderes, e de vocês espero que consigam esses dois votos."*

Não foi bonito, mas a missão foi cumprida, não apenas para aqueles mantidos escravizados na época, mas para milhões ainda por nascer.

Paladinos da moral podem articular lindos argumentos sobre a justiça. É improvável, porém, que um dia consigam colocá-los em prática.

A justiça precisa não apenas da honestidade e da incorruptibilidade de Harry Truman, mas também de sua capacidade de sobreviver dentro do sistema, de fazer as coisas acontecerem. Entre essas duas ideias, é claro, existe uma tensão, como Truman bem sabia. Em um momento particularmente difícil, para aprovar uma emissão de títulos, Truman teve que ignorar o fato de que um

---

* O melhor de Lincoln, observou um de seus mentores políticos, era ser um exímio negociador de favores, que mesmo assim "não aceitava se vender. *Ele nunca teve um preço*".

colega magistrado tinha roubado cerca de 10 mil dólares, caso tivesse qualquer esperança de evitar que o mesmo homem roubasse mais de 1 milhão de dólares dos contribuintes. "Eu tinha razão ou contribuí para um crime?", refletiu Truman em um texto extremamente pessoal. "Não sei... Consegui construir 6,5 milhões em estradas, a um custo que faria os corruptos arrancarem os cabelos... Fui um bom gestor ou não? Ou seria eu apenas um bandido, fazendo concessões para fazer a coisa a acontecer? Julgue você, eu sou incapaz."

Sem virtude, o pragmatismo é perigoso e oco. Sem pragmatismo, a virtude é ineficaz e impotente.

Charles de Gaulle explicava que, para liderar, não basta simplesmente ser corajoso, mas que um estadista "deve saber quando dissimular, quando ser franco [...]. Todo homem de ação tem uma forte dose de egoísmo, de vaidade, de firmeza, de astúcia. Mas tudo isso lhe é perdoado, e até lhe confere ainda mais grandeza, se tiver servido como meio para grandes realizações".

Soa um pouco maquiavélico, não?

Que bom!

Maquiavel não era o vilão que os idealistas imaginam ser. Era um homem de muitos princípios (na verdade, foi barbaramente torturado por ter tentado manter seu país livre). Ele também era um realista. Compreendeu que os bons, na disputa contra os maus, precisavam ser ao mesmo tempo leões *e* raposas, para ter alguma esperança de fazer o bem neste mundo. Ou seja, corajosos *e* astuciosos.

Os fins nem sempre justificam os meios, mas o que justifica não conseguir atingir os fins? Isso é justiça? A realidade é que a injustiça e a desumanidade sempre se apoiam em alguma lógica econômica. Têm interesses por trás. O triunfo dos bons não pode ser tarefa dos ineficientes, dos irrealistas ou dos inocentes. Não quando o inimigo é vil, agressivo, imprevisível e incansável.

Segundo uma famosa frase de Kant, uma pessoa nunca deve mentir (mesmo que um assassino bata à sua porta perguntando onde estão seus filhos). Você não iria querer que alguém assim atendesse à campainha no seu lugar, não é? Afinal, ela não parece ser alguém que se importa muito com aqueles sob seus cuidados (e sim alguém que se importa mais com os próprios princípios rígidos do que com gente de verdade). Parece a atitude que o assassino (ou seus adversários políticos) gostaria que você tivesse. Porque é paralisante. Transforma você em um alvo parado, inofensivo.

Um ideólogo ou um filósofo podem ser puros. Mas um líder precisa tomar decisões. Um líder precisa agir. Precisa ser tão realista quanto idealista. Porque tem algo a proteger. Não pode desprezar uma migalha (não quando tem gente com fome). Não pode se dar ao luxo de condenar um possível aliado ou de só aceitar apoiadores perfeitos. Eles precisam aceitar o mundo e a situação como são, e não como gostariam que fossem (sobretudo quando querem mudança). Não podem deixar receios frustrarem uma oportunidade de ajudar, aqui e agora. O fato de não poder resolver *todos* os problemas não é uma desculpa para não resolver *alguns*. Apoiar-se em um princípio é louvável, mas o risco é nos vermos defendendo algo muito mais etéreo, muito mais autoindulgente e simbólico.

Sobretudo quando há outras pessoas em jogo.

Todos nós temos que descobrir como encontrar esse equilíbrio em cada situação específica. Veja o caso da atitude inspiradora e corajosa de August Landmesser, flagrado em uma famosa fotografia como a única pessoa que se recusou a fazer a saudação nazista. Dietrich Bonhoeffer, que viria a ser executado por tramar o assassinato de Hitler, teria concordado com o sentimento, mas criticado uma atitude tão pura que, no fim das contas, era inócua. Apesar de sua profunda piedade cristã e de seu absoluto asco por todos os aspectos do nazismo, quando ele via um colaborador se negando a fazer a saudação nazista, perguntava se a pessoa tinha enlouquecido. "Levante esse braço!", dizia. "Corremos risco por muita coisa, mas essa saudação idiota não é uma delas."

Quando se sabe qual é sua estrela-guia, se é capaz de tomar esse tipo de decisão. O que não quer dizer que todos os meios se justifiquem por conta de um fim, mas isso lhe dá clareza, uma margem de erro, certa capacidade de definir prioridades. Seguir uma estrela-guia não significa caminhar cegamente até o abismo (um navegador habilidoso sabe escolher a direção certa sem bater em obstáculos ou morrer). Na busca pela justiça, essa não deveria ser uma questão polêmica.

Fazer política, construir coisas e torná-las reais são atividades sórdidas, repugnantes. Não podemos esperar pela pessoa perfeita, nem podemos ter a pretensão da pureza. Fazer o bem, no mundo de hoje, não será fácil. Não vai acontecer sem adversários ou obstáculos. Podemos xingá-los. Podemos perder as esperanças. Podemos apontar culpados.

Ou podemos lutar.

Non angeli sed angli.

Pare de procurar por anjos. Comece a procurar por ângulos.

Vamos voltar por um instante à história de Jimmy Carter. Ele foi pragmático o bastante para dizer aos líderes da luta por direitos civis que eles não iriam gostar de sua campanha eleitoral, mas que iriam gostar de seu governo (ele sabia que, em certos casos, os fins justificavam os meios). A decisão de cuidar de um assunto tão polêmico no primeiro dia de mandato foi ingênua e temerária? Uns acham que sim. Mas outra leitura é que também foi bastante pragmática.

Nenhum de nós sabe ao certo quanto tempo tem (de vida, de poder, em um determinado momento). Ninguém é capaz de dizer com certeza se, ao adiar alguma coisa, você terá uma oportunidade melhor mais à frente.* Ninguém é capaz de garantir que você

---

* Uma medida impopular do primeiro mandato de Carter foi uma ordem executiva tornando obrigatórios os cintos de segurança e os *airbags*. Se foi por idealismo ou pragmatismo, o fato é que, literalmente, milhões de pessoas estão vivas hoje por causa dessa decisão.

vai se reeleger. É por isso que, na maioria das vezes, a decisão mais pragmática é fazer o certo, já.

Quando você tem a oportunidade, é preciso aproveitar.

Tem gente que conta com você.

ADQUIRA COMPETÊNCIA

Florence Nightingale demorou a começar. Por muito tempo sua carreira pioneira e revolucionária como enfermeira passou despercebida. Foram quase vinte anos entre o que ela batizou de "O Chamado" até o serviço na linha de frente dos hospitais de campanha na Guerra da Crimeia. Mas esse não foi um tempo gasto à toa. Na verdade, foi uma espécie de treinamento em câmera lenta, um longo período de residência para aprender um ofício subestimado.

Primeiro, ela pôde comprovar (o que, na época, era inovador) que era possível para uma mulher seguir qualquer tipo de vocação. Florence pediu conselhos. Foi em busca de mentores e mecenas. Em seguida, tratou de parentes adoentados, a começar pela avó, assim como de moradores do vilarejo próximo de casa. Por fim, ela foi voluntária em hospitais na Alemanha e na França, onde pessoalmente testemunhou não apenas o estresse dos plantões, mas o estado lamentável da enfermagem na época.

"Este verão vi uma pobre mulher morrer diante dos meus olhos", escreveu Nightingale a uma amiga em 1845, "porque só havia tolos para cuidar dela, envenenando-a como se lhe estivessem dando arsênico". Na época, a estranha suposição era que uma mulher como ela não deveria se embrenhar em algo tão brutal quanto cuidar diretamente de doentes ou indigentes... e, entretanto, também era considerado fato que, meramente pela natureza feminina, toda mulher tinha dons e habilidades naturais para a enfermagem.

Assim como acreditava-se desde sempre que os primogênitos de famílias influentes nasciam para comandar tropas ou ocupar cargos políticos, esse era um estereótipo sem qualquer base. Pelo contrário! E o que mais espantou Nightingale foi a *total incompetência* das enfermeiras, assim como dos médicos. Por mais bem-intencionados que fossem, não tinham a menor ideia do que estavam fazendo... e, por isso, no fim das contas, essas boas intenções nada significavam.

"Pode parecer estranho enunciar que o primeiríssimo princípio de um hospital deve ser não fazer mal aos enfermos", explicou certa vez Nightingale. "Porém, é bastante necessário estabelecer esse princípio, porque a mortalidade efetiva nos hospitais, sobretudo naqueles das cidades grandes e populosas, é muito mais elevada do que nos faria supor qualquer cálculo encontrado sobre a mortalidade da mesma classe de paciente tratada fora de um hospital."

Devido à confiança que a incompetência gerava, eles não apenas de nada ajudavam, como também matavam as pessoas. Enchiam cemitérios. E o tempo todo davam tapinhas nas costas uns dos outros, pela compaixão e dedicação que demonstravam.

Um famoso poema de Longfellow retratou Nightingale como uma espécie de anjo, pairando pelos corredores do hospital e consolando doentes e moribundos. Era uma bela imagem.

Mas não é correta.

Um retrato mais preciso de Nightingale a mostraria como uma mestra rigorosa para as outras enfermeiras (uma treinadora que formou uma geração talentosa, capaz de tratar e consolar os feridos). Seria preciso imaginá-la madrugada afora, debruçada à mesa lendo relatórios, escrevendo para políticos e generais, pedindo suprimentos, lutando por recursos. Seria preciso imaginá-la mexendo com a gestão do hospital, resolvendo problemas, aumentando a higiene e a eficiência.

"O público costuma imaginá-la ao pé do leito dos soldados", escreveu uma tia e colega de Nightingale, em carta à família, em 1855. "Antes fosse tão fácil e agradável. A parte cansativa do trabalho é escrever tanta coisa, falar tanta coisa, lidar com gente ruim, egoísta, incompetente."

Ela compreendeu que, mais que de devoção, os pacientes precisavam de uma cama limpa. Mais que de abnegação, precisavam de uma dieta nutritiva e de um aquecedor que funcionasse. Em vez de pedir às enfermeiras que fossem anjas, Nightingale estudou o fluxo de pessoas no hospital e elaborou um sistema de comunicação melhor (usando uma série de campainhas que os pacientes podiam tocar para pedir socorro), o que resultou em menos tempo subindo e descendo escadas e em mais tempo prestando atendimento. Ela lutou por uma ventilação melhor. Arrecadou doações de milhares de pessoas.

E depois usou esse dinheiro com muita competência e afinco. Durante a Segunda Guerra Mundial, um auditor do governo analisou a contabilidade do serviço médico do exército e ficou impressionado com a minúcia e eficiência. Quando perguntou quem tinha criado o sistema, ficou pasmo ao descobrir que tinha sido Florence Nightingale, cerca de *oitenta anos* antes (mais uma das inovações e melhorias pelas quais ela nunca levou crédito).

Evidentemente, para fazer o bem é preciso se importar (importar-se conta muito). Mas é como diz o ditado de dar com uma mão para tirar com a outra. O que acaba sobrando? Comover-se com pessoas ou causas em dificuldade? E isso também se aplica a outra expressão, "de boas intenções o inferno está cheio". A justiça precisa de tempo, dinheiro e liderança. Precisa de *alguém que saiba o que está fazendo.*

Você é capaz de ser essa pessoa? Alguém competente, que considera a justiça não como uma ideia, mas um ofício. Um trabalho que é preciso dominar cada vez melhor.

A competência não é inata, nem beneficia automaticamente uma causa só porque esta é justa. A compaixão é necessária, mas não basta na busca pela justiça. A coragem e a disciplina tampouco (são necessárias, mas inúteis sem uma aptidão).

Alguém poderia argumentar que o governo de Carter enfrentou problemas não por causa dos posicionamentos corajosos e audaciosos do presidente, mas por sua recusa, contra toda a lógica, em nomear um chefe de gabinete na Casa Branca. Ele era um homem de bem, mas tinha dificuldade em gerir todas as exigências demandadas de seu tempo e atenção. O sociólogo e filósofo Max Weber descreveu as transformações políticas como "lentamente perfurar uma tábua maciça". Pragmatismo é competência. Determinação e capacidade de delegar, também. Competência é competência, e não tem um substituto para isso. Nightingale levou anos para compreender o problema que estava tentando resolver, e depois mais alguns outros para enfrentar as resistências e obstáculos a fim de implementar soluções. E, após tudo isso, ainda veio a dificuldade para tratar feridos em zona de guerra, arriscando a própria vida.

Mas é assim mesmo. Não é para quem tem coração fraco. Não é para os incapazes.

Pense em Truman: dar o nome de um general ao Plano Marshall não foi apenas uma ideia brilhante porque permitiu a seus opositores políticos votarem a favor do plano. Depois disso, ele garantiu que o dinheiro e o auxílio fossem oferecidos aos países do bloco soviético (os quais todos recusaram, mas isso enfraqueceu o argumento comunista de que o plano era interessante). O "ato menos sórdido", como Winston Churchill chamou, não era inocente. Foi realizado com brilhantismo e astúcia. O que também pode ser dito das iniciativas de Roosevelt durante a Depressão (não apenas pela coragem e carinho que demonstrou, mas por ter feito o sistema político *funcionar*). Ele utilizou com eficiência as alavancas do poder de forma proativa, como nunca tinha sido feito antes ou depois.

"O engano mais prejudicial que cometi foi acreditar que, sendo nossa causa tão justa, os pastores brancos do sul, uma vez questionados em suas consciências cristãs, correriam em nosso auxílio", disse certa vez Martin Luther King Jr., que veio a descobrir que a virtude sem uma organização cuidadosa, a ação sem uma estratégia, era receita de causa perdida. Com a ajuda de nomes como Bayard Rustin, Stanley Levison, Diane Nash e Ella

Baker, ele se transformou em uma força política e midiática respeitável. E, então, ele juntou essa força à de Lyndon B. Johnson, que, mesmo sendo mais racista e menos idealista que John Kennedy, era um gênio da negociação parlamentar. Johnson entendia de poder (onde encontrar e como utilizar). E esse poder, agregado ao de King, transformou os dois em uma irresistível força do bem.

Este é um modelo para todos que querem fazer o bem neste mundo, seja ele grande ou pequeno.

"Eu tento imitar todos os santos da história", dizia King. Porém, ele acrescentava: "É necessário que todos os que trabalham nessas áreas tenham um senso apurado do treinamento político." Sem dúvida Theodore Roosevelt veio a compreender isso. Quando descobriu como vivia "a outra metade" e começou a enfrentar os mais diversos interesses escusos, sofreu derrota atrás de derrota nas mãos de adversários que conheciam melhor as manobras parlamentares e tinham os juízes e a imprensa sob controle. Jacob Riis, amigo de Roosevelt, lhe disse que "honestidade não bastava". Para conseguir mudar a paisagem política e econômica do país, Roosevelt teria não apenas que ser justo, mas mais astuto e habilidoso que aqueles que desejavam freá-lo.

Você também terá.

Não importa se o escritor tem algo importante a dizer, o que conta é se tem os culhões para contar isso ao leitor. Não importa se todos os posicionamentos de um político são justos. Ele sabe como o sistema opera? Tem a equipe para isso? Tem a rede de relações para fazer acontecer? Não importa se um advogado está disposto a assumir um caso. Ele tem condições de ganhar a causa? Não importa se alguém *se sente mal* pelos vulneráveis ou desamparados, tampouco se trabalha arduamente em favor deles. O que conta é se esse esforço de fato está aliviando a causa de quem sofre, não de forma temporária, mas permanente.

A justiça também não é apenas uma questão de faro político e habilidade interpessoal. Também é importante ter força (força física pura, recursos e capacidade para vencer). No mundo há bastante gente má... e essa gente muitas vezes é poderosa, muitas vezes é violenta, muitas vezes controla um poder imenso, usando-o para impor sua vontade aos demais. Quem há de se erguer contra eles? Quem terá força suficiente para *impedi-los*? Não basta ter boas intenções. É preciso ser capaz de *fazer* bem. O que pensar da humanidade quando um altruísmo *eficaz* é considerado uma ideia inovadora? Todo problema precisa ser analisado. Toda competência deve ser treinada. Toda variável necessária para o sucesso (aliados, financiamento, apoio da população) deve ser cultivada. O impacto deve ser medido. Decisões precisam ser otimizadas. Pessoas precisam ser cobradas. Temos que cobrar de nós mesmos, pois é assim que evoluímos.

Isso vai levar tempo. No caso de Nightingale, demorou *anos* até ela transformar seu potencial bruto em uma competência inabalável. Vai exigir aprender por tentativa e erro, como aconteceu com King, nas malogradas campanhas em St. Augustine e outras cidades. Vai exigir coragem, disciplina e bom senso.

É claro que vai. Se a mudança e a prestatividade fossem fáceis, todos viveriam de acordo com elas. Se os problemas se resolvessem sozinhos, não haveria problemas. O mundo seria justo e maravilhoso, a cargo sempre das pessoas certas.

E até lá?

Até lá, temos que ser inteligentes, capacitados e competentes.

DÊ, DÊ, DÊ

Quando o rabino Harold Kushner começava a escrever um livro, tentava não procrastinar. Tentava se dedicar de todo: sem hesitar, sem pensar demais.

Permitia que apenas um pequeno ritual antecedesse seu ato diário de disciplina.

Antes que a caneta encostasse na página ou no bloco, ela primeiro ia até o talão de cheques, no qual Kushner rabiscava uma pequena doação para uma das entidades beneficentes apoiadas por ele e pela esposa. Assim como na Antiguidade os guerreiros se preparavam para a batalha com um sacrifício aos deuses ou às musas, o rabino ia para a guerra das letras começando por um ato de bondade. Seu aquecimento para um dia de escritura era rabiscando números que ele sabia serem capazes de fazer o bem.

A generosidade é algo que admiramos. Algo em que muitos de nós gostaríamos de ser melhores.

Ocorre que existe apenas um jeito de chegar lá, de fazer isso. E é do mesmo modo como aprendemos a escrever melhor, ou em qualquer outro ofício: *colocando em prática*.

Não depois, quando as condições forem melhores. Não apenas na hora em que alguém de fato precisa. Não apenas em um ou dois grandes lampejos.

Mas sim constantemente, com frequência, por rotina. Até se tornar parte de nós. Até se tornar uma espécie de estrela-guia em si mesma.

O lema de Anne Frank, o qual aprendeu com os pais, era: "Nunca ninguém ficou pobre por dar." É verdade, a caridade é edificante e muitíssimo gratificante. Não é à toa que a palavra para "caridade" em hebraico (*tzedakah*) significa "justiça".

Claro, no fundo nós sabemos que dar dinheiro é uma boa forma de ir à falência. Além disso, suamos e sofremos para ganhar o que temos. Sabemos que, quando bem investido, o dinheiro pode se acumular e crescer. E não há como não pensar em tudo de bom que podemos fazer com ele (ou em algum momento no futuro distante em que podemos desesperadamente precisar dele).

No entanto, não são todos esses fatores motivos a mais para sermos generosos com ele? Trabalhamos arduamente porque era nossa função, porque queríamos atingir nosso potencial. A compensação financeira é algo que nos deixa contentes, mas também a consideramos um bônus. Se ganhamos uma vez, podemos ganhar de novo. E que tipo de pessoa valoriza mais o próprio prazer (ou um excesso de segurança) em detrimento do alívio do sofrimento alheio?

Se você foi abençoado, abençoe.

E existem, verdade seja dita, várias formas de fazer isso.

Podemos ser generosos com nosso tempo, como foi Florence Nightingale, que dedicou a vida ao próximo, e não à alta sociedade. Podemos ser generosos em reconhecimento, generosos nos elogios. Podemos ser aquele tipo de pessoa a quem os outros recorrem, do tipo cuja porta está sempre aberta, do tipo que sorri para desconhecidos, que quebra o galho dos amigos, que procura quem está solitário, que está por perto quando alguém precisa, com uma palavra amiga. Podemos usar nosso poder e influência para lutar por aqueles que têm pouco, assim como fez Theodore Roosevelt. Podemos ser generosos estando disponíveis e prontos a aconselhar.

A gentileza é uma forma de generosidade que nunca tem um custo.

Não importa quanto dinheiro ou poder você tenha (ou não tenha), não há nada que o impeça de ser generoso de alguma forma ou jeito. *Como você anda? Precisa de alguma coisa? Ótimo trabalho.*

Gostei muito. Essas são formas de expressar generosidade que são gratuitas.

Não há nada que o impeça de ser generoso *neste instante*. O fato de os problemas e as necessidades do planeta serem enormes não o exime ou o impede de dar um pequeno passo rumo à solução, fazendo *algo* por alguém que está sofrendo por causa deles.

Durante a Grande Depressão, andarilhos e pedintes costumavam parar diante da casa da família Carter, que não ficava longe da estrada de ferro. A mãe de Carter sempre arrumava alguma coisa para comerem. Um dia, uma vizinha comentou o alívio que sentia por nenhum "deles" nunca aparecer perto da casa dela. Tempos depois, Jimmy Carter descobriu que, durante a Depressão, os sem-teto se comunicavam por um sistema de símbolos, marcando quais casas abrigavam gente bondosa e digna e quais deviam ser evitadas, com gente impiedosa e cruel.

A ideia desse símbolo (de *ganhá-lo* das pessoas em necessidade) ficou marcada em Carter pelo restante da vida. É por isso que, já com mais de 90 anos, ele ainda dedicava tempo e dinheiro a ajudar os outros, até mesmo construindo casas para quem não tinha dinheiro para comprar uma.

Chega a ser engraçado. Ralph Waldo Emerson é famoso pelos ensaios que escreveu sobre autonomia pessoal, mas, um tanto curioso, na verdade ele era um homem incrivelmente generoso — não apenas em relação ao próprio dinheiro, mas também com o próprio tempo e os incentivos aos outros. Nunca se viu nada igual ao que ele fazia em Massachusetts. Gente de todo o estado da Nova Inglaterra sabia que era bem-vinda na casa dele, onde as reuniões informais foram naturalmente se transformando naquilo que os historiadores vieram a chamar de Clube Transcendente. Ele foi o mentor e ajudou a forjar a carreira de incontáveis artistas e intelectuais. Foi ali, por exemplo, em um terreno de Emerson no Lago Walden, que o filósofo Henry David Thoreau pôde morar e construir uma cabana. Ele auxiliava financeiramente seus parentes. Emerson foi um patrono irrefreável da educação (apoiador eloquente das bibliotecas públicas e do acesso ao conhecimento). O grande homem, disse Emerson, é o mais generoso. Quanto mais bem-sucedido se é, mais autônomo, e mais se dispõe de sobras para ajudar os outros a se tornarem semelhantes.

De quem muito recebe muito se espera.

E cada um de nós recebeu muito. Todos nós.

O que vamos fazer com isso? A quem vamos ajudar? O que vamos dar?

Uma resposta: *Até doer. Até nos tornar desafiador. Até exigir sacrifício no ato.*

Afinal de contas, por que precisaríamos ficar com tudo para nós, se desde o começo nunca foi realmente nosso? Em um programa de televisão, perguntaram a Jonas Salk quem era o dono da patente da vacina contra a poliomielite, na época em que começaram as campanhas para proteger a população dessa chaga. "Bem, o povo, eu diria", respondeu ele, ciente de que sua pesquisa tinha sido financiada por doações caridosas e se baseava em várias outras descobertas científicas. "Não existe patente. O sol pode ser patenteado?"

Marco Aurélio, refletindo sobre sua vida como um todo, escreveu que teve sorte de nunca ter precisado pedir dinheiro, mas ainda mais sorte porque, sempre que alguém precisou, ele nunca esteve na posição de dizer que não tinha como ajudar.

Não é apenas o certo e o justo a se fazer, mas também nos torna grandes.

Portanto, vamos fazer disso um começo, um hábito.

A questão não é como ou quanto, é sermos uma *bênção* para os outros (do jeito que der, do jeito que for possível).

PLANTE UMA ÁRVORE
DE TREINADORES

Se medirmos por números de vitórias, Gregg Popovich talvez seja o maior treinador da história da NBA. Se somarmos a isso os campeonatos que conquistou (cinco), o número de temporadas com saldo de vitórias positivo (22), a série de participações consecutivas em eliminatórias (22), o percentual de vitórias (65,7%) e as duas medalhas de ouro olímpicas, mais o fato de que fez tudo isso com uma mesma equipe, podemos considerá-lo o maior treinador da história do basquete.

Mas existe outra métrica, além de vitórias e campeonatos (menos levada em conta, porém mais importante), que é um forte argumento para considerá-lo o maior treinador da história de todos os esportes: sua árvore de treinadores.

No esporte, uma árvore de treinadores é definida pelo número de treinadores, jogadores e dirigentes que um treinador descobriu, contratou e preparou, e pelo que esses vieram a fazer nas próprias carreiras. A árvore de treinadores de Gregg Popovich é tão grande que, nas palavras de um cronista esportivo, mais se parece com uma *floresta de treinadores*.

Na trajetória que o levou a tornar-se o treinador mais longevo de *todas* as grandes ligas esportivas profissionais, Gregg Popovich teve debaixo da asa vários jogadores do Hall da Fama, como Tim Duncan, Tony Parker e Manu Ginóbili, que não apenas formaram uma das maiores dinastias da NBA moderna, como também se tornaram figuras da cidade de San Antonio e líderes da comunidade local. Em certo momento, quase 30% de *todos* os treinadores da NBA tinham trabalhado junto ou sido comandados por Popovich.

Somados, seus pupilos conquistaram onze campeonatos como treinadores principais (além de um título da liga de desenvolvimento). Em cinco ocasiões, um membro dessa floresta foi eleito Treinador do Ano da NBA. Dos atuais 23 técnicos e presidentes de clubes negros da NBA, sete trabalharam com Popovich nos Spurs. Becky Hammon, eleita Treinadora do Ano da WNBA em 2022, passou oito anos nos Spurs, e lá se tornou a primeira técnica-assistente mulher da NBA e a primeira a atuar como treinadora principal depois que Popovich, suspenso por uma expulsão, a indicou como interina (como treinadora, ela também foi bicampeã da WNBA). Se começarmos a desenhar as árvores de treinadores a partir da de Popovich, alcançamos praticamente todo mundo na NBA e no basquete universitário norte-americano.

Foram esses fatos que chamaram a atenção de Adam Silver, comissário-geral da NBA, durante as finais de 2022, em que dois treinadores que foram jogadores, assistentes e pupilos de Popovich se enfrentaram. Os Spurs, comentou Silver, eram mais que um time de basquete; eram praticamente uma *academia* de futuros treinadores e dirigentes.

Uma famosa frase do rabino Eleizer é: "Orgulhe-se tanto de seus alunos quanto de si mesmo." Isso é um pouco mais fácil quando se é professor (porque essa é a *sua função*). Se Popovich fosse dono de um centro de treinamento (uma organização sem fins lucrativos, com missão educacional), esses feitos seriam bastante impressionantes. O que dizer de ter feito isso ao mesmo tempo que estava envolvido com partidas decisivas do mais alto nível, nas quais de fato ajudava, caso não engendrava, seus rivais? Trata-se de algo que ele realizou separadamente de seu compromisso com a vitória, tanto como um ideal quanto como uma exigência do cargo. Não se trata tampouco de um "clube do bolinha adulto", em que uma panelinha glorifica a si mesma e um líder cria cópias idênticas de si. Não, é o ato de abrir uma porta e mostrar o caminho a um grupo diversificado de líderes singulares, diferentes tipos de atleta, treinador e executivo buscando atingir o próprio potencial.

Por isso, ao analisar a própria carreira, convém perguntar: A quem você deu oportunidades? Quem você ajudou a progredir? Mais revelador ainda: até que ponto essas pessoas eram parecidas ou diferentes de você?

Com frequência grande até demais, estamos mais interessados em pedir que deem oportunidades *a nós*. Ou uma oportunidade nova, maior ou melhor. Achamos que, ao ajudar os outros, estamos prejudicando nós mesmos, como se a vida ou o trabalho fossem um jogo de soma zero.

Segundo a "Síndrome de Highlander", *só pode existir um de nós*. Não, existe espaço para todos nós obtermos sucesso. Para muito mais gente ter êxito do que atualmente.

George Marshall progrediu na carreira e conseguiu atingir o topo de sua profissão, saindo-se bem nela exatamente por ter compreendido que sua missão era ajudar os outros (montar um exército repleto de oficiais talentosos). Enquanto outros generais lutavam com unhas e dentes pela própria ascensão, mandando cartas aos superiores para fazer lobby por promoções ou cargos, Marshall atuava em favor de jovens como Omar Bradley, George Patton, Walter Krueger e, acima de tudo, Dwight D. Eisenhower, cujos talentos ele nutriu em dimensões históricas. Sua "árvore de treinador", poderíamos dizer, foi o tronco de que a vitória aliada dependia.

Ao longo da vida, é claro, somos julgados por nossas realizações individuais. Lutamos para atingir nosso potencial e dar o melhor de nós mesmos. Porém, além de um certo ponto, isso não significa mais nada. O que importa mesmo, o que importa em um horizonte mais extenso, é quem nós ajudamos a ter êxito ao longo do caminho.

Que não haja dúvidas: não é só no esporte que a árvore de treinadores é importante. Sócrates nos deu Alcibíades, Xenofonte e Platão. Platão, por sua vez, nos deu Aristóteles, e Aristóteles nos trouxe Alexandre.

Emerson não apenas apoiou com generosidade a cena literária na Nova Inglaterra, como também incentivava ativamente todo talento que encontrava. "Saúdo você no princípio de uma grande carreira", derramou-se a um desnorteado Walt Whitman em 1855 (e Whitman não tardou a colocar essa citação em sua obra-prima, publicada por ele mesmo e até então desconhecida, *Folhas de relva*). Sem Emerson, as carreiras de Nathaniel Hawthorne, William Ellery Channing, Amos Bronson Alcott e, posteriormente, William James (afilhado de Emerson) e Louisa May Alcott, filha de Alcott, teriam sido bem diferentes. A generosidade é a semente de uma grande árvore de treinadores.

Thomas Wentworth Higginson, além do trabalho como abolicionista, ajudou como mentor e editor da carreira poética de Emily Dickinson. Frederick Douglass incentivou e orientou Ida B. Wells, cuja luta contra os linchamentos, assim como o trabalho pelo sufrágio feminino e pela criação da NAACP, foi uma brilhante extensão do legado de Douglass, que nasceu como escravizado em 1818. O legado de Martin Luther King Jr. também se abrilhanta pelo fato de John Lewis ter se tornado deputado; Andrew Young, embaixador nas Nações Unidas; e Diane Nash, agraciada com a Medalha Presidencial da Liberdade.

Denzel Washington pagou a faculdade de Chadwick Boseman. Walker Percy foi adotado pelo tio Will e, por sua vez, mais tarde atuou como discreto mentor e mestre do biógrafo Walter Isaacson. Percy também descobriu e ajudou a editar, postumamente, o romance *Uma confraria de tolos*, de John Kennedy Toole, ganhador do Prêmio Pulitzer. George Carlin conheceu o jovem Garry Shandling em um clube de comédia no Arizona, em 1968, e, depois de ler as piadas de Shandling, comentou: "Acho você engraçado... Se estiver pensando em seguir carreira, acho que deveria."*
Shandling, por sua vez, viria a ser mentor do diretor Judd Apatow

---

* Carlin costumava terminar suas representações com uma frase parecida com esta: "Cuide de si e cuide de mais alguém também".

e de Kevin Nealon, Adam Sandler e Sarah Silverman, além de toda uma geração de comediantes talentosos dos anos 1980, 1990 e 2000.

E o que dizer das pessoas que esses pioneiros nunca conheceram, mas cujo trabalho influenciaram e cujos exemplos serviram de inspiração? Isso é o verdadeiro impacto multigeracional, uma rede infinita de asas de borboleta batendo, transformando vidas e escrevendo um futuro melhor.

É isso. Nem todo mundo tem o poder de mudar ou melhorar o planeta ao longo de uma vida. Ao apoiar, incentivar ou influenciar outros (inclusive nossos filhos), nossa luta pode continuar.

Seja mentor. Mecenas. Patrocinador. Aliado. Professor. Mestre. Guru. Inspiração.

Os nomes são muitos... porque é um papel definido por muitos outros diferentes.

O que importa, porém, é sermos a vela que acende outra, que acende outra, que acende outra.

Porque assim o mundo inteiro se ilumina, livre das trevas.

CUIDE DOS FRACOS

Angela Merkel foi criada à sombra das vilanias cometidas por seu país. Ela também era filha de um pastor e morava ao lado de uma instituição de caridade para pessoas com deficiência intelectual, que era administrada pela igreja. Testemunhou o Sermão da Montanha colocado em prática. Esses fatores definiram sua visão de mundo. "Malaquias enxerga a violência na sociedade contra os fracos", disse ela, parafraseando a Bíblia, "os marginalizados pela sociedade, os assalariados, as viúvas e os órfãos injustamente tratados. Malaquias diz que isso é inaceitável; que é contra os mandamentos de Deus [...]. Os mais fracos na sociedade não podem ser abandonados. É preciso que concentremos neles nossa atenção".

Qual foi a única vez em que Jesus perdeu a calma? Foi por causa de cambistas (os vendilhões) que tinham tomado conta do templo. Eles praticavam preços abusivos. Faziam mal à sociedade.

Foi essa versão do cristianismo, a que ressalta a história do Bom Samaritano, a que se importa com "os juncos feridos" do mundo, que orientou a decisão de Merkel de aceitar *um milhão* de refugiados durante a guerra civil da Síria, iniciada em 2011. Seria de se esperar que outros países cristãos seguiriam o exemplo, só que não. Ela foi duramente criticada. O apelo daquela massa de sofredores foi resumido a um debate político e cultural, como se não se tratasse de seres humanos que podiam e deviam receber ajuda.

Mesmo assim, ela seguiu em frente. *Wir schaffen das*, disse para tranquilizar a opinião pública. Nós podemos fazer isso.

Nós podemos.

E devemos!

Se não lutarmos pelos mais fracos, se não fizermos o possível por eles, quem fará? E se permitirmos que eles sejam agredidos, explorados ou abandonados à própria sorte, *o que isso diz a nosso respeito?* Desde muito jovem, Catão odiava valentões. Na festa de aniversário de um amigo, um grupo de meninos brincava de uma versão de polícia e ladrão do Império Romano. Um dos meninos mais novos foi pego e trancafiado em um quarto escuro por um dos mais velhos. Assustada, a criança chamou por Catão, que deu um safanão no garoto que tomava conta da porta e levou o menino apavorado para a casa dos pais. Na adolescência, Catão e seu tutor foram convidados à casa de Sula, que então governava Roma como um ditador cruel. O tutor começou a explicar a Catão por que todos temiam Sula e percebeu uma transformação total no semblante do jovem. "Por que não me dás uma espada", disse Catão, com absoluta sinceridade, "para que eu livre meu país da servidão?". É por isso que, ao ficar mais velho, ele odiava a corrupção nas províncias romanas, cuja vítima era a população, que não merecia aquilo.

Catão e vários estoicos tinham uma estrela-guia apontando contra qualquer pessoa que dissesse a eles, ou a outros, o que fazer (qualquer pessoa que abusasse do poder e o utilizasse contra os mais fracos). Na verdade, a própria expressão *sic semper tyrannis* ("com tiranos, sempre assim") remonta a Cipião Emiliano, um dos maiores generais estoicos antes da virada do milênio.

George Washington, que por toda a vida usou Catão como modelo, tentava enxergar cada situação com o distanciamento do estadista, por meio da *luz serena da filosofia moderada*. No entanto, seu ponto de vista em relação à justiça, ao objetivo de um bom governo, de um mundo justo, foi capturado em uma frase que ele tirou das escrituras (Livro de Miqueias): "Todo homem poderá sentar-se debaixo de sua própria videira e figueira, e ninguém o espantará."*

---

* Vale observar que Washington era moralmente cego em relação às pessoas racializadas que, nos Estados Unidos daquela época, não podiam contar com a segurança da própria videira e figueira.

A bela menção de Washington à videira e à figueira ocorreu em 1790, quando discursou para uma congregação judaica em Rhode Island, falando de uma visão dos Estados Unidos que não dava "guarida à intolerância" nem "auxílio à perseguição". Estava falando de tolerância. De proteção. De diversidade, amor e esperança.

Déspotas, assediadores e patifes são os inimigos da justiça. Não podem ser aceitos. Não podem ser acolhidos. Seja um linchamento on-line, um sistema econômico que explora os pobres, um chefe que humilha e menospreza ou um governo que persegue opositores ou explora seus cidadãos — tiranias são tiranias. Elas colocam todos nós em risco.

Depois de mais um dos terríveis atentados a bomba ocorridos durante o movimento pelos direitos civis nos Estados Unidos, o jornalista Ralph McGill escreveu um artigo para o jornal *Atlanta Constitution* que colocava a questão com perfeição. "Quando os lobos do ódio são soltos contra uma pessoa", explicou, "ninguém está seguro". Os próprios ativistas, mesmo ocupados em lutar pela própria vida, tinham consciência disso. É por isso que judeus foram até o sul dos Estados Unidos em 1964 e foram agredidos por apoiar os negros; é por isso que os líderes negros se ergueram contra a Guerra do Vietnã e as perseguições que ocorriam em outros países. "Não podemos ficar sentados, complacentes, assistindo aos nossos irmãos judeus na União Soviética diante da possível extinção de sua vida cultural e espiritual", disse Martin Luther King Jr. em 1966. "Aqueles que não se mexem, enquanto outros se empenham, são tartaruguinhas que compram a própria paz com desonra [...]. A negação dos direitos humanos, onde quer que seja, é uma ameaça à afirmação dos direitos humanos em qualquer lugar."

Temos que ter empatia pelos juncos feridos deste mundo, *porque somos um*. Um dia já fomos como os estrangeiros na terra do Egito. E em algum momento podemos muito bem voltar a ser. Precisamos enxergar a nós mesmos *no outro*.

O mundo é injusto e cruel. Estamos contribuindo para isso? Ou para aliviar essa situação?

Quando dispomos de poder (e, como um coletivo, todos dispomos), temos que garantir que ele seja usado para o bem.

"A sociedade não pode pisar nos mais fracos e mais pobres de seus membros sem que a praga atinja a própria alma", disse Frances Watkins, depois de falar do grande feixe de humanidade do qual fazemos parte. Nossa tarefa é criar um mundo onde as pessoas tenham oportunidade de florescer (na vida espiritual, profissional e pessoal). Onde não se pise em ninguém, onde se incentivem as pessoas a atingirem seu potencial. A prosperarem e serem felizes. A seguirem sua estrela-guia. A amarem quem bem entenderem. A reverenciarem quem bem entenderem. A pensarem o que bem entenderem e a dizerem o que bem entenderem.

Ao longo da extensa carreira, Clarence Darrow trabalhou com quase todas as grandes empresas e grupos de interesse dos Estados Unidos, mesmo quando não eram os clientes mais bem-intencionados. As empresas são importantes, e também não devem ser atacadas indevidamente. Porém, ele era bastante firme em relação a uma questão, insistindo que nunca as ajudaria, nem nunca ajudou, a "oprimir os fracos ou a condenar os inocentes". O momento decisivo de sua carreira, na verdade, ocorreu quando ele saiu de um emprego lucrativo na rede ferroviária para lutar *contra* seus antigos clientes, envolvidos em uma grande disputa judicial com líderes trabalhistas.

Não damos golpes baixos... nem tampouco toleramos quem dá.

Foi por isso que Emerson apoiou e protegeu a Underground Railroad. Não apenas não damos caução à intolerância ou ajuda à perseguição, mas fazemos o contrário. Lutamos contra a intolerância e ajudamos aqueles que são perseguidos.

Sempre assim...

Você está do lado de Davi ou de Golias? Está lutando contra a tirania ou é você o tirano? Você diz a verdade ou é, na verdade, aquele que trola?

A liberdade é essencial... mas a liberdade mais essencial é estar livre do medo.

Nossa tarefa é lutar para garantir que os vulneráveis estejam protegidos e possam viver sem medo.

Porque eles são nós, e nós somos eles.

CRIE A BOA CONFUSÃO

~

Arthur Ashe foi um dos atletas mais bem-comportados do mundo. Enquanto outros atletas se envolviam em escândalos, enquanto quebravam raquetes e ostentavam carros de luxo, ele se mantinha comedido e digno. Eles corriam atrás de dinheiro, mas Arthur se alistava na academia de West Point para servir à pátria. Eles eram ambiciosos, Arthur era disciplinado.

Não que ele fosse alienado ou apolítico. Ele só aprendeu, pelo exemplo paterno, a não se deixar levar pelas emoções: trabalhar em silêncio, mas concentrado em suas metas, sem atrair atenção desnecessária para si.

Por isso, dá para imaginar a surpresa do pai de Ashe, em janeiro de 1985, quando o filho ligou dizendo: "Papai, quero que você saiba que provavelmente vou ser preso amanhã, em Washington." No mesmo instante, o pai entendeu que se tratava do Apartheid, uma causa que a família, tendo vivido no estado da Virgínia nos tempos da segregação racial, conhecia bem. "Bom, filho", respondeu o pai, "a África do Sul está muito longe da gente aqui. Mas, se você acha que tem que fazer isso, então eu acho que tem que fazer".

"Eu preciso fazer isso, papai", respondeu Arthur. No dia seguinte, Ashe, ex-campeão de Wimbledon, do Aberto da Austrália e do Aberto dos Estados Unidos, capitão da equipe norte-americana na Copa Davis, foi preso junto de cerca de cinquenta professores de escolas públicas, diante da embaixada da África do Sul.

Foi uma surpresa para os fãs e um incômodo para os patrocinadores. Como era de se esperar. A maioria das transformações, a maioria dos atos de justiça, é, por definição, uma ruptura. Representa desafiar as coisas como são. Representa desagradar pessoas. Representa correr riscos. Representa dizer coisas que são indelicadas, desagradáveis, até mesmo ofensivas.

Porém, quando se sabe como vive a "outra metade", quando se sabe que existe um sofrimento evitável ou uma injustiça endossada pelo Estado... bem, as gentilezas deixam de ter relevância.

Na juventude, John Lewis viu os mesmos cartazes que ainda existiam quando Arthur Ashe era criança. Cartazes com os dizeres "Brancos" e "De cor"... Cartazes que dividiam o mundo, manchados com a ameaça implícita de violência fatal. Quando Lewis perguntava aos pais e avós o significado daquilo, eles respondiam: "As coisas são assim. Não se meta nisso. Não se meta em confusão." *Não perturbe a ordem das coisas. É perigoso. Não vale a pena.*

Mas aí apareceu Rosa Parks. Com incrível coragem e disciplina, ela desafiou os cartazes, fazendo aquilo que considerava o certo. Anos mais tarde, Lewis contou como o exemplo dela o inspirou a "encontrar um caminho, me intrometer, me meter no que eu chamo de confusão boa, confusão necessária".

Pelo restante da vida, John Lewis continuou se metendo em boas confusões. Foi preso umas 45 vezes, sendo em cinco delas já como deputado. Em 2009, com quase 70 anos, foi preso pelo serviço secreto em um protesto contra o genocídio no Darfur.

Seria maravilhoso se esse tipo de ruptura não precisasse acontecer. Se seguir a lei e ficar bem-comportado fossem sinônimos de fazer a coisa certa. Mas não é assim que o mundo funciona. Com certeza não foi assim que a história se desdobrou.

A busca pela justiça raras vezes inclui respeitar o status quo. E como poderia incluir? Se a injustiça existe, então por definição é preciso rejeitar o status quo para mudá-lo. Quando Nietzsche definiu a guerra do filósofo contra as convenções como uma "guerra de facas", também estava fazendo uma descrição perfeita da realidade do ativista. É uma luta brutal, corpo a corpo e pessoal. Deixará feridos. Deixará farrapos.

Representa jogar-se na arena. Ficar na frente de tanques. Ser a origem do barulho (aquele que não se cala, que repete a verdade que as pessoas não querem ouvir).

Por quem você está fazendo isso? Pelo homem e mulher comuns. Pelas pessoas que não têm como se defender sozinhas. Por aquilo que é certo.

"Nenhuma mulher fez tantos favores aos sofredores", disse Clare Boothe Luce a respeito de Eleanor Roosevelt, "*nem perturbou tanto os favorecidos*". Pode-se dizer o mesmo de Jesus e Gandhi... e, por isso, não surpreende que também tivessem reputação de agitadores. Assim como Ashe, tinham que tomar uma decisão. Odiavam a injustiça mais do que gostavam do comedimento?

Sim, nós queremos e precisamos de aliados... mas não podemos nos deixar paralisar pela ideia de fazer inimigos. Larry Kramer (dramaturgo premiado e ativista LGBTQIAPN+ que foi incansável no trabalho de conscientização da epidemia de aids/HIV) nem sempre sabia equilibrar as coisas, e era famoso por alienar os próprios amigos.

Só que o papel dele, naquela crise, era despertar a população. Havia muita coisa em jogo, o que exigia deixar de lado algumas regras de etiqueta.

"Vocês todos vão estar mortos em cinco anos. Um por um, seus fodidos", disse Larry Kramer à comunidade gay, à queima-roupa, quando a aids começou a dizimá-la. "Que tal fazerem algo a respeito? Em vez de formarem fila para o abatedouro? Por que não sair para a rua e fazer um pouco de história, porra?"

Foi exatamente o que o grupo dele, o ACT UP, fez. Assim como as sufragistas, eles irrompiam em eventos públicos e interpelavam políticos. Jogaram no gramado da Casa Branca as cinzas de vítimas da aids. Cobriram com um preservativo gigante a casa de um senador norte-americano homofóbico. Invadiram a Bolsa de Nova York e a Catedral de São Patrício. Ocuparam a Food and Drug Administration (FDA), órgão responsável pela aprovação de novos medicamentos, durante um protesto.

Alguns anos depois, ativistas da causa das pessoas com deficiência usaram uma técnica parecida quando fizeram um impressionante "Arrastão ao Capitólio", deixando as cadeiras de rodas e muletas de lado e arrastando-se degraus acima no Congresso norte-americano para demonstrar as barreiras que eles enfrentam no dia a dia. Como os legisladores *não* iriam reagir?

Esse tipo de publicidade é uma forma convincente de comunicação, uma maneira de forçar as autoridades e a população a verem como vive a "outra metade". Gera pressão, e a pressão, por sua vez, gera reuniões e mudanças políticas. E, quando as autoridades reagem mal ou, pior, *exageram na reação* (os manifestantes da Act Up foram presos incontáveis vezes), isso só solapa a própria autoridade moral delas.

A boa confusão faz um bom trabalho pelas boas causas.

De fato, criar confusão resulta em consequências. As prisões onde foram parar os ativistas (principalmente aquelas que as sufragistas e os manifestantes pelos direitos civis conheceram) não eram lugares agradáveis. Eram infernos perigosos. E nem todos os ativistas viveram para serem redimidos e reconhecidos pelo serviço que prestaram, como Lewis e outros foram. Mas também há uma mancha em não fazer nada.

Larry Kramer viu um problema. Sabia da existência dele. Recusou-se a ficar calado. Teimou em *dizer* algo até ser ouvido. E, se mais médicos, autoridades e políticos tivessem se disposto a ouvir antes, milhares de inocentes (inclusive Arthur Ashe) ainda estariam conosco.

Precisamos de mais gente disposta a causar mais confusão.

Florence Nightingale causou muita confusão, mas onde estava o ativismo dela contra a guerra propriamente dita? Contra o colonialismo propriamente dito? James Stockdale fez uma enorme pressão sobre os captores, porém, considerando o que vivenciou no Golfo de Tonkin, que tipo de pressão ele poderia ter aplicado sobre o governo Nixon, depois de retornar aos Estados Unidos, nos últimos dois anos de guerra?

No fim, é mais provável julgarmos (e sermos julgados) pelas confusões que *não* aconteceram do que pelas que de fato aconteceram. Não vá com a manada. Não dê ao status quo mais respeito do que ele merece. Lute. Lute para ajudar. Lute para tornar as coisas melhores. O objetivo não é ser amado. O objetivo é justiça. Assim como Arthur Ashe, a lenda do basquete Bill Russell escolheu ser um pé nos calos. Jogando em um esporte quase inteiramente branco nas décadas de 1950 e 1960, ele optou por fazer perguntas. Organizar protestos. Confrontar. Nem sempre foi compreendido, nem sempre fez a diferença, mas, nas palavras dele, é "bem melhor aceitar os conflitos do mundo, o assédio, as brigas, as tensões, as ofensas, a violência" do que as ignorar. Do que ser a tartaruguinha olhando de fora. "Aqueles que reivindicam sempre foram bem-sucedidos", disse ele, "ou seguidos por homens que foram bem-sucedidos".

Qual deles você vai ser?
Que confusão vai buscar?
Que boa confusão vai criar?

VOLTE SEMPRE

Raphael Lemkin passara a primeira metade do século XX tentando fazer o mundo acordar para coisas terríveis que pessoas andavam fazendo a pessoas, primeiro na Armênia e depois na Europa.

Ninguém prestou atenção.

Por isso, ele mudou de estratégia e decidiu começar com modéstia. Parte do problema se devia a novas tecnologias, que tornaram possível a violência em uma escala difícil até mesmo de articular. "À medida que seus exércitos avançam", disse Churchill, em 1941, referindo-se a Hitler, "bairros inteiros são exterminados. Estamos diante de um crime inominável".

Churchill quase sempre escolhia as palavras certas. Neste caso, não escolheu.

Essa foi a primeira coisa que Lemkin decidiu resolver.

Talvez por ser um crime sem nome até então, davam-se desculpas, faziam negações e falsas equivalências, não agiam. Em 1943, Lemkin transformou a história ao cunhar a palavra "genocídio" para descrever a destruição sistemática e intencional de uma raça. Assim como as poderosas imagens do tráfico de escravizados divulgadas por Thomas Clarkson mudaram irremediavelmente a percepção da opinião pública, essa palavra (adicionada ao dicionário Merriam-Webster em 1950) mudou o arco moral do universo.

Ela existia. Não podia ser negada.

Depois de introduzir a palavra, ele lutou com unhas e dentes para transformá-la em lei (enfrentando inércia e uma incrível resistência). Em Nuremberg, após a Segunda Guerra Mundial, ele só faltou dormir nos corredores, defendendo uma declaração das Nações Unidas contra o genocídio. Assediava os jornalistas para pedir reportagens. Enviava cartas e dossiês de pesquisa aos políticos. Interpelava diplomatas. Escrevia intermináveis artigos e colunas de jornal. Era uma boa confusão por uma boa causa.

Levou mais de quatro anos, mas por fim, em 1948, a ONU adotou uma declaração, um tratado aprovado por unanimidade, que baniu o genocídio (aquela coisa inominável e terrível que os nazistas fizeram ao assassinar a mãe de Lemkin).

Tudo o que ele pôde fazer foi chorar, emocionado.

Apesar disso, a luta estava só começando.

Embora a ONU tenha aprovado o tratado proposto por Lemkin, os Estados Unidos passaram décadas recusando-se a ratificá-lo. Em 1967, um senador norte-americano chamado William Proxmire pegou o bastão. "A incapacidade de agir do Senado tornou-se uma vergonha nacional", afirmou ele. "Quero informar hoje que, a partir de agora, pretendo discursar diariamente nesta casa para lembrar ao Senado nossa incapacidade de agir e a necessidade de ação imediata."

No entanto, isto não foi apenas um sinal de virtude. Porque naquele exato instante ocorria um genocídio na Nigéria, contra os igbos cristãos. Dali a poucos anos, soldados paquistaneses matariam *milhões* em Bangladesh. Depois veio o genocídio contra o povo hutu, em Burundi. E um genocídio no Camboja, logo em seguida... acompanhado de mais um na sequência.

O discurso de Proxmire não obteve sucesso. Mas ele se negou a aceitar a indiferença. Em vez disso, discursou no Senado de novo, de novo e de novo, até ser ouvido, tendo discursado sobre o genocídio *três mil* vezes para os colegas senadores. Ele não aceitou o desânimo. Foi incansável, mas também pragmático, negociando incontáveis acordos para aos poucos, com firmeza, conquistar o apoio dos 67 senadores necessários para ratificar o tratado.

Em outubro de 1988, Proxmire subiu à tribuna para o último discurso que daria sobre genocídio, mais de vinte anos depois do início da campanha, e quarenta anos após Lemkin iniciá-la. Era a 3.211ª vez que fazia aquilo ao longo de duas décadas. Mas, naquele momento, era para anunciar que o tratado tinha sido ratificado e que o mundo dispunha de uma nova ferramenta na luta para proteger aqueles em necessidade de proteção mais desesperadora.

É claro que seria maravilhoso se o mundo fosse justo por natureza, se as pessoas fossem automaticamente bondosas e sempre fizessem o certo. Para nossa infelicidade, elas não são e não fazem. É uma das coisas mais decepcionantes e frustrantes da vida. Não apenas as pessoas muitas vezes não fazem o certo, como também continuam a fazer o mal e o errado até serem confrontadas, mesmo depois de esgotados todos os argumentos e procedimentos. As pessoas teimam e não cedem.

Essa foi a estratégia dos estados sulistas dos Estados Unidos, na época da segregação racial. Eles resistiram. A esperança das autoridades racistas era tornar as coisas tão difíceis, tão sofridas, tão abomináveis, que os estados do norte desistiriam, como ocorrera no período da chamada Reconstrução, após a Guerra de Secessão.

É por isso que o movimento pelos direitos civis ia muito além de simples marchas. Tratou-se de uma série de processos intermináveis nos tribunais. Casos estes que levaram anos para serem aceitos, anos para que as audiências fossem marcadas, anos para que chegassem ao veredicto certo... e que, então, muitas vezes eram ignorados pelos políticos do sul e pelos encarregados do cumprimento da lei. No caso de James Meredith, o primeiro homem negro que entrou na Universidade do Mississippi, o advogado John Doar, do Departamento de Justiça, teve que apresentar centenas de petições, comparecer diante de vários juízes, recorrer, recorrer e recorrer.

"O jeito é continuar voltando", disse Doar a respeito de sua estratégia jurídica, fosse ela para desmantelar a segregação racial ou para condenar assassinos. Não importava se as decisões fossem desfavoráveis. Não era porque um prefeito ou um governador ignorou uma decisão da Justiça que estava tudo acabado. Não importava ser cercado por uma turba, não importava se ninguém estivesse cooperando com uma investigação. Sempre dava tempo, sempre havia outra petição, outra audiência, outro recurso, algo que ainda não havia sido descoberto.

O importante é que os mocinhos não desistiam. Não se deixavam desanimar. Precisavam continuar acreditando que podiam (que *iriam*) prevalecer.*

Mesmo depois de levar *um tiro na cabeça*, James Meredith persistiu. Doar tampouco se entregou. Assim como Lemkin e Proxmire. Discurso seguido de discurso. Petição atrás de petição. Dia após dia. Seguiram em frente. Continuaram voltando até que enfim, um dia, conseguiram um avanço, por menor que fosse.

Essas pessoas cumpriram com seus papéis.

Os estoicos dizem que uma vida é construída, uma mudança é feita, ato a ato, passo a passo. "Ninguém pode impedir você", escreveu Marco Aurélio nas *Meditações*. Dentro de nós e no mundo há uma fonte de bondade, afirmou. É preciso garantir que ela continue jorrando. Ninguém pode fazer você desistir de sua causa, afinal é a única coisa que está sob seu controle. As pessoas podem rogar quantas pragas quiserem. Podem erguer incontáveis obstáculos. Podem atacar você com facas e punhos (como aconteceu com alguns, como John Doar e James Meredith). Podem soterrar você com burocracia. Podem levar você à beira da loucura de tanta lentidão.

Porém, decidir ir embora? Abandonar aquela ideia de negócio? Sair da empresa? Essa decisão sempre cabe apenas a nós.

Começar com modéstia. Fazer alianças. Cuidar dos mais fracos.

Nós precisamos agir. Precisamos agir mesmo que nosso impacto seja pequeno, mesmo que seja ignorado, talvez até mesmo

---

* É difícil não perceber, olhando para trás, quantos problemas dos Estados Unidos têm origem no fim precoce da Reconstrução. Se John Doar precisava "continuar voltando", é porque os políticos do norte desistiram em 1877.

que pareça uma missão suicida. Mesmo que pareça que não sentiremos em vida o resultado, precisamos tentar.

Além disso, se fosse tão fácil atingir nossas metas, se as mudanças ocorressem sem resistência, será mesmo que estaríamos lutando pela causa correta? Derrotas, revezes e inimigos são sinais de que miramos longe o bastante, de que estamos atrás de algo relevante, de algo que importa.

Ao enfrentá-los, temos que persistir. Um pé na frente do outro. Nós cumprimos o processo, fazemos o progresso que podemos. Criamos um embalo. Continuamos voltando.

E por fim, inevitavelmente, alguém (nós ou alguém carregando a tocha que ajudamos a acender) chegará lá.

E então?

Nós fazemos aquilo que Proxmire disse depois do discurso final. Ignoramos o desejo de comemorar. Recusamo-nos a descansar sobre os louros. Sabemos que a justiça nunca é integralmente feita.

Nós sorrimos e dizemos: "Vou procurar alguma outra coisa à minha volta."

ALGO MAIOR DO QUE NÓS...

Embora Jesus não tenha dito aos homens "Viva pelos outros", ele apontou que não existe diferença alguma entre a vida dos outros e a nossa própria.

OSCAR WILDE

Nós nascemos totalmente egoístas (nos preocupamos apenas com nossas próprias necessidades, nossa própria sobrevivência básica). No entanto, ao nascermos, recebemos o modelo do desprendimento perfeito: o amor incondicional de nossos pais. Como dizem, todos estamos aqui porque alguém tomou conta de nós quando éramos pequenos e indefesos.

Nosso trabalho, na vida, é parar de depender dos outros para ter os outros dependendo de nós, de sermos cuidados para sermos os cuidadores (mas não apenas de nossos próprios filhos, caso tenhamos decidido tê-los, como também dos outros, de ideias, de causas, da *justiça* propriamente dita).

Um estoico chamado Hiérocles ficou famoso por ter ilustrado isso como uma série de círculos concêntricos. Cada pessoa, segundo ele, nasceu no centro de um desses círculos, preocupada, de início, consigo mesma. Com o passar do tempo, no entanto, nós expandimos esses círculos de preocupação ou compaixão às pessoas amadas, às pessoas à nossa volta, para as pessoas *como nós*. Porém, fora desses círculos internos, existe um mundo mais amplo, composto de nossos pares humanos espalhados pelo mundo, pelo meio ambiente, pelos animais e até por futuras gerações que jamais conheceremos. A missão da filosofia, segundo ele, de *justiça*, seria o processo de aproximar esses anéis externos, cuidando dos outros tanto quanto cuidamos de nós mesmos.

Quanto mais esses círculos se expandem, maior nosso coração se torna, melhor o mundo fica.

Temos que compreender que somos todos parte de uma grande família, em que a natureza de cada um se relaciona com as dos outros.

"O mais completo tipo de loucura", escreveu Hiérocles, "é desejar a companhia daqueles que não guardam afeição por nós por natureza e, de caso pensado, ao máximo grau possível, conferir-lhes um vínculo familiar".

Mas é um belo tipo de loucura, não?

O que há de mais belo naqueles que trabalham incansavelmente por um futuro melhor, que sofrem e lutam pelos direitos dos outros, que se importam em saber como a "outra metade" vive, que encontram um jeito de amar seus inimigos, que encontram um jeito de fazer o bem em um mundo mau... cada golpe contra a crueldade e cada passo rumo à dignidade tornam o lance seguinte mais plausível.

Temos que nos preocupar com aqueles que não podem se preocupar conosco (com aqueles que não se preocupam conosco).

Essa é nossa responsabilidade.

Esse é nosso grande chamado.

A missão da nossa vida.

PARTE 3
O TODO (É UM SÓ)

O que quase fez com que a vida valesse a pena para mim [...] foram todos os santos que encontrei, que poderiam estar em qualquer lugar. O que chamo de "santos" são as pessoas que se comportaram com decência em uma sociedade espantosamente indecente.

Kurt Vonnegut

Existe algo mais elevado do que ser uma pessoa de retidão moral, algo mais elevado do que ser carinhoso e compassivo... quando a bondade se torna uma forma de *grandeza*. Cada cultura, cada tradição, tem sua própria versão de santidade. São aquelas pessoas que vão além de responder ao chamado à coragem e à justiça: fazem-no com desprendimento, graça e elegância quase sobre-humanos. Nessas pessoas, isso se torna algo santo, sagrado. Mais do que simplesmente incorporar o aspecto comunal da virtude, elas adotam uma conexão ampliada e radical com tudo e todos que já existiram, expandindo o conceito de "nós" de modo a incluir a todos, inclusive as gerações ainda vindouras. Elas se importam não apenas com pessoas e princípios, mas também com todas as coisas e na mesma medida. Não apenas fazem o certo, mas o fazem mesmo pagando um preço; mesmo, em alguns casos, *perdendo tudo*. São pessoas sobre-humanas? Não, o compromisso que assumiram com a justiça as transformou e as elevou, assim como pode nos transformar... se então decidirmos. Se nos dedicarmos.

AMAR O MUNDO DE TAL MANEIRA...

Para um pacifista, é impressionante quanto tempo de vida Gandhi passou em guerra. Na verdade, quase todo o tempo dela foi enfrentando rivais implacáveis, um atrás do outro (muitos deles violentos e cruéis). Em cada uma dessas batalhas, Gandhi parecia em desvantagem quase insuperável, encarando as forças mais poderosas do mundo, como o Império Britânico ou a frieza de um coração humano.

Porém, em todas as vezes, ele saiu vitorioso (não apenas triunfando, mas também conquistando os inimigos). Triunfando sem ocupar qualquer cargo oficial, sem comandar um exército, sem fortuna ou renda pessoal. Ele dispensava as tecnologias mais básicas, optando em vez disso, assim como os guerreiros dos tempos mais remotos, por lutar vestido apenas com sandálias e uma tanga.

Albert Einstein, que era capaz de entender os conceitos mais complexos e incompreensíveis, poderia apenas maravilhar-se diante de uma ideia do tipo. Aquele único homem era capaz de enfrentar "a brutalidade da Europa com a dignidade do simples ser humano" e, apesar de todos os obstáculos, sacrifícios e tentações, terminar sempre por cima. "As gerações por vir", afirmou, "mal conseguirão crer que alguém assim, de carne e osso, caminhou sobre esta terra".

Mas caminhou. E como caminhou.

Mohandas Karamchand Gandhi nasceu em 1869, em uma família influente de Porbandar, na Índia. O destino dele poderia ter sido uma vida de privilégio e comodismo na política provinciana.

No entanto, surgiu dentro dele, assim como aconteceu com Buda, um chamado para ir além. Algum deus o chamou, algum Krishna aconselhou aquele Arjuna a trocar a vida comum pela jornada do herói, por algo mais elevado, maior que ele próprio.

Para concretizar esse destino e responder a esse chamado, porém, Gandhi primeiro teria que conquistar a si mesmo. Um episódio da juventude recordado por ele foi quando um professor de inglês notou, em uma prova, um erro de ortografia de Gandhi. Desejoso de manter a média perfeita da turma (e promover a própria carreira), o professor gesticulou para que Gandhi colasse do colega ao lado. Ofertou-se a tentação. Resistiu-se à tentação. E ele preferiu receber uma nota ruim a trapacear e ganhar. A recompensa? O professor, antes tão profundamente admirado pelo estudante, saiu da sala resmungando sobre a "estupidez" do pupilo.

Gandhi não nasceu santo (ninguém nasce). Aos 15 anos, roubou dinheiro do irmão mais velho. Quanto? Por que razão? Não se sabe ao certo. Porém, com o passar dos dias, ele foi se sentindo cada vez mais torturado pela culpa. Para confessar, escreveu uma carta para o pai, expondo o crime e implorando por castigo. O pai, à época morrendo por causa de uma fístula, ergueu-se do leito e leu a carta do filho. Sem dizer uma palavra, rasgou o papel antes de desabar de novo. O filho debulhou-se em lágrimas, agraciado com o perdão paterno.

Aquele seria um dos últimos encontros dos dois. Tempos depois, com a saúde do pai muito debilitada, Gandhi, já então um jovem recém-casado, pediu a um tio que tomasse conta do pai em seu lugar. Em seguida, foi para o quarto fazer amor com a esposa. Bem nessa hora, ouviu uma terrível batida à porta: o pai tinha morrido.

Ele havia perdido a chance de se despedir do pai (por que motivo, por um prazer efêmero?), o que o assombrou pelo resto da vida. Incapaz de ter por si mesmo a misericórdia que o pai quase com certeza teria tido, anos mais tarde Gandhi lamentaria que a "vergonha pelo meu desejo carnal no momento crucial da morte do meu pai [...] é uma nódoa que eu nunca fui capaz de apagar ou esquecer". Em vários sentidos, foi uma perda que mudou o rumo da vida de Gandhi. Por um lado, deixou-o marcado por cicatrizes; por outro, libertou-o. Assim, sem muitos motivos para permanecer na Índia e ansioso pela busca de novas oportunidades, o jovem, decidiu a família, seria mandado a Londres para cursar direito. A mãe só impôs uma condição. Ele teria que jurar que, no exterior, não tocaria em vinho, carne ou em mulheres.

Gandhi deu a palavra à mãe, e não a descumpriu, praticamente pelo resto de sua vida monástica.

Londres foi, a propósito, a gênese do despertar espiritual de Gandhi. Na verdade, foi lá, a pouco mais de oito mil quilômetros da Índia, que Gandhi leu pela primeira vez o Bhagavad Gita, um dos textos mais sagrados do hinduísmo. Trata-se da história da vida do guerreiro, na qual Krishna conduz Arjuna pela trajetória do guerreiro. Gandhi tinha 20 anos quando a leu pela primeira de muitas vezes. Todas as decisões que tomou, diriam posteriormente os amigos íntimos, eram tentativas conscientes de viver segundo a mensagem do Gita. Mais tarde, um encontro casual com um vendedor de Bíblias convenceu Gandhi a se dedicar um pouco ao texto religioso mais importante do Ocidente. Embora tenha se entediado com grande parte do Velho Testamento, ele ficou maravilhado com o Sermão da Montanha, que dizia ter "chegado direto ao coração" dele, com a mensagem a respeito de dar a outra face. Como todos sabemos, ele nunca se converteu ao cristianismo, mas lutou para ser uma encarnação do tal sermão.

Quando era um estudante sem recursos, sobrevivendo com 1 xelim por dia, Gandhi aprendeu na marra o que significava cortar as necessidades diárias ao mais próximo de zero possível. Nessa época, também constatou que isso não o incomodava (até apreciava o estilo de vida simples pelo qual se tornaria famoso).

Na Inglaterra, cursou aulas de oratória. Na escola, as notas eram decentes. Ele entrou para um clube de vegetarianos. Fez amizade com ingleses. Encontrou pessoas de diferentes religiões. Conheceu feministas e filósofos. Foi apresentado a médicos, socialistas e acadêmicos de Oxford. Em uma dessas ocasiões, Gandhi ensinou o Gita a dois ingleses, que, em troca, lhe ensinaram teosofia, uma mistura diferente e eclética de diversas tradições religiosas.

Em todas as muitas gerações da família de Gandhi, ninguém jamais tinha saído da Índia (poucos tinham deixado a terra natal). Ainda menos deles tinham relações sociais fora da própria cultura ou casta. Na Inglaterra, todos os dias Gandhi estava exposto a novas pessoas, ideias e culturas. Como disse certa vez um de seus adversários britânicos, se Gandhi tivesse "apenas ideias orientais, teria se contentado em aplicá-las à existência pessoal, em uma vida de reclusão e meditação. Foram os ensinamentos ocidentais que o tornaram um reformista social atuante". Na verdade, a fome de Gandhi pela verdade moral transcendia essa definição geográfica reducionista. Ele se tornou um reformista social porque veio a acreditar, com todo o seu ser, nas ideias universais de paz, igualdade e justiça... *Porém, a maior delas é o amor.*

Dois encontros o surpreenderam, transformando aquele minúsculo e relutante estudante de direito no paladino que viria a mudar o planeta. O primeiro aconteceu na Índia, logo após a faculdade de direito, quando o irmão de Gandhi se meteu em uma confusão com uma autoridade colonial britânica. Na esperança de consertar as coisas, Gandhi foi ao encontro da autoridade. Em Londres, ele tinha sido tratado de igual para igual. Naquele momento, de volta à terra natal, ele era um advogado formado, membro de uma importante família local, pleno detentor de seus direitos e seguindo os protocolos oficiais. E de que lhe valeu isso tudo?

O colonizador fisicamente subjugou-o.

Pouco tempo depois, cuidando de um processo na África do Sul, Gandhi precisou viajar de trem para Pretória. Mesmo tendo embarcado com uma passagem de primeira classe, pediram-lhe que se sentasse na terceira, por conta de sua raça. Quando ele se recusou, foi retirado do trem com a bagagem e teve que passar uma longa noite no frio, à margem dos trilhos. Já no dia seguinte, viajando de carruagem, foi impedido de sentar-se do lado de dentro com os passageiros brancos, e ainda foi agredido pelo condutor.

Para que tanta crueldade? A quem aquilo servia? Tempos depois, quando lhe pediram para descrever "a experiência mais criadora de sua vida", Gandhi citou esse momento: a humilhação e a desumanização da injustiça legalizada. "A provação a que fui submetido foi superficial", explicou, "só um sintoma da enfermidade profunda do preconceito de cor". Assim como ocorreu com Thomas Clarkson na encruzilhada, Gandhi se dera conta, na estação de trem, de que o mal não podia ser ignorado, e que ele tinha a mesma condição que qualquer outra pessoa para tentar "extirpar a doença e sofrer provações nesse processo".

Pouco depois, surgiu a notícia na África do Sul de uma lei que despojaria indianos do direito ao voto, a primeira de muitas políticas discriminatórias planejadas visando aos trabalhadores que os britânicos haviam importado para ajudar a construir suas colônias, mas que no momento eram temidos como classe social e econômica. Gandhi tinha ido até Natal para trabalhar em alguns casos, sempre na expectativa de retornar para casa, em Porbandar, logo em seguida. A injustiça do acontecimento pelo qual passara, que a essa altura as autoridades tentavam codificar na lei, o tinha abalado. Ele esperava ficar um mês a mais. No entanto, a guerra se estenderia ao longo das duas décadas seguintes.

Na fase inicial de seu ativismo, Gandhi começou com pequenas ações. Advogou para trabalhadores indigentes. Advogou para um muçulmano que se recusava, por motivos religiosos, a ser forçado a retirar o turbante na sala do tribunal. Publicou alguns manifestos pedindo direitos iguais para os indianos. Fundou um pequeno jornal. Mandou cartas a políticos britânicos na Inglaterra. Fundou o Congresso Indiano de Natal, sua primeira organização política. Cultivou amigos e aliados, entre eles Henry Polak e Hermann Kallenbach, judeus que se tornaram assessores e conselheiros de Gandhi pelo restante da vida. Visitou favelas e compreendeu pela primeira vez como vivia a "outra metade", as humilhações e injustiças não apenas vivenciadas diariamente pela população de sua comunidade, mas infligidas por essa comunidade a alguns de seus próprios integrantes, os chamados "intocáveis".

Durante todo esse período, ele ganhou a vida razoavelmente bem com um árduo trabalho de advogado (um tão bom que pôde ir buscar a família e levá-la para morar consigo na África do Sul). Foi na viagem de volta, inclusive, que ele vivenciou um terceiro e esclarecedor atrito com o ódio racial, este bem mais perigoso que os anteriores. Já chegando à costa da África, junto de centenas de outros indianos, surgiu no navio um boato maldoso de que ele e os demais passageiros faziam parte de uma invasão de imigrantes ilegais, um comboio de recém-chegados enfermos e parasíticos que vinham para subjugar e substituir a classe dominante de então. Era como a teoria da "grande substituição". Tratava-se de desinformação viral. Como as leis segregacionistas norte-americanas e a Ku Klux Klan. Uma velha canção que, pelo visto, sempre será cantada.

"A intenção dessas criaturas levianas e frágeis é se tornarem proprietárias da única coisa que os dirigentes deste país lhes negaram... a cidadania", discursou alguém para a turba furiosa que se reunira na costa. "A intenção delas é entrar para o parlamento e legislar pelos europeus; assumir a gestão dos lares e colocar os europeus na cozinha."

Gandhi foi avisado de que seria mais seguro desembarcar acobertado pela noite. No entanto, por não enxergar na não violência nada que o obrigasse a agir como um covarde, ele se recusou. Uma multidão o recebeu, e ele recebeu a multidão, perdurando socos e chicotadas e passando bem perto de ser linchado. A massa cantava que iria pendurá-lo "em uma macieira".

"Era para Gandhi ter *odiado* todo e qualquer rosto branco até o fim da vida", comentou Edward Thompson, acadêmico de Oxford e amigo de Gandhi. O incidente no cais só endureceu Gandhi em um sentido: a multidão ele perdoou, mas a causa ele defenderia até o fim. E o faria tornando seus seguidores melhores, em vez de apelando para o que tinham de pior.

Como Gandhi ficou muito conhecido pelas campanhas na Índia, seu trabalho na África do Sul é praticamente esquecido. Porém, foi durante seu período em terras sul-africanas, defendendo os direitos dos imigrantes hindus e muçulmanos contra as primeiras manifestações do ódio racial que viriam a matar milhões ao longo do século seguinte, que ele construiu não apenas sua reputação, mas também conquistou um grande avanço nos assuntos humanos.

No início da década de 1900, Gandhi foi várias vezes a Londres, pressionar o serviço colonial por um tratamento melhor a seu povo (reivindicando seus direitos como cidadãos britânicos). Foi lá, inclusive, que conheceu o trabalho das sufragistas, cujo movimento começava a ganhar impulso. Gandhi compareceu a um dos comícios e conversou com ninguém menos que a própria Emmeline Pankhurst.

"Hoje o país inteiro ri delas", escreveu após retornar à África do Sul, "e poucas pessoas estão ao lado delas. Porém, irredutíveis, essas mulheres lutam com pulso firme pela causa que defendem. Estão destinadas a triunfar e obter a cidadania, pela simples razão de que os atos valem mais que as palavras".

Em 11 de janeiro de 1908, mais uma vez na África do Sul, desobedecendo a uma lei que exigia de todo "asiático" do sexo masculino registrar as impressões digitais, passar por exames físicos e portar um certificado de registro, Gandhi foi parar no mesmo tribunal onde tantas vezes tentara impedir que seus clientes fossem presos. A essa altura, ele clamava ao juiz que o condenasse à pena máxima permitida pela lei. Em poucos dias, centenas de apoiadores se juntariam a Gandhi.

Os indianos eram discriminados porque acreditava-se se tratar de um povo inferior, um grupo politicamente impotente e irremediavelmente dividido (hindus, muçulmanos, ricos, pobres, livres, servis). E lá estavam eles, uma onda humana coordenada (primeiro homens, depois mulheres), um atrás do outro, em um desafio silencioso e irresistível.

Gandhi ordenou que "enchessem as cadeias"... e foi isso o que fizeram.

"Gandhi", explicou um de seus aliados políticos mais próximos, "possui o maravilhoso poder espiritual de transformar homens comuns à sua volta em heróis e mártires".

"Quando criei a *satyagraha*", explicou Gandhi, "não tinha nenhuma companhia. Éramos treze mil homens, mulheres e crianças contra um país inteiro, capaz de esmagar nossa existência. Eu não sabia quem me daria ouvidos. Tudo surgiu como em um lampejo. Nenhum dos treze mil revidou. Muitos caíram. Mas a honra da nação foi salva. A *satyagraha* sul-africana escreveu uma nova história".

Essa palavra (*satyagraha*) é a mais importante nessa nova história, e talvez uma das mais importantes da história da raça humana.* Na época, "resistência passiva" era um termo que gozava de certa popularidade, lançado pelas sufragistas. Gandhi, no entanto, considerava-o terrivelmente insuficiente. Porque o que ele estava fazendo não era passivo, era *ativo*. Afinal, buscava o conflito, não o violento, mas o conflito entre a justiça e a injustiça, dando à primeira uma oportunidade de provar sua superioridade sob todos os aspectos, e expondo à força a injustiça, com todas as suas contradições e crueldades.

Era nesse momento crucial que as "vítimas" podiam, com paciência e coragem, demonstrar humanidade, dignidade e

---

* Um primo de Gandhi propôs *sadagraha*, palavra que significa "firmeza por uma boa causa". Gandhi, então, a alterou para *satyagraha*: firmeza na verdade, ou força do amor.

bondade diante de um opressor ou de um público indiferente que achava que elas não tinham nenhuma dessas coisas. A *satyagraha* iria sempre vencer ou conquistar seus objetivos políticos? Nem sempre, Gandhi era o primeiro a reconhecer, mas ela era infalível como forma de comprovar a própria bondade. Para quem a praticasse, seria um meio de atingir um plano espiritual mais elevado.

"O maior auxílio ao desenvolvimento de um caráter forte, puro e belo, que é nosso objetivo, é a resistência no sofrimento", afirmou Gandhi em um discurso de 1909. "O comedimento, a abnegação, a paciência e a gentileza são flores que nascem sob os pés de quem aceita, mas se nega a impor o sofrimento, e as prisões sinistras de Joanesburgo, Pretória, Heidelberg e Volkrust são como os quatro portais para o jardim divino."

Durante o primeiro período na prisão, Gandhi leu *Desobediência civil*. Leitor do Gita e de outros textos hindus, Thoreau passou um tempo na cadeia por protestar contra a expansão da escravidão. Na África do Sul, Gandhi também se apaixonou pela obra de Tolstói (não pelos romances, mas pelos textos cristãos que pregavam a não violência e a compaixão, e que o reino de Deus estava dentro de cada indivíduo).

Tolstói e Thoreau. Emmeline Pankhurst. O *Sermão da Montanha*. O *Bhagavad Gita*. O *Corão*. Tudo se juntava. Pierre Teilhard de Chardin, filósofo francês que, como Gandhi, serviu com coragem na guerra, como padioleiro, explicava que aqueles que permanecem fiéis a si próprios, que caminham rumo à lucidez e ao amor, acabam se reunindo em um cume "com todos os que, vindos das várias direções, fizeram a mesma ascensão. Pois tudo aquilo que sobe tem que convergir".

A ideia e o caminho sempre existiram em Gandhi, mas esses elementos convergiram em um momento específico que mudou tudo.

Antes de Gandhi, qual era a solução para todos os que discordavam de um governo? A violência. De que forma alguém poderia revidar contra a tirania? Com violência. E como os governos reagiam a essas ameaças? Com violência. Ambos os lados mutuamente provavam sua desumanidade. Tratava-se de um círculo inescapável de brutalidade, desespero e aflição cada vez maior, que mostrava o pior lado de todos e que, inevitavelmente, como diria Gandhi em uma famosa frase, cegava o mundo inteiro.*

Gandhi tinha visto a guerra de perto, cuidando dos feridos na Guerra dos Bôeres. Tinha visto como os seres humanos perpetravam horrores uns aos outros. Então, como prova de sua crença de que podia ser diferente, ele se colocou na linha de frente. "Gandhi resistia ao mal com a mesma força e vigor de um resistente pela violência", diria Martin Luther King Jr., "mas, em vez de ódio, resistia com amor. O verdadeiro pacifismo não é a submissão irreal ao poder malévolo. É, isto sim, um enfrentamento corajoso do mal com o poder do amor".

Os dois homens usaram de modo brilhante (poderíamos até dizer poético) a religião de seus opressores contra eles mesmos, pegando ideais que lhes tinham sido propagados pelos próprios opressores e os transformando tanto em um escudo quanto em uma espada. Igualmente brilhante foi a forma como eles, sobretudo Gandhi na juventude, combinaram um idealismo santo com um pragmatismo pagão. Quando advogava na África do Sul, Gandhi lutou pelo direito de um muçulmano usar turbante dentro dos tribunais. No entanto, este Gandhi era o mesmo que, para ser aceito pela ordem, dispôs-se a tirar o acessório de cabeça de sua fé, poupando suas energias, como ele mesmo disse, "para combates maiores".

Quase imediatamente após a primeira prisão, Gandhi aceitou um acordo com os poderes políticos sul-africanos. Em troca da promessa de supressão das obrigações legais mais incômodas para a comunidade indiana, Gandhi concordou em submeter-se volun-

---

* Compare o legado de Gandhi com as revoluções subsequentes às "inovações" de Marx e Lênin... por conta das quais, em uma estimativa conservadora, mais de cem milhões de pessoas morreram.

tariamente à mesma burocracia de documentação a que resistia. Ele era contra a inferioridade legalizada (porque, a partir do momento em que era aceita, e passava a constar do registro jurídico, onde iria parar?). Alguns de seus apoiadores ficaram decepcionados, mas ele argumentou que era o melhor acordo possível. Na verdade, foi o que ele sempre buscou ao longo da carreira; compromissos que melhorassem as coisas, mesmo que muito pouco. Gandhi era um idealista, um purista... mas também um incrementalista. O pragmatismo dele sempre foi virtuoso, mas nunca deixou de ser um pragmatismo. Acima de tudo, era um meio eficaz de fazer as coisas acontecerem. "Dentro desse santo, ou quase santo", escreveu George Orwell a respeito de Gandhi, "havia alguém muito astuto e habilidoso".

Este era um homem que poderia ter feito qualquer coisa. Sua carreira de advogado na África do Sul prosperou, o que lhe valeu uma renda colossal e uma casa na praia. Mas Gandhi abriu mão de tudo, optando por viver em comunidade em um *ashram*, dedicando cada vez mais horas à causa que defendia, até não ter mais tempo para exercer a advocacia. Mesmo tendo lutado para que os indianos pudessem viajar como bem entendessem, ele próprio optava por sempre viajar de terceira classe, para vivenciar o mesmo sofrimento não apenas dos indianos, mas de todos os pobres da África do Sul. Ele se absteve de sexo. Em nome da causa, seus interesses pessoais deram lugar a uma espécie de abnegação, a ponto de recusar joias que seus apoiadores lhe ofereceram, ignorando até mesmo as súplicas da esposa, preocupada com o futuro dos filhos. Não, Gandhi insistiu que fossem doadas ao Congresso Indiano de Natal, para que criassem um fundo de emergência.

Assim como Truman, Gandhi contava com uma incrível capacidade de evoluir. Só no final de seu período sul-africano, em meio à luta contra a injustiça das autoridades coloniais, é que lhe ocorreu que também ele era um colonizador. Pois costumava referir-se aos africanos nativos com termos racistas, chamando-os de "selvagens" ou coisa pior. No começo, ele não parecia muito preocupado com os direitos deles. Na verdade, incomodava-o que os britânicos equiparassem os indianos aos nativos. Foi o período como padioleiro que lhe abriu os olhos. "Nunca hei de esquecer", diria anos mais tarde, "as costas dilaceradas dos zulus que levavam chicotadas e eram levados para nossa enfermaria porque nenhuma enfermeira branca estava preparada para cuidar deles". A hipocrisia dos cristãos que haviam infligido esses castigos causava-lhe asco (mas também o levou a questionar as próprias hipocrisias). Ele compreendeu que nem a educação nem o patrimônio tornam alguém superior, *mas sim o modo como a pessoa trata os mais vulneráveis*. Foi então que, por meio da análise dos próprios defeitos, nasceu o Gandhi que surgiria na Índia, algoz das castas e da intocabilidade.

Mais de meio século antes de Martin Luther King Jr. falar de seu sonho em Washington, Gandhi referiu-se à mesma ideia, mas *como uma obrigação*. "Se olharmos para o futuro", disse a uma plateia em Joanesburgo, em 1908, "não é nosso dever deixar para a posteridade a herança de todas as diferentes raças misturando-se e produzindo uma civilização que talvez o mundo jamais tenha visto?". É por essa causa que ele lutava em Natal, o tempo todo desafiando a lei e transformando-se, nesse processo, não apenas em uma figura cada vez mais mundial, mas em um organizador político sagaz.

Em 1914, a obra de Gandhi na África do Sul havia terminado. Ele obteve do governo sul-africano um compromisso que considerou aceitável, de respeito aos direitos das minorias. "O santo zarpou do nosso litoral", diria, com alívio, o general Jan Smuts, seu rival de longa data. "De verdade, espero que para sempre."

Gandhi tinha 44 anos. Poderia ter pensado em se aposentar ou em retomar a advocacia, descansando satisfeito com sua contribuição para a vida pública. Em vez disso, pegou um navio de volta para a Índia, onde os combates seguintes o aguardavam. "Hei de continuar, é claro, a lutar por vocês", disse aos indianos que deixou para trás. "Seus contratos de servidão os prendem a um patrão durante cinco anos, mas meu contrato de servidão me prende a trezentos milhões [a população da Índia] pelo restante da vida. Persistirei nesse serviço, e vocês nunca sairão do meu coração." Ao todo, Gandhi passou 250 dias preso na África do Sul. Não era um prelúdio do que estava por vir, mas uma espécie de adiantamento.

Na juventude, Gandhi foi para a Inglaterra, de onde voltou bacharel em direito. Depois foi para a África do Sul exercer a advocacia e voltou como ativista. Mohandas retornou à Índia como *o Mahatma* (o de "grande alma").

Na Índia, passou o primeiro ano de ouvidos abertos e boca fechada. Na época, era um país de extrema pobreza e sofrimento. A cada ano, centenas de milhares de pessoas morriam de tuberculose. Milhões estavam infectados pela malária. A fome era comum. Os recursos da Índia eram pilhados pelos britânicos, que exerciam o poder colonial (algumas centenas de milhares governando centenas de milhões de indianos) fomentando divisões entre os próprios indianos, os explorando e abusando. Gandhi sabia que conduziria a Índia a seu destino, libertando-a da injustiça que reinou durante quase duzentos anos. Mas como? Quando? Ele estava à espera de um sinal.

Nesse meio-tempo, a revolução começou (como de costume) pela mudança de si.

Toda libertação do jugo britânico, segundo ele, "seria um termo desprovido de sentido se nossa intenção for manter um quinto da Índia submissa para sempre", referindo-se aos intocáveis (uma forma de opressão de casta antiga e humilhante, que condenava milhões de hindus a um status quase sub-humano, impedindo-os de entrar nos templos e sujeitando-os à violência esporádica).*

---

* Com o tempo, Gandhi passou a chamar os intocáveis de *harijans* (filhos de deus). Dizia: "Não que a mudança de nome mude de alguma forma o status, mas pelo menos evita-se o uso de um termo que, por si só, é condenável."

Em 1915, ele surpreendeu o próprio movimento incipiente ao convidar um intocável para morar consigo e sua família no *ashram*, e mais tarde ao adotar uma intocável como sua filha. Quando um mecenas reagiu suspendendo suas contribuições, Gandhi deu de ombros e respondeu que, se preciso fosse, moraria em uma favela com os intocáveis (cuja coragem veio a conhecer e admirar na África do Sul). "Minha consciência me diz que a intocabilidade não pode ser parte do hinduísmo", disse ele. "Não considero um sacrifício dedicar minha vida inteira a remover a espessa camada de pecado com que a sociedade hindu se recobre há tanto tempo, ao considerar com estupidez essas pessoas como intocáveis. Só lamento não poder me dedicar inteiramente a essa tarefa."

O motivo para não poder se dedicar foi um telefonema dos operários dos moinhos de Ahmedabad.

Mais uma vez, não se tratava de um combate contra os britânicos. Em vez disso, os operários reivindicavam apenas que seus patrões, a maioria indianos, pagassem salários melhores. Instintivamente, Gandhi aderiu à parte mais fraca, embora o dono de um dos moinhos tivesse ajudado a custear seu *ashram* depois do boicote pelo apoio aos intocáveis. Na terceira semana de greve, os operários desanimaram. Quando Gandhi tentou incentivá-los, o que ouviu foi: "O que isso representa para Gandhi? Você chega no seu carro e vai embora... come pratos sofisticados, enquanto agonizamos até a morte; fazer comícios não mata a fome."

Em resposta, Gandhi anunciou em 15 de março de 1918 que iniciaria uma greve de fome em solidariedade aos operários. Ele já tinha jejuado antes, na busca pela purificação espiritual, e o fizera para resolver desavenças no *ashram*, mas não tinha se dado conta do poder político do ato. Na verdade, era mais como um gesto de incentivo aos operários, uma demonstração de lealdade. Por acidente, porém, ele acabou colocando uma pressão enorme sobre os donos dos moinhos. Três dias depois, as duas partes concordaram com uma arbitragem (o que acabou valendo aos trabalhadores um aumento de 35%).

A *satyagraha* passava a dispor de outra arma incrivelmente poderosa.

Pouco depois, Gandhi começou a lutar por aquilo que batizou de *hartal*, uma greve geral contra a ocupação britânica da Índia. A ideia da não cooperação tornou-se crucial na visão dele de uma Índia livre. Como era possível continuar a colaborar com os opressores? Como poderiam considerar-se dignos de liberdade, se eram tão dependentes? Se viajavam nos trens, pagavam os impostos, bebiam o álcool, cobiçavam os produtos, imitavam as modas e frequentavam as escolas do opressor? O preço não era a liberdade, mas aquilo que ele chamava de *swaraj*, ou autonomia. Para adquirir a independência jurídica, primeiro era preciso adquirir a independência *de fato* (libertando-se mental, espiritual e eticamente).

A independência, portanto, não era apenas um fim, mas um *meio*.

Nada resumiu isso melhor do que a famosa Marcha do Sal de Gandhi, uma caminhada de 24 dias atravessando a Índia para protestar contra o monopólio do sal dos britânicos. O mundo acompanhou com grande expectativa o desafio daquele homem pequenino a um império, conclamando com uma pitada de sal o povo a segui-lo, a encher mais uma vez as cadeias. Mais de sessenta mil pessoas foram presas na esteira da caminhada (homens e mulheres espancados sem piedade, crânios fraturados pela coronha dos fuzis, dedos esmagados pela sola das botas, porque um povo reivindicava o direito fundamental ao uso dos recursos naturais da própria terra). Em um único enfrentamento, caiu por terra toda a farsa da autoridade britânica. Só restava a força... força essa que diminuía dia após dia diante dos protestos incansáveis.

A Índia estava livre. Assim como Frederick Douglass resolvera um dia não se deixar mais chicotear (e preferir morrer a deixar que um capataz tocasse nele), ainda levaria anos para resolver as miudezas jurídicas da independência, mas a essa altura quem mandava eram eles.

Com uma palavra, Gandhi poderia ter ateado fogo ao país. Poderia ter causado rebeliões. Sabotagens. Assassinatos. Uma guerra civil declarada. A Índia estava a seus pés, à espera de sua ordem. Este homem era tão amado pelas pessoas que, ao caminhar, seus admiradores literalmente se esfregavam nele, obrigando-o a tomar um banho de vaselina toda noite só para poder continuar em campanha.

Ele dispunha de armas que poderiam ter acelerado a pressão. Porém, nunca as utilizou. Durante mais de trinta anos, Gandhi manteve-se rigorosamente não violento, até mesmo quando os britânicos cometeram brutalidades e massacres contra seus apoiadores. Ele sabia que reagir só levaria a uma escalada do conflito; que isso levaria a uma transformação irremediável dele e do caráter do país. Por isso, suportou com paciência e tristeza a luta e o sofrimento.

Na visão dele, a vitória era inevitável. O que mais importava, a cada instante, era fazer o certo.

Discursando para multidões enormes, Gandhi mostrava os cinco dedos da mão, um por um. "Este é pela igualdade para os intocáveis", dizia. O segundo dedo era pela igualdade para as mulheres. O terceiro, pela cooperação entre hindus e muçulmanos. O quarto, pela abstinência (de vinho, ópio e outros vícios). O quinto representava a roda de fiar (símbolo da autossuficiência econômica). Esses cinco dedos estavam ligados ao corpo pelo pulso, que, segundo ele, significava a não violência.

"Independentemente do que vocês façam", dizia Gandhi aos britânicos, "não importa o quanto nos reprimam, um dia lhes arrancaremos um arrependimento a contragosto; e pedimos que pensem desde já, e tomem cuidado com o que fazem, e cuidem de não fazer dos trezentos milhões de indianos seus inimigos eternos".

Eles deram ouvidos? Claro que não.

Gandhi foi preso várias e várias vezes. O povo foi espancado e pisoteado várias e várias vezes.

De nada adiantou. Não havia como.

O poder das metralhadoras se cala diante de um povo que não teme a morte. O poder do dinheiro de nada vale diante de um povo que só valoriza o que é gratuito e lhe pertence por natureza.

"Tome cuidado ao tratar com um homem que não se importa com os prazeres sensuais, que não busca conforto, louvores ou promoção, mas que está apenas determinado a fazer aquilo que acredita ser o certo", alertou um intelectual britânico a respeito de Gandhi. "Ele é um inimigo perigoso e incômodo, porque seu corpo, por mais conquistável que seja, pouco entrega de sua alma."

Já naquela época, e desde então, os métodos de Gandhi eram questionados, diante da barbárie do século XX. Como uma greve de fome pode parar um tanque? Qual a esperança da *satyagraha* quando o inimigo envia prisioneiros para câmaras de gás? Embora sua compreensão daquilo que o ser humano era capaz de infligir ao próximo fosse limitada, por ignorância da tecnologia moderna, Gandhi não era leviano ao dizer que a não violência era a resposta para tudo.

Em um artigo famoso, intitulado "Se eu fosse um tcheco", Gandhi argumentou que a resistência civil em massa contra a tirania e o genocídio poderia dar certo. Não apenas por destruir a autoridade do tirano, mas também por gerar uma boa vontade internacional. Hitler era um assassino brutal, disposto a matar o maior número possível de judeus. Gandhi acreditava que, se essa violência fosse amplamente divulgada, como os indianos tinham feito em relação aos britânicos, a supremacia hitlerista teria durado menos e a ajuda internacional teria chegado com mais rapidez. Quanto à não violência, ele disse durante a guerra: "Somente nessas situações ela é testada. Não é necessário que quem passa por ela veja o resultado em vida. Eles precisam crer na certeza do resultado caso o culto a ela sobreviva. O método violento não é uma garantia maior que o não violento."

Neste ponto, é de todo aceitável discordar de Gandhi. Ele mesmo sabia identificar uma questão moral, sabia reconhecer uma tragédia. "Mesmo tendo abdicado completamente da violência", escreveu Orwell a respeito do homem, "ele tinha a honestidade de perceber que na guerra, em geral, é preciso escolher um lado".

O que é inegável é que, na Índia, a não violência deu certo e transformou Gandhi. Tendo abandonado as necessidades e desejos, tendo derrotado o medo da morte, tendo se doado completamente a uma causa generosa, ele atingira o perfeito destemor.

"Obrigado", disse, sorridente, ao encontrar-se com o vice-rei britânico, o homem que tantas vezes o pusera na cadeia, o homem com poder para executá-lo. Em seguida, ele enfiou a mão na dobra do manto de linho e tirou os frutos de sua marcha ilegal. "Eu vou colocar uma pitada deste sal no meu chá", disse, com ironia, "em recordação da famosa Festa do Chá de Boston".*

Gandhi tinha se tornado "intocável" em outro sentido, acima e além do plano físico. E, por extensão, isso se estendeu sobre milhares de pobres que sofriam e que escolheram aquele homem não como um governante eleito, mas como um modelo espiritual.

Enquanto isso, Gandhi continuou escutando os britânicos, tentando compreendê-los, apelando à dignidade dentro deles. "Três quartos do sofrimento e da incompreensão no mundo hão de desaparecer", explicava aos seguidores, "se nos colocarmos no lugar de nossos adversários e compreendermos o ponto de vista deles".

Gandhi se esforçava incansavelmente para tratar bem seus opositores. Certa vez, quando precisou ser operado por um médico britânico, chamou a equipe médica para redigir uma declaração pública, agradecendo-lhes de antemão pelo tratamento e absolvendo-os caso algo desse errado. O maior receio dele era que seus apoiadores recorressem à violência. Por isso, não hesi-

---

* Famoso protesto em que colonos norte-americanos jogaram no mar um carregamento de chá vindo da Inglaterra, em 1773, um dos estopins da Guerra de Independência dos Estados Unidos. (N. do T.)

tava em cancelar qualquer evento que pudesse degenerar em quebra-quebra.

Ele também demonstrava um bom senso modesto, tendo certa vez cancelado uma manifestação porque os britânicos estavam lidando com uma greve dos ferroviários. Ele interrompeu uma campanha no período festivo de fim de ano, para que seus adversários cristãos pudessem passar o Natal com a família. Adiou uma campanha que coincidiria com o Domingo de Páscoa. Fez diversas pausas em campanhas durante as duas guerras mundiais, como demonstração de empatia com as dificuldades do Reino Unido... o mesmo Reino Unido que mantinha seu jugo sobre a Índia.

No início de toda e qualquer campanha, ele comunicava ao outro lado exatamente o que pretendia fazer, e quando (dando-lhes uma última chance de refletir). Nunca deixou de dar preferência à negociação e às reuniões olho no olho, confiando no discernimento dos vice-reis que o Reino Unido revezava na esperança de derrotá-lo. "Para mim é fundamental ver aqueles que se opõem a mim", dizia, "de modo a poder explicar minha posição". Raras vezes dava resultado. "Não há como convencer um inglês a ceder", escreveu Gandhi ao filho certa vez. "Eles só se rendem quando forçados pelos acontecimentos." Mesmo assim, ele persistia na argumentação, sempre apelando ao lado bom da personalidade alheia, apelando ao lado bom da própria personalidade, mesmo à medida que ia se tornando cada vez mais poderoso. Por quê? Porque isso tornava melhores tanto ele mesmo quanto seus seguidores e os britânicos. "Dizem que sou um santo que se desvirtua na política", brincou certa vez. "Na verdade, sou um político tentando ao máximo virar santo."

Enquanto isso, Churchill nem sequer cogitava a intragável ideia de negociar com Gandhi, por considerar "alarmante e repugnante ver o sr. Gandhi, um advogado insubordinado de Middle Temple, agora posando de faquir como tantos no Oriente, subindo seminu os degraus do palácio dos vice-reis, enquanto continua organizando e liderando uma campanha de desobediência civil, discutindo de igual para igual com o representante do rei-imperador". Em uma coisa ele tinha razão, Gandhi não era um igual. Por meio do poder depurador e edificante da *satyagraha*, ele se tornara, sob todos os aspectos, superior.

Ao usar contra os ocidentais os ideais cristãos do Ocidente, e ao usar os ideais do hinduísmo e do islã para atrair os próprios seguidores, Gandhi conseguiu forçar todos a encararem os próprios defeitos. Ele não apenas falava de seus ideais, mas *os encarnava*, vivendo com quase nada, sofrendo por vontade própria, demonstrando infinita fé no outro, perdoando o tempo todo, conclamando *todos* a agir melhor. Nenhum de seus adversários, fossem eles indianos ou britânicos, podia negar-lhe admiração.

É por isso que as greves de fome, que ele fez dezoito vezes em um período de 34 anos, eram tão eficazes. Ninguém queria ser responsável por decepcioná-lo, quanto mais por matá-lo. O exemplo mais óbvio disso foi o general Smuts (que Gandhi enfrentou na África do Sul e acabou se tornando um aliado), que sempre escrevia ao governo britânico, pedindo que não o prendessem, mas que negociassem de boa-fé com ele. Smuts chegou a escrever ao próprio Gandhi, tentando demovê-lo de um jejum de 21 dias que poderia ser fatal.

Gandhi destruíra o inimigo transformando-o em amigo.

Com o passar do século XX, Gandhi, assim como Truman, foi adquirindo um imenso poder. Sua dignidade sobreviveria à pressão do cenário mundial? Ele não era um tirano. Não buscava vingança. Não era corrupto. Não tinha malícia. Não era ambicioso. Não era mal-intencionado. Não era, na vida privada, diferente da vida pública. Um dia lhe perguntaram: o que você faria se fosse ditador da Índia por um dia? "Eu não aceitaria", respondeu, direto e reto. *Sim, mas e se você fosse obrigado?* Eu mandaria que limpassem as casas dos intocáveis, respondeu Gandhi, e converteria minha residência oficial em um hospital. E, se lhe dessem um segundo dia de poder, disse que continuaria nessa toada.

Frente às maiores atribulações, a testes inacreditáveis de tenacidade e sofrimento humano (mais de 2,3 mil dias na cadeia, décadas de luta política), ele nunca fraquejou, nunca traiu a própria mensagem, nunca pegou atalhos, nunca cedeu ao medo ou aceitou favores. "Na comparação com outras figuras políticas proeminentes do nosso tempo", Orwell escreveu após a morte de Gandhi, "ele conseguiu deixar atrás de si um ar de frescor".

Bastou repetir, com paciência e amor, a mesma mensagem simples. "Quando nos cansarmos de partir o crânio uns dos outros", disse, "descobriremos que, apesar das disparidades entre nossas raças e religiões, podemos viver juntos".

No fim, o maior desafio à crença dele nessa ideia nobre (e, para alguns, irremediavelmente ingênua) não veio dos britânicos. Em 1947, eles foram embora. Foi acontecendo aos poucos... e, então, de uma só vez. O inimigo externo, contra o qual se mantinham unidos os indianos de todas as religiões e castas, tinha desaparecido. Ele havia banido os conquistadores sem disparar um único tiro. Um homem derrotou o império que nem mesmo Hitler e Stalin juntos conseguiriam dobrar.

Mas a vitória teve um sabor amargo, porque, com a partida dos britânicos, desapareceu também qualquer chance de uma Índia unificada. O país se dividiu. Começou uma grande migração e uma grande conflagração entre hindus e muçulmanos, de uma violência trágica e inimaginável. Milhões morreram quando a Índia foi dividida.

Gandhi tinha 78 anos, mas viajou para lutar frente a frente contra o pior. "Tudo o que sei é que não ficarei em paz comigo mesmo enquanto não for", disse, a respeito de sua ida a Calcutá. Ele persistiu, implorando que as duas religiões fizessem as pazes. Quando isso não aconteceu, colocou o próprio corpo em risco pela última vez.

"Começo, portanto, meu jejum hoje às 20h15 e hei de terminá-lo somente quando Calcutá recuperar a sanidade", anunciou, hospedado na casa de uma família muçulmana, em um bairro muçulmano, como modo de afirmação da tolerância. Era um conflito potencialmente intratável, insolúvel (milhares de anos de diferenças religiosas), mas ele não se deixaria intimidar.

"Por algum motivo, nunca pensamos nos jejuns de Gandhi como uma experiência terrível", escreveu um comentarista. "Encaramos como uma manobra, um golpe, um gesto político. Mas ali estava em termos humanos como um processo."*

Gandhi, já bastante idoso, preferiria matar-se (de forma lenta e sofrida) a concordar com a violência. Daria seu último suspiro se isso pudesse salvar uma alma.

"Em Punjab, temos 55 mil soldados e lidamos com uma insurreição em grande escala", afirmou em correspondência para Londres o último vice-rei britânico, Lorde Mountbatten. "Em Bengala, nossa força consiste em um homem e não há insurreição." Enquanto hindus e muçulmanos acorriam a ele para depor suas armas, Gandhi fez uma advertência da qual ninguém duvidou. "Se a paz voltar a ser rompida", disse, "retornarei e farei um jejum até a morte, se necessário".

Talvez fosse uma esperança irreal, ou pelo menos irreal em um prazo tão curto. Seja como for, Gandhi não viveria muito mais tempo para voltar. De novo, embora não por vontade própria, um adversário optaria pelo uso da violência contra ele.

"Não estou agindo em busca de martírio", dissera Gandhi muitos anos antes, "porém, se isso vier a me ocorrer... eu terei merecido, e é possível que os historiadores do futuro digam que o voto por mim proferido diante dos *harijans*, de que morreria, se necessário, na tentativa de extinguir a intocabilidade, foi literalmente cumprido".

Em outubro de 1947, ao se despedir do neto, entregou-lhe um bilhetinho que relacionava os sete equívocos da humanidade.

---

* Em uma greve de fome de 21 dias em 1943, Gandhi perdeu 20% do peso corporal... já com mais de 70 anos.

Riqueza sem trabalho.
Prazer sem consciência.
Sapiência sem caráter.
Comércio sem moralidade.
Ciência sem humanidade.
Religião sem sacrifício.
Política sem princípios.

A obra de sua vida, disse Gandhi, foi combater tais causas arraigadas de injustiça, e a consequente violência. E esperava que sua família e seguidores dessem continuidade ao seu legado.

Na tarde de 30 de janeiro de 1948, a caminho de uma oração coletiva ecumênica, Gandhi atravessou o jardim da casa dos Birla. Ouviram-se tiros. O assassino (um nacionalista hindu que considerava Gandhi condescendente demais com as reivindicações muçulmanas) disparou três tiros a queima-roupa no Mahatma. As últimas palavras de Gandhi foram *"He! Rama"*. *Oh! Deus*.

Uma vez mais, ele parece sempre ter sabido que acabaria assim. "A morte é o fim determinado de toda forma de vida. Morrer pela mão de um irmão, e não por uma doença ou alguma outra forma, não pode ser, para mim, motivo de dor", profetizara muito tempo antes. "Estou isento do sentimento da raiva ou do ódio contra meu algoz", anunciara. "Sei que isso resultará no meu bem-estar eterno, e até meu algoz virá a compreender minha perfeita inocência."

Se tivesse a oportunidade, ele adoraria, mais do que tudo, perdoar aquele que o atingiu com tiros. Antes de deixar este mundo, teria sorrido, como seu herói no Gita sorrira, e abençoado aquele homem e todos que enfrentou. E, se pudesse escolher como voltaria na encarnação seguinte, é sabido que preferiria voltar como um dos intocáveis pelos quais tanto havia lutado.

O corpo de Gandhi foi cremado no dia seguinte, em uma pira funerária. Ele não queria sepultamento ou monumentos. Seus atos foram seu legado. Ele continuaria a viver em espírito, transformado em espólio por aqueles que o levariam adiante.

"Apagou-se a luz de nossas vidas e há trevas por toda parte", disse o escolhido por Gandhi para sucedê-lo, Jawaharlal Nehru, em seu famoso elogio fúnebre. "A luz apagou-se, disse eu, mas estava enganado. Pois a luz que brilhou neste país não foi uma luz comum. A luz que iluminou este país por tantos anos há de iluminá-lo por muitos mais, e daqui a mil anos ainda será vista nesta terra, será vista pelo mundo, e trará consolo a incontáveis corações. Pois essa luz representou [...] as verdades vivas e eternas."

E hoje, aquela pequena luz em um cômodo escuro nos traz esperança. Nós podemos optar por sermos ramos da "árvore do treinador" de Gandhi, vestir seu manto para criar um mundo melhor por meio de...

... sacrifício pessoal e sofrimento
... padrões elevados de conduta pessoal
... amizade e tolerância
... apoio aos desafortunados e vulneráveis
... pragmatismo virtuoso
... poder transformador da não violência
... perdão e amor
... e mais e mais e mais amor.

Será uma longa jornada. Será uma luta cuja vitória talvez não cheguemos a viver para ver.

Mas, quanto mais nos dedicarmos, mais dela obteremos.

ESCALE SUA SEGUNDA MONTANHA

Até completar 35 anos, os dias de Lou Gehrig foram marcados por uma disciplina de monge. O beisebol não era apenas a coisa mais importante em sua vida, era a única coisa. Ele era um escravo do esporte, dizia, mas o resultado foi um tipo de pura grandiosidade, daquelas que se vê apenas uma vez a cada geração, talvez uma única vez na história do esporte.

Não havia bola que ele não pudesse rebater. Não havia dificuldade que não pudesse suportar. Ele faria o que fosse preciso para vencer.

E fez. Foi seis vezes campeão da liga profissional, disputou 2.130 partidas consecutivas. Foi várias vezes eleito para o Jogo das Estrelas e várias vezes o melhor jogador da temporada. Conquistou a chamada "tríplice coroa" — melhor média de rebatidas, maior número de *home runs* (jogada em que a bola ultrapassa o limite do campo e o rebatedor circula todas as bases) e maior número de corridas numa só temporada. Rebateu quase quinhentos *home runs*.

Ele gerou muitas alegrias à torcida com seu esforço e ajudou a melhorar seus companheiros de equipe e o esporte, só com a sua presença. Dizer que ele atingiu seu potencial é pouco.

Porém, de repente tudo desmoronou. A esclerose lateral amiotrófica (ELA) tirou-lhe a capacidade de correr e pegar a bola. Sua carreira foi interrompida. Seus dias de glória com o time dos Yankees terminaram para sempre.

Graças a um famoso discurso de Gehrig, em que afirmou ser "o homem mais sortudo do mundo", sabemos que ele não sentia autopiedade, que não ficou lamentando o que a doença lhe roubou, que aceitou a sentença guardada pelo destino com dignidade, elegância e destemor.

Mas quantas pessoas sabem o que ele fez depois de parar de jogar? Embora Gehrig pudesse ter passado os últimos (e tragicamente poucos) anos de vida restantes repousando com conforto graças à poupança cuidadosamente amealhada, não foi isso o que fez. Em vez disso, arrumou outro emprego.

Assim como Harry Truman depois da presidência, ofereceram de tudo a Gehrig: 30 mil dólares para ceder o nome a um restaurante; 40 mil dólares para fazer aparições frequentes em uma boate. Ele rejeitou tudo isso e aceitou um cargo como chefe do comitê de liberdade condicional da cidade de Nova York. Ganhava apenas 5,7 mil dólares por ano e o trabalho exigia passar horas e horas em prisões lúgubres e escritórios abafados. Mesmo assim, ele aceitou.

Segundo o biógrafo de Gehrig, "com o destino marcado e sabendo que era inevitável deixar viúva a mulher, única responsável pela sua felicidade, ele optou por passar os últimos dias não em uma tentativa frenética de aproveitar em dois anos de vida tudo que não tivera em quarenta, e sim trabalhando e servindo à população... [doando] com generosidade a energia que ainda lhe restava".

Mesmo com a saúde debilitada, todos os dias ele ia de carro ao escritório, analisava a papelada, tomava decisões muitíssimo difíceis, as quais ele precisava carimbar, já incapacitado como estava de assinar o próprio nome.*

Theodore Roosevelt disse certa vez, referindo-se a outro esporte, em uma frase que se aplica perfeitamente à transição de Gehrig: "É bom ser um bom *half-back*, mas é terrível quando aos 40 anos tudo o que se pode dizer de um homem é que ele foi um

---

* Uma das decisões de Gehrig foi mandar para o reformatório o futuro boxeador Rocky Graziano, que viria a se tornar campeão mundial dos pesos-médios.

bom *half-back*." Aos 30 e poucos anos, sem poder praticar o esporte que amava, Gehrig encontrou um jeito totalmente diferente de ser grandioso, como retribuição à cidade e ao povo que tanto lhe haviam propiciado.

O escritor David Brooks deu a isso um nome que ficou bastante conhecido: "Segunda Montanha." Durante a vida, nós chegamos ao topo de nossa primeira montanha, quando somos bem-sucedidos nos negócios, no esporte ou em alguma forma de arte. É maravilhoso. É gratificante (financeiramente, acima de tudo). Pode ser algo positivo para outras pessoas e para o mundo. Porém, no fundo da alma, tanto sucesso gera uma sensação de anticlímax. Olhando para tudo o que conquistamos, nos pegamos pensando...

É só isso?

Às vezes, podemos receber um diagnóstico, como o de Gehrig. Ou sofrer um acidente. Ou cair em depressão profunda. Ou alguém nos conta alguma coisa que abre nossos olhos para o resto do mundo, para a vida da "outra metade".

É a vida nos dizendo algo. Esse vazio é um sinal.

O que vamos fazer? Continuar a fazer as coisas do mesmo jeito de antes? Ou procurar outra montanha, muito mais alta, que não seja um monumento ao nosso próprio ego? Uma montanha que represente um desafio ao nosso potencial, em um sentido mais amplo, menos egoísta, mais generoso e preocupado com a comunidade.

O primeiro momento foi de acumular, acumular e acumular, para então doar, doar, doar, ajudar, ajudar, ajudar.

Durante muitos anos, Sammy Davis Jr. "só pensava em *chegar lá*" e, depois que chegou, só pensava em aproveitar. Mas e depois? O que fazer? "Chega uma hora em que se almeja outra coisa, algo *mais*", dizia, porque dinheiro, fama e diversão "não bastam para justificar viver". Por isso, ele dedicou-se à luta pelos direitos civis, dedicou-se a ajudar os menos afortunados. Décadas mais tarde, outro grande cantor, David Lee Roth, viu-se em uma encruzilhada semelhante. Decidiu atuar como paramédico em Nova York.

Pouco importa qual será sua segunda montanha. Basta que seja algo que esteja acima do seu próprio bem-estar.

Barack Obama, em entrevista à escritora Doris Kearns Goodwin, comentou o quanto é "comum" ter ambição, entre a maioria de nós, durante a juventude. Queremos enriquecer. Queremos dar orgulho aos nossos pais. Queremos deixar uma marca no mundo. À medida que envelhecemos, porém, disse Obama, essa ambição tem que arrefecer, sobretudo quando temos a felicidade de realizar alguma dessas coisas, do nosso próprio jeito. No lugar, tem que surgir algo mais amplo, mais profundo. No caso dele, explicou Obama, a estrela-guia tornou-se "criar um mundo onde pessoas de diferentes raças, origens ou crenças possam reconhecer a humanidade do outro, ou criar um mundo em que toda criança, qualquer que seja sua origem, possa esforçar-se para atingir seu potencial e atingi-lo."

Mas e quanto a você? Não pode ser *outra* startup vendida. Não pode ser *outro* campeonato conquistado. Não pode ser *outro* cliente de peso.

Fala sério, quem liga? Você já fez isso uma vez... e também um monte de gente também já fez.

É hora de seguir nossa estrela-guia rumo ao próximo pico, ao próximo desafio. Um desafio mais espiritual do que material, que torne melhores tanto nós mesmos quanto *os outros*.

Não se trata de um novo desafio, como tantos outros que já superamos. Não é um músico que tenta se tornar ator. É mais como um investidor do mercado financeiro tentando um certificado para dar aulas como professor do ensino fundamental. Uma montanha que tenha menos a ver com você, menos a ver com coisas materiais, menos a ver com ganhar, destruir ou extrair algo, e muito mais a ver com o restante das pessoas, muito mais a ver *com todos nós*.

PARE DE PEDIR A "TERCEIRA COISA"

A escritora Dawn Dorland fez algo incrível. Ela doou o rim a uma pessoa desconhecida. Ao literalmente abrir o próprio corpo e doar um pedaço de si, ela salvou a vida de alguém. O que é ainda mais bonito é que a doação inspirou o cônjuge do receptor (com o qual não era compatível) a doar o próprio rim a outra pessoa.

Que anjo!

A maioria das pessoas que a conhecia a enxergava assim.

Menos uma.

Quando Dorland começou a postar a respeito da doação que fez e do processo de recuperação, os amigos lhe deram apoio. Porém, por mais gentis que fossem, o que chamou a atenção da escritora foi que uma conhecida, a colega de profissão Sonya Larson, permanecia estranhamente quieta. Então, em um momento que as duas viriam a lamentar para sempre, Dorland mandou uma mensagem perguntando por quê.

O que se seguiu foi um conflito trágico, quase cômico, cuja escalada nem mesmo o mais criativo dos romancistas poderia ter previsto. O desejo muitíssimo humano de Dorland por reconhecimento e louvor por seu gesto; a descrença e a susceptibilidade de Larson; as gafes sociais; a fragilidade dos egos; os caprichos do processo criativo; e o poder das redes sociais, tudo isso se misturou. Primeiro em um conto ficcional, bastante desabonador, escrito por Larson a respeito de uma mulher com "complexo de salvadora branca", o que, então, culminaria em processos judiciais, acusações de plágio e uma enorme repercussão pública.

O gesto mais nobre que Dorland já havia feito foi transformado em um engodo, apresentado como um ato de narcisismo, ou coisa pior. Larson, por sua vez, gastou milhares e milhares de dólares que não possuía para defender sua arte nos tribunais contra Dorland, cuja susceptibilidade e necessidade de atenção praticamente confirmaram a caricatura que Larson tinha retratado na ficção.

Nada disso deveria ter acontecido... ou melhor, nada além do "pecado original", ou, talvez, o gesto nobre original.

Porém, é isso o que os sábios da Antiguidade nos diriam: que nada de bom resulta da busca por gratidão ou reconhecimento por aquilo que se fez. "Quando se pratica o bem e alguém se beneficia com isso, por que, como um tolo, você ainda busca uma terceira coisa... o crédito pela boa ação ou um favor em troca?", perguntou Marco Aurélio a si mesmo.

E o tempo todo, nas *Meditações*, Marco Aurélio retornava a essa ideia, porque, assim como o restante de nós, ele se sentia frustrado quando nem sempre seu esforço era compreendido ou reconhecido, muito menos recompensado. Na verdade, como ele brincou tempos depois, esse era o destino de todo líder: ficar com má fama enquanto pratica o bem.

Há muito se diz que ser uma pessoa boa é uma tarefa ingrata... mas, se o ato foi feito em busca de gratidão, você realmente estava sendo bondoso?

A questão não é apenas que a busca pela "terceira coisa" pode nos enfiar em uma confusão, como aconteceu com Dorland, e sim que ela pode estragar aquilo que fizemos. De certa forma, seus dois atos foram incompreensíveis. Escrever a uma amiga para dizer, na prática, "por que você não elogia essa coisa incrível que eu fiz?". Mas quanto exagero. E abrir mão de um órgão vital por alguém que ela nunca viu? *Exagero também!* E, no entanto, o primeiro mancha a beleza do segundo.

Quando Churchill chamou a salvação da Europa pelos Estados Unidos, depois da Segunda Guerra Mundial, de "o ato menos sórdido da história", referia-se sem dúvida, em parte, à renúncia de Truman a qualquer reconhecimento ou posteridade. "Não estou fazendo isso para receber o crédito", explicou Truman. "E sim porque é o certo. Faço porque é necessário, caso nós mesmos queiramos sobreviver."

Mas o que deu grandeza de verdade ao ato foi a generosidade, o desapego. Também foi isso o que o tornou tão brilhante, do ponto de vista estratégico. Certamente os soviéticos não teriam sido capazes de fazer o mesmo (a tal ponto que a própria oferta, estendida ao bloco soviético, os deixou perplexos).

Truman gastou, portanto, todo o seu capital político para doar capital, gerando uma reação majoritariamente negativa na época. Mas isso não era novidade para ele. Durante décadas, ninguém o reconheceu como um político de mãos limpas. Na verdade, ganhou até uma injusta reputação de corrupto! Lamentável... Porém, repetimos, o contrário também teria sido. E se Truman tivesse aceitado as propinas pensando "Dane-se. De qualquer forma todo mundo acha que eu sou corrupto"?

É melhor fazer o certo sem ser premiado do que fazer o errado e ficar impune.

Além disso, o ato de fazer já é uma recompensa. Sentir-se incrível por ter feito algo incrível (não é preciso que lhe *digam* que você é incrível).

A Bíblia nos lembra, em Mateus 6:2, de que não se deve tocar trombeta para anunciar o que foi feito. Jesus também lembrou aos seguidores que quem olha para trás ao pôr a mão no arado perde o controle dos cavalos. É o que acontece quando olhamos para trás e admiramos aquilo que fizemos, nos achando muito generosos e especiais. Isso nos desvia do caminho adiante, é uma falha de julgamento.

Mas é difícil.

Queremos ouvir que nossos pais se orgulham de nós. Queremos o agradecimento do nosso cônjuge, a apreciação por aquilo que fazemos por ele. Queremos retribuição por aquilo que fizemos, demos ou sacrificamos. Mais ainda: queremos reconhecimento, respeito, consideração e, quando fazemos algo de bom, queremos o crédito.

Será que é tão errado?

Eis um argumento pelo "sim": *Você não fez mais que a sua obrigação*. Como alguém talentoso e inteligente, era *sua obrigação* fazer isso. Por mais nobre que seja o gesto ou mais difícil que seja o feito, você fez algo que era capaz de fazer, que estava capacitado para fazer, que se esperava que fizesse. De você, espera-se generosidade. Espera-se gentileza. O fato de ninguém sair correndo para cobri-lo de flores é, de certa forma, um elogio em si. Não nos surpreende... porque conhecemos você. Sabemos quem você é.

É claro que você praticou o bem! É claro que ajudou alguém, colocou algo em pratos limpos ou assumiu a culpa por algo que não fez.

Quem melhor que você para fazer isso?

O que causaria surpresa, ou melhor, *decepção*, seria descobrir que fez algo pelos motivos errados. Que você foi mais egoísta do que altruísta. Que não foi por questão de grandeza e generosidade, mas de insegurança ou ambição. Não há nada mais patético (e calculista) do que uma pessoa que anda por aí pensando no próprio "legado". (Como se alguém pudesse desfrutar de uma fama póstuma.) Isso é ingratidão? Não. Ingratidão é esperar algo além do prazer de saber que você fez o que fez.

Faça sorrindo. Seja aquela pessoa boa que passa pelo mundo cumprindo com seu dever, fazendo o bem, sem esperar ou pedir nada em troca.

Pense no bem que Dorland poderia ter feito se simplesmente tivesse passado ao ato caridoso seguinte, em vez de tentar (em vão, no fim das contas) obter a aprovação de uma conhecida. Imagine se ela tivesse gastado a mesma energia para convencer mais pessoas a doar um rim, a dar continuidade à corrente. Isso não teria feito Larson calar a boca? Não teria sido a melhor refutação de quaisquer questionamentos ou críticas alheias?

De qualquer maneira, foi ela que quis assim.
Vamos nos concentrar apenas no bem que podemos praticar.
Não vamos pensar em levar o crédito. Não vamos pensar em gratidão.
Não precisamos do apreço alheio.
Fazemos o bem porque *somos bons*. Todo o resto é só isso: resto.

DÊ ESPERANÇA

Frederick Douglass tinha todos os motivos para ser cético. Todos os motivos para sentir raiva. Ele não apenas tinha visto toda a hipocrisia do ser humano, como também a total depravação, e tinha sido vítima dela.

Mesmo a essa altura tendo obtido a liberdade pessoal, sua luta continuava: contra os trabalhadores nortistas que se recusavam a ficar perto dele no estaleiro; contra as escolas que não aceitavam a matrícula de seus filhos; contra a indiferença ou a incompetência dos ativistas abolicionistas e os políticos que pareciam não querer nada além de falar, falar e falar a respeito da questão.

Ele persistiu. Continuou lutando.

Foram anos e anos nessa luta, com poucos avanços para apresentar, a não ser mais dias naquilo que Martin Luther King Jr. descreveria como "os ventos frios e uivantes do desespero em um mundo atiçado por turbulências". Era de se esperar que um dia ele fizesse um desabafo em cima do palco, como aconteceu em Salem, Ohio, em 1852, ao discursar para uma plateia de abolicionistas. Ele perdeu o autocontrole, suas palavras ficaram mais sombrias e violentas, toda a esperança dele pareceu desaparecer, e ele vituperou contra a injustiça que conhecia tão de perto.

A plateia ficou pasma. Douglass parecia estar em um transe, transformado diante dos olhos de todos, de lutador tenaz em niilista sem esperança. Foi então, porém, que uma voz rompeu o silêncio sepulcral do teatro.

Era Sojourner Truth.

"Frederick", gritou ela. "Deus está morto?"

Foram palavras mágicas.

Truth estava dando esperança ao amigo no fundo do poço. Lembrando-o de que não tinha o direito de perder a esperança. De que ele não podia privar o público de seu empenho, de sua visão de um mundo melhor.

Foi a mesma lição que a irmã de Corrie ten Boom tentou dar a ela, com suas últimas palavras no leito de morte, no campo de concentração. "Nenhum poço é tão profundo", disse a irmã sobre o Deus delas, "que Ele não seja ainda mais profundo". Dias mais tarde, Corrie foi liberta de Ravensbrück por um equívoco administrativo, escapando por pouco da morte certa. Se ela tivesse desistido... não teria sobrevivido.

Já existia bondade no mundo. Ainda existe. Deus, seja lá o que signifique para você, não está morto.

A desesperança é uma escolha.

A descrença é uma desculpa.

Nenhuma das duas cria um mundo melhor.

Quando lutamos contra o status quo (quando é necessário causarmos a "boa confusão"), precisamos rejeitar todas as formas de niilismo, leviandade e desesperança.

"Neste mundo, a bondade está fadada à derrota", escreveu Walker Percy em seu famoso romance *The Moviegoer*, parcialmente baseado na filosofia estoicista de seu amado tio. Embora não pareça nada esperançoso, a intenção do autor era que fosse. "Porém, o homem deve cair lutando", prosseguiu Percy. "A vitória é essa."

Não se deixar dobrar. Continuar lutando. Concentrar-se no progresso obtido. Essa é a vitória.

Nossa estrela-guia continua lá em cima, a brilhar. Vamos segui-la.

Ao longo da história, na verdade, a falta de esperança é a verdadeira heresia. Pegue qualquer momento do passado, o que preferir. *Quase tudo* é melhor hoje do que era antes, não?

É melhor porque houve gente que tornou o mundo melhor, gente como você. É melhor porque sempre existem mais coisas em jogo do que é possível saber no momento, porque sempre tem algo surgindo que não dá para ver quando estamos cabisbaixos.

É por isso que precisamos seguir em frente, é por isso que precisamos continuar acreditando, é por isso que não podemos capitular por falta de esperança.

Por que onde estaríamos hoje se nossos heróis tivessem capitulado? E se Gandhi tivesse renunciado à não violência em 1940, diante da perspectiva de uma nova guerra *mundial*, a segunda em três décadas? Não somente a independência da Índia teria sido adiada, ou perdida para sempre, como o restante do século teria sido um espetáculo ainda mais assustador. E se Martin Luther King Jr. tivesse sido demovido por um dos terríveis atentados nos templos, e se alguém o tivesse convencido de que era impossível redimir a alma dos Estados Unidos? E se Frederick Douglass tivesse desistido naquele dia em Ohio, uma década antes da abolição?

O que será de nós se *você* desistir?

Em novembro de 1978, Harvey Milk sentou-se para gravar uma mensagem que testaria a determinação até mesmo do mais dedicado dos ativistas. O alvo da mensagem era o público em geral, porém em um contexto dos mais extraordinários e desanimadores: ele estava elaborando suas palavras finais, palavras a serem divulgadas depois do assassinato que tinha passado a considerar quase inevitável. Porém, mesmo enquanto contemplava a própria morte nas mãos de um intolerante, ele se recusava a desistir ou cogitar a morte de um movimento que tinha se tornado muito maior do que ele.

"Não tenho como impedir algumas pessoas de sentirem raiva, frustração e desespero", disse ele sobre o próprio assassinato, que de fato viria a ocorrer apenas nove dias depois da gravação. "Mas minha esperança é a de que as pessoas peguem essa frustração e esse desespero e, em vez de fazerem manifestações ou coisa do gênero, espero que assumam o poder e que cinco, dez, cem mil pessoas se ergam." Não dava para deixar os adversários vencerem, disse ele, não dava para deixar que quebrassem sua fibra... porque as pessoas *precisavam* deles.

Quando se é forçado a escrever o próprio testamento, na certeza de que vão matá-lo, o desespero é uma reação aceitável. Porém, o próprio Milk dissera, em seu primeiríssimo discurso depois de eleito, que, embora seus eleitores não pudessem viver só de esperança, a vida não valia a pena sem ela. Por isso, aqui, enquanto enfrentava a possibilidade da própria morte, ele aferrava-se a essa crença. E não iria trai-la. Ao falar, não titubeou, nem sua voz fraquejou ou fez qualquer pausa.

Apenas uma semana antes, explicou, ele tinha recebido um telefonema de um cidadão de Altoona, na Pensilvânia, que se disse inspirado por sua eleição. "Essa é a questão", disse Milk, encerrando a última história que pôde contar. "Não é uma questão de ganho pessoal, nem de ego, nem de poder... trata-se de dar esperança a esses jovens nas Altoonas, nas Pensilvânias, por aí."

Então, em suas palavras finais, ele repetiu essa mensagem essencial, essa obrigação que desejava entregar a cada pessoa: "Você tem que dar esperança."

Foi isso o que De Gaulle fez pela França com sua coragem. Foi o que Gandhi fez pela Índia com sua bondade fundamental. É o que temos que fazer, modestamente, à nossa maneira. É nossa tarefa, acima de todas as outras tarefas.

A justiça, assim como o amor, não é uma marcha triunfal. É um trabalho longo e árduo. Destrói a mente, o corpo, os relacionamentos e as mentiras convenientes como se fossem galhos frágeis. É claro que teremos dúvidas, é claro que questionaremos se vale a pena, se dá para fazer.

Ninguém está dizendo que não é assustador. Pode até ser que fique ainda mais assustador.

Mas a quem ajuda a falta de esperança? Com certeza ela não traz a luz no horizonte. Não incentiva os mocinhos. Não ajuda seus filhos nem seus pupilos. Não faz nada por você nem pelas pessoas que merecem e gritam por justiça.

Não vamos deixá-la matar seu sonho.

Não apenas precisamos continuar a ter esperança, mas precisamos *levar* esperança ao mundo.

Precisamos continuar a sonhar.

Precisamos carregar a tocha.

Não apenas precisamos manter os outros aquecidos, como também precisamos ajudá-los a acender as próprias chamas.

SEJA UM ANJO

Ele tinha sido perseguido. Ele tinha sido arruinado. Ele tinha sido humilhado. Quase tudo o que poderia ser tirado de alguém foi arrancado de Oscar Wilde em 1895, inclusive a liberdade.

A esposa foi embora.
Os filhos, ele nunca mais os veria.
A reputação, destruída.
Até os direitos autorais de sua obra foram tomados.
Por que motivo? Porque ele amava outro homem. Por causa de leis injustas que ainda estariam em vigor na Inglaterra por mais cem anos.

Lá estava ele, arrastado da cela da prisão para o tribunal de falências, para uma última audiência, uma última humilhação deplorável. Alquebrado, algemado, o homem atravessou o longo corredor da prisão, empurrado pelos guardas que o apressavam, sob a zombaria e a condenação da massa que se juntara para ver sua derrocada.

Cada passo dado por Wilde nessa terrível viagem foi feito cabisbaixo de vergonha, exceto por um instante em que ergueu os olhos. E, ao fazê-lo, o que viu foi algo que guardaria para sempre. Tempos depois, ele escreveria no relicário de seu coração, "preservado e adocicado pela mirra e pela cássia de inúmeras lágrimas".

Robbie Ross, escritor e amigo de longa data, tinha garantido um lugar naquele corredor terrível, a fim de oferecer algo tão modesto quanto um sorriso e um sinal de respeito a um homem no pior momento de sua vida. Foi como se dissesse, com sua simples presença: "Não o abandonei. Você não está sozinho. Você não é desprezível. Não desista."

"No momento em que a Sabedoria de nada me valia, em que a Filosofia me era inútil, e em que os aforismos e frases feitas daqueles que buscavam me dar consolo eram como cinzas e pó na minha boca", refletiu Wilde, "a lembrança daquele diminuto ato de Amor abriu para mim todas as fontes de compaixão, fez o deserto florir como uma rosa e tirou-me da amargura do exílio solitário para a harmonia com o grande, ferido e despedaçado coração do mundo".

Pode parecer um tanto exagerado. Mas talvez seja porque poucos de nós sofremos uma queda tão vertiginosa. Passando, como Wilde definiu a própria vida, do gozo "de todos os frutos de todas as árvores no jardim do mundo" para uma masmorra lúgubre de vergonha e sofrimento.

O que Robbie Ross fez por Oscar Wilde foi mais do que um ato de amizade ou lealdade, mais do que o nada que todos os outros em sua vida tinham oferecido. Foi um ato de misericórdia. O próprio Wilde comparou a atitude do amigo aos santos que lavavam os pés dos pobres ou beijavam os leprosos.

Pesquisando a perversidade que foi o Holocausto, Israel buscou identificar os anjos que testemunharam o mal e decidiram tentar impedi-lo. A honraria de "Justo entre as Nações" é concedida em reconhecimento aos não judeus que salvaram judeus do extermínio. Três rainhas a receberam... assim como jornalistas, filósofos e o funcionário de uma loja de departamentos. Trata-se de um lembrete de que a dignidade não tem hierarquia ou posição social, de que a responsabilidade de fazer o bem não se limita aos poderosos, mas é um chamado para todos nós. Cerca de trinta mil pessoas responderam a esse chamado (todos anjos).

E quanto à esmagadora maioria das pessoas que deram as costas? Que se recusaram a enxergar, que dirá tentar fazer algo para impedir o crime monstruoso sendo cometido na frente delas?

Você pode chamá-las do nome que quiser.

A dignidade de Ross foi além daquele momento no corredor.

Quando Wilde foi liberto, Ross estava lá.

Quando os direitos pela obra de Wilde foram colocados à venda, Ross comprou-os integralmente com o próprio dinheiro e passou a gerir o espólio literário em nome dos descendentes de Wilde. Quando Wilde se encontrava no leito de morte, Ross estava lá, chamando o padre e reconfortando-o em suas horas finais.

A família Carter conheceu uma mulher chamada Mary Prince ao mudar-se para a residência oficial do governador da Geórgia, em 1971. Ela foi nomeada como parte da equipe, dentro de um programa de reabilitação de presidiários. Rosalynn Carter logo ficou convencida da inocência de Prince, e ficou chocada com os detalhes de sua condenação (mulher negra, Prince foi convencida pelo próprio advogado a se declarar culpada por homicídio culposo). Mais tarde, esse mesmo advogado a fez declarar-se culpada de homicídio doloso, crime pelo qual ela foi condenada à prisão perpétua. A família Carter pediu que Prince fosse nomeada babá da filha mais jovem, Amy, e posteriormente obteve para ela a liberdade condicional e um perdão total. Prince foi morar com eles na Casa Branca. Terminado o mandato, Carter comprou para ela uma casa na mesma rua da família, em Plains, na Geórgia. Prince, já perto dos 80 anos, até hoje é amiga íntima deles. Em 2006, Carter dedicou a ela um livro intitulado *Nossos valores em perigo*.

Uma autoridade tira injustamente a liberdade de alguém... enquanto outra acolhe uma pessoa estranha na família e luta por sua liberdade. Qual delas você será?

Precisamos nos esforçar, como disse Sêneca, para "tratar dos outros como gostaríamos que os deuses nos tratassem". Ou seja: com compaixão. Com infinita paciência. Com infinita compreensão. Com amor e generosidade. Deus sabe o quanto precisamos disso... portanto, o mínimo que podemos fazer é tentar.

Se os anjos de fato existem, quem há de saber? O que se sabe é que *você pode fazer algo parecido aqui na Terra*.

Você pode ser um dos bons. Principalmente para aqueles que ama e com quem se importa.

Foi isso o que Tio Will representou para Walker Percy: a pessoa que estava presente, que assumiu a responsabilidade quando Walker e os três irmãos ficaram órfãos. Foi isso o que Dean Acheson tentou fazer ao recusar-se a renegar Alger Hiss, por mais que no fundo desconfiasse da culpa do amigo. Ele explicou que acreditava na existência de uma obrigação divina em jogo, obrigação explicitada muito tempo antes no "Monte das Oliveiras... no capítulo 25 do Evangelho segundo São Mateus".

Acheson referia-se, no caso, a estas famosas palavras, consideradas a pedra fundamental da caridade e fraternidade cristãs: "Estava nu, e me vestistes; adoeci, e me visitastes; estive na prisão, e foste me ver."

Esqueça-se de quem é a culpa.

Esqueça-se o que os outros vão pensar.

Pense apenas: *Mas pela graça de Deus sou o que sou...*

Quando todo mundo virar as costas, aproxime-se.

Faça o que é gentil, digno e desesperadoramente necessário.

É disso que trata a parábola do Bom Samaritano. Não se resume apenas a uma questão de ajudar, de oferecer compreensão ou caridade. É uma questão de fazer tudo isso por alguém a quem todos *negaram* auxílio.

É, ao mesmo tempo, sobre-humano e, na verdade, muito simples e muito humano. E tão belo.

A missão mais difícil de todas está aqui, nessas horas em que a humanidade desaparece, em que a bondade foi embora. É nessa hora que precisamos nos apresentar, assumir a responsabilidade, estar ao lado.

O cumprimento no corredor. A recusa a juntar-se à multidão. A carta escrita ao presidiário. O quarto de hóspedes oferecido a quem acabou de dificultar a própria vida.

Se não fizermos, quem há de fazer?

Se deixarmos essas pessoas na mão, abandonadas à decadência e à morte, o que isso nos diz?

O que diz a respeito do mundo? A respeito de nós?

PERDOE

Quando Jimmy Carter perdoou aqueles que fugiram do alistamento durante a Guerra do Vietnã, não estava pensando no próprio futuro político. Ele simplesmente pensava em seu próprio dever como cristão. Estava tentando gerar reconciliação e paz.

E para tanto estava disposto a sacrificar suas próprias chances eleitorais.

Isso é algo raro e de grande beleza.

A beleza (talvez a força oculta) do movimento pelos direitos civis foi a crença no que viria depois. Era mais que uma disputa de poder, mais que uma luta por direitos básicos. Era, isto sim, uma visão do futuro, uma crença em um mundo melhor que não apenas era possível, mas inevitável.

Mantenha os olhos fixos na recompensa, diziam uns aos outros. Olhos fixos na recompensa.

Para eles, o preço era uma única coisa encantada: *a reconciliação*. O mundo que King sonhava para os filhos, onde brancos e negros pudessem ser amigos, amar uns aos outros, enxergar o lado bom uns dos outros... apesar dos atos perversos, malévolos e criminosos, tão recentes, pelos quais os brancos tinham sido responsáveis.

Resumindo, era um movimento que tinha o perdão como fundamento.

O mesmo tipo de perdão que Jesus definiu de forma tão dolorosa na cruz, gritando, como ele fez enquanto agonizava: *Pai, perdoai-os, porque eles não sabem o que fazem.*

Foi esse o padrão adotado por James Lawson no mundo real, não apenas enquanto formava uma geração de jovens ativistas para os protestos sentados, mas também em 1968, depois do assassinato do mentor e irmão espiritual que tanto amava, Martin Luther King Jr.

Como cristão e praticante fiel da filosofia da não violência, Lawson se sentia no dever de, em algum momento, visitar e perdoar o assassino de King, James Earl Ray. Durante vários anos após o assassinato, Lawson fez várias visitas a Ray, chegando até a conhecer a noiva do homem. Porém, por mais impressionante que fosse essa demonstração de misericórdia e compostura, deu para entender a dificuldade de Lawson quando Ray tomou a surpreendente atitude de convidá-lo para celebrar seu matrimônio na cadeia.

Parecia demais. Dolorido demais. Seria antiético? Estaria passando uma mensagem errada? Por isso, na hora do jantar, Lawson perguntou à família o que eles achavam que deveria fazer. Mal Lawson terminou de perguntar, e o filho de 17 anos já estava respondendo. "Bem", disse o filho, sem precisar tirar os olhos da comida, "se o senhor acredita em todo esse negócio que prega há tantos anos, então tem que fazer".

Ele tinha razão. E Lawson fez mesmo, celebrando o casamento do homem que com tamanha insensatez assassinou seu herói, demonstrando não apenas misericórdia, mas também provando quem tinha de fato *vencido* a batalha contra o ódio e a violência.

É importante observar que Jesus não se limitou a pregar o perdão apenas naquele momento na cruz. Antes de sua morte, Pedro fez a ele uma pergunta sobre o perdão. Sabendo da importância do ato, Pedro perguntou quantas vezes ele devia perdoar o próprio irmão. Uma vez só, por um único erro? E se o irmão reincidisse? E se cometesse o mesmo erro sete vezes? Deveria ele perdoá-lo sete vezes? "Eu lhe digo: não até sete vezes", respondeu Jesus, "mas até *77 vezes*". Na verdade, dependendo da tradução, o que Jesus disse foi *setenta vezes sete*.

E até isso é pouco. Todo o cristianismo se baseia na ideia de que, assim como Deus perdoou todos os seres humanos de forma absoluta, um cristão deve, por sua vez, imitá-lo. Qualquer que seja sua espiritualidade, o acordo é o mesmo: alguém gentil e generoso, alguém que nem sequer conhecemos já nos perdoou antes, pelo menos uma vez. Na verdade, a vida lhe deu *incontáveis* segundas chances, chance atrás de chance atrás de chance. Se dependêssemos de "justiça", já estaríamos eliminados há muito tempo... porém aqui estamos.

Hoje, carregamos essa dívida. Por isso, devemos perdoar os outros. Melhor ainda, temos o poder de enriquecer a nós e o mundo, *investindo* proativamente nesse perdão sempre que possível, sempre que temos a oportunidade de demonstrar misericórdia em relação a alguém que nos fez algo errado.

É complicado. Talvez não exista nada mais complicado que isso.

Não é necessariamente preciso perdoar em um momento único de misericórdia transformadora (ninguém nasce santo). Mas podemos perdoar aos poucos, dia após dia, até deixar tudo para trás. É preciso *trabalhar* nisso. Lembre-se: Marco Aurélio concluiu que estava se tornando melhor como lutador, melhor como governante, melhor em tudo, exceto naquilo em que precisava se tornar melhor: *como perdoador de erros*. O perdão é mais do que uma tradição cristã; também é parte do caminho do aperfeiçoamento pessoal. Quando Marco Aurélio foi traído pelo general em que mais confiava, Avídio Cássio, ele se referiu a isso como uma oportunidade para obter "o maior prêmio tanto na guerra quanto na vitória, prêmio que nenhum ser humano jamais obteve. E que prêmio é esse? Perdoar um homem que lhe fez mal, continuar amigo de quem transgrediu a amizade, continuar fiel a quem traiu a fé".*

Não foi essa a beleza da vida de Gandhi e das injustiças que suportou? Como ele optou pelo amor e pelo perdão, sem se apegar à inimizade, o resultado foi não apenas justiça para a Índia, mas um *manual* de como engendrar a não violência (o qual Lawson e King viriam a usar). "O perdão", disse Gandhi, citando um anti-

---

* O objetivo, segundo ele, era "chegar a uma boa solução e mostrar a toda a humanidade que existe um jeito certo de lidar com as guerras civis".

go provérbio, "é o ornamento dos corajosos". O perdão, a clemência... são as vestes mais nobres que um líder pode vestir.

É importante, porém, não apenas desconsiderar esse tipo de grandeza como algo sobrenatural, algo que apenas os verdadeiros santos são capazes de realizar. Muitos já observaram que o perdão é um presente que damos, acima de tudo, a nós mesmos. Foi isso o que os líderes do movimento pelos direitos civis perceberam: que não havia ninguém mais digno de perdão que os próprios adversários, tão consumidos pelo ódio e pela raiva que já não conseguiam enxergar o que era um ser humano.

"Se eu me virasse toda vez que alguém me chamasse de bicha", disse certa vez Harvey Milk, "eu só andaria para trás, e eu não quero andar para trás". Se ele se revoltasse, se desse importância a tudo o que foi dito ou feito contra ele, se nunca perdoasse ou esquecesse as maldades que sofreu, como poderia seguir adiante? Como seria possível ter qualquer tipo de esperança, que dirá dar esperança aos outros?

Você deve fazer igual. Nunca vai conseguir se vingar... a não ser ferindo a si próprio. Não dá para guardar esse rancor para sempre.

É preciso desapegar, estar acima, ser superior. É preciso ser compreensivo, perdoar, *amar*.

Pelos outros. Por você. Pelo mundo.

É o único jeito. É *o* jeito.

Perdoar não é martirizar-se. Mas sim uma espécie de conquista, em que se transcende o adversário, a situação e si mesmo.

Não há nada mais frustrante, para quem pratica o mal, do que o perdão. Nada é mais desconcertante para quem odeia do que não receber ódio em troca.

Sendo assim, nós vamos brandir o perdão como uma arma, pelo nosso bem e pelo bem do mundo.

REPARE OS ERROS

John Profumo era um homem mimado, descuidado e irresponsável. Até hoje, apenas enunciar seu nome evoca esta história, que ficou associada para sempre, na política britânica, a escândalo e vexame. E merecidamente: no Caso Profumo, como ficou conhecido, Profumo traiu a esposa com uma dançarina de 19 anos, mentiu a respeito do caso para o Parlamento e provocou, em meio a desonra e temores concretos sobre a segurança nacional, a queda do primeiro-ministro britânico.

Profumo renunciou em desgraça, banido da política e da vida pública.

Porém, em vez de se queixar daquilo que hoje chamaríamos de "cultura do cancelamento", tentar uma volta por cima ou ganhar dinheiro com um livro de memórias confessional, Profumo fez algo completamente diferente.

Poucas semanas após pedir demissão, Profumo foi a Toynbee Hall, uma entidade beneficente inglesa de luta contra a pobreza. Ao perguntar se poderia ajudar, logo recebeu um cesto de roupa suja, humilde tarefa que mudou sua vida para sempre.

Ele veio a se tornar o voluntário com mais tempo de serviço em Toynbee Hall, subindo na hierarquia, do trabalho braçal à direção da arrecadação, e dedicando milhares de horas ao longo dos quarenta anos seguintes, quase inteiramente sem reconhecimento ou alarde.

Quem dera pudéssemos reagir a todas as reviravoltas da vida com tanta elegância e bondade silenciosas.

A maioria de nós é surpreendentemente incapaz de fazer as pazes, de reconhecer defeitos ou fraquezas ("surpreendente" porque seria de se esperar que, sendo seres cuja imperfeição é inerente à própria natureza, poderíamos pelo menos nos aprimorar na arte de corrigir nossos erros). Com certeza, nossa extensa lista de equívocos e transgressões proporcionaria amplas oportunidades de aperfeiçoamento.

Até mesmo Gandhi sabia que era imperfeito. Afinal, não hesitava em admitir um erro. Ele assumia rapidamente a responsabilidade (às vezes até demais, recriminando-se quase a vida inteira pelo suposto pecado de não estar ao lado do pai quando este morreu).

Não existe justiça sem a capacidade de reconhecer erros e assumir a responsabilidade pelos próprios atos.

Conta uma anedota que um dia, muito antes da Guerra de Secessão, Abraham Lincoln foi o alvo das zombarias de um adversário político chamado Jesse Thomas. Ao saber dos insultos, Lincoln atravessou a cidade para discursar à plateia antes que as pessoas fossem embora. Então, em ótima forma, ele começou uma imitação quase perfeita do jeito de Thomas caminhar e falar. A plateia, divertindo-se como nunca, explodiu em gargalhadas. Lincoln, aproveitando-se da energia, foi em frente, criticando e ridicularizando Thomas de forma tão completa que uma testemunha descreveu o episódio como um "escalpelo", ainda mais doloroso devido ao fato de que Thomas se encontrava impotente no meio da plateia, assistindo à própria humilhação. Saiu dali chorando.

Quando o episódio virou o assunto de Springfield, Lincoln logo se deu conta da própria crueldade, embora não tivesse sido ele o provocador nem sua atitude contasse com a intenção de magoar ninguém. Para um homem de seu talento e inteligência, ser espirituoso (e divertido) era muito fácil. Enxergar como ele tinha sido grosseiro, porém, era bem mais complicado. Por iniciativa própria, ele procurou Thomas para demonstrar arrependimento. Porém, mais que um pedido de desculpas, levou consigo uma lição: o que acontece quando levamos algo longe demais. Anos depois, ele ainda se referia àquele momento "com o mais profundo desgosto".

O mais importante é que o Lincoln que saiu desse episódio foi um homem mais sábio, mais paciente, mais piedoso... mais próximo do homem cujo segundo discurso de posse girou em torno não apenas dos inegáveis males do sul escravocrata, mas também da cumplicidade e responsabilidade do norte.

Por algum motivo, quase duzentos anos mais tarde, ainda sofremos com esse problema, sofremos até mesmo para *admitir* os pecados do passado cometidos por *outros*. O estado da Virgínia pediu desculpas pela escravidão em... 2007! E foi o primeiro estado norte-americano a fazê-lo! Quantos estados do norte (cujos bancos e indústrias também se beneficiavam do mesmo sistema) pensariam em fazer um pedido de desculpas parecido? Por esse motivo, "reparação" tornou-se um dos termos mais polêmicos da política dos Estados Unidos, quando na verdade poderia ser visto como uma bela ideia, cuja discussão, por mais impraticável que seja, já seria redentora.

Os Estados Unidos não estão sozinhos nisso. A Turquia se recusa até mesmo a pronunciar a palavra "genocídio" em relação à deportação e ao assassinato de centenas de milhares de armênios. O Japão nunca admitiu plenamente o terrível uso de "mulheres de conforto" e os outros crimes sexuais de seu império. A Igreja Católica passou décadas acobertando e negando seus próprios e horrendos escândalos de abuso sexual. O mundo inteiro deve desculpas à comunidade LGBTQIAPN+.

Em alguns casos, não há sequer pessoas vivas diretamente responsáveis por essas graves injustiças. Mesmo assim, ninguém quer enxergá-las cara a cara. O fato de não termos culpa não absolve ninguém da responsabilidade. Porém, a recusa em ver e o acobertamento, estes, sim, tornam você cúmplice. Tornam você moralmente responsável, caso volte a ocorrer.

Na Alemanha existe uma palavra (*Vergangenheitsbewältigung*) que significa "encarar o passado" com responsabilidade coletiva pela injustiça. Em todo o país existem cerca de 75 mil *Stolpersteine*, ou "pedras no caminho", pequenos marcos que registram injustiças (na maioria dos casos, *assassinatos*) relacionados ao Holocausto. Uma vez mais, a maioria das pessoas que esbarra nessas pedras, que foram instaladas em ruas e calçadas, nem tinha nascido quando foram cometidos os crimes terríveis que elas relembram. Porém, assim como ocorre com a escravidão, as consequências desses crimes persistem, as injustiças ainda perduram.

Embora não dê para mudarmos o passado, dá para agirmos melhor no futuro (recusando-nos a negá-lo). Ao fazer isso, começamos a colocar em prática a reparação por aquilo que aconteceu.

E *temos* que fazer essas reparações. Temos que cicatrizar, aprimorar e colocar as coisas em um rumo melhor.

Em um discurso sobre o colonialismo, o dr. Albert Schweitzer, missionário, filósofo e ganhador do Prêmio Nobel da Paz, explicou que seu incansável trabalho como médico na África baseou-se na ideia de que "carregamos o fardo de uma enorme dívida. Não temos a liberdade de conceder ou não conceder tal benefício a esses povos como bem entendermos. É nosso *dever*. Tudo o que lhes damos não é benevolência, e sim reparação. É sobre essa base que toda deliberação relativa às 'obras de caridade' deve principiar".

Seja em uma discussão cruel, como a de Lincoln; em um escândalo, como o de Profumo; na propensão ao bullying, durante a infância; ou no modo como agimos em certos momentos do casamento, todos nós precisamos ter coragem de encarar o passado. Nosso passado pessoal e coletivo. Precisamos ter a força não apenas de reconhecer o erro, mas de consertar as coisas.

Embora nada possa desfazer o passado, sempre temos a chance de fazer *melhor*. Temos a oportunidade de nos tornarmos pessoas melhores, em consequência do ocorrido, mesmo que seja apenas tomando a iniciativa de assumir a desagradável responsabilidade por aquilo.

Negação, desacato, repúdio... são sinais de insegurança. Quem não tenta consertar o errado são pessoas fracas, sociedades fracas. Aqueles que se acham incapazes de pedir perdão ou fazer reparações.

Assim como temos que tentar perdoar quem nos fez mal, temos que fazer um esforço ativo de busca do perdão pelos males que fizemos. Não podemos fazer de conta que nunca aconteceu. Temos que reparar os erros.
Devemos isso àqueles que machucamos.
Também devemos isso a nós mesmos.
Não é fugindo das coisas que atingimos nosso potencial. É encarando-as (principalmente as difíceis de encarar).

Aquilo que fizemos, aquilo que já aconteceu, não precisa ficar como um segredo vergonhoso, não precisa ser uma ferida aberta, um peso que nos puxa para baixo.

Pode ser algo que nos transforma, um veículo para a redenção e o aperfeiçoamento.

Pode fazer de nós... e do mundo... uma versão mais justa.

A GRANDE UNIDADE

Em 1950, enlutado pelo filho que a poliomielite acabara de levar, um homem recebeu uma carta de Albert Einstein. Sendo Einstein um homem da ciência, seria de se esperar que tivesse um ponto de vista bastante resignado em relação à natureza trágica da condição humana. O ser humano nasce. É atingido por forças além do nosso controle, além da nossa compreensão. E morre. Muitas vezes sem motivo, deixando um sofrimento profundo. Considerando a enormidade dos acontecimentos de meados do século XX (o Holocausto e a violência da era atômica), seria compreensível que Einstein ficasse indiferente à perda de uma única criança, com quem não tinha qualquer contato.

Em vez disso, Einstein enviou uma carta de condolências profunda e filosófica.

"O ser humano", escreveu, "faz parte de um todo, a que chamamos de 'Universo', uma parte limitada no tempo e no espaço. Ele vivencia a si mesmo, a seus pensamentos e emoções como algo separado do resto... uma espécie de ilusão de ótica da própria consciência. A luta para se libertar dessa ilusão é do que se trata a verdadeira religião. Não alimentar essa ilusão, mas tentar superá-la, é o jeito de atingir a dose alcançável da paz de espírito".

Einstein estava expressando uma das poucas coisas em que físicos, filósofos e sacerdotes parecem concordar: que tudo e todos estão muito mais conectados do que tendemos a pensar. Nós compartilhamos de uma força anímica, uma energia, uma unidade que, não importa o que aconteça, por mais diferentes que as coisas pareçam, está sempre presente. Mesmo em meio ao sofrimento, ao luto, recorremos a algo eterno e vasto, que nos faz perceber que não estamos nem um pouco sozinhos.

"Você acha que sua dor e seu sofrimento não têm precedentes na história mundial", escreveu James Baldwin, "e aí você começa a ler". Foram os livros, a história, a filosofia, disse Baldwin, que lhe ensinaram que "as coisas que me atormentavam eram exatamente as mesmas que me conectavam com todas as pessoas vivas, ou que já tinham vivido".

Somos um só.

É fácil esquecer-se disso, mas é verdade.

Ninguém sentiu isso com mais intensidade do que os astronautas que tiveram a experiência única de ver a Terra do espaço. Fossem eles norte-americanos, russos ou chineses, todos ficaram impressionados com aquilo que foi chamado de "efeito de visão geral", uma conscientização global instantânea, um senso inescapável de que estamos todos no mesmo barco, onde quer que vivamos, qualquer que seja nossa crença.

O que eles vivenciaram ao olhar para a "bola de gude azul" que é nosso planeta foi o mesmo sentimento que Hiérocles tentou ensinar às pessoas, uns dois mil anos antes. Sim, é natural pensarmos primeiro em nós mesmos e em nossos entes queridos, mas, esforçando-nos, dá para expandirmos cada vez mais esse círculo de preocupação, até percebermos tudo o que está vivo como um único e enorme organismo. Os astronautas vivenciam exatamente o mesmo que Gandhi, que nunca nem sequer entrou em um avião, nunca viu a humanidade de um lugar mais alto que alguns andares de edifício, chamou de *grande unidade*.

Quando nos damos conta e nos deixamos banhar nela, em contemplação admirativa, isso faz mais do que nos incitar à modéstia. Também nos torna mais generosos. mais corajosos, mais comprometidos com o justo. Torna-nos menos preocupados com bobagens sem sentido, com preconceitos sem sentido, com picuinhas, com nossa dor.

Dá euforia. Também pode ser arrasador, do ponto de vista existencial. O ator William Shatner, depois de "explorar o espaço" em filmes durante a vida inteira, visitou o cosmos aos 90 anos de idade. Ele achava que ficaria maravilhado com a beleza de tudo o que contemplasse. Em vez disso, ao ver a Terra de longe, só sentiu tristeza. Porque ele se deu conta de que tudo o que importa está ali embaixo, na Terra, e que ninguém dá valor àquilo. As pessoas estavam destruindo aquela maravilha, abusando dela, tirando-a das futuras gerações.

O manto da interdependência, o grande feixe de humanidade a que Frances Ellen Watkins Harper se referiu, existe mesmo. Mas que aparência ele teria hoje? O meio ambiente está sofrendo. Bilhões de pessoas vivem na pobreza. Milhões morrem por causas totalmente preveníveis. A injustiça esgarça o tecido que nos une. Por quanto tempo isso pode continuar impune até destruir tudo de vez?

> Tenho certeza de que as pessoas vão muito melhor quando a cidade inteira floresce do que quando alguns cidadãos prosperam, mas a comunidade saiu do rumo. Quando um homem se sai bem sozinho, mas seu país está desmoronando, ele também desmorona; no entanto, um indivíduo em dificuldade tem muito mais esperança quando seu país prospera.

Seria o lamento de algum político atual? O manifesto de algum revolucionário socialista do início do século XX?
Não. É Péricles, no ano 431 a.C.
O governo e o contrato social surgiram em torno dessa ideia. Todo governo, disse um dos Pais Fundadores dos Estados Unidos, tem como único objetivo o bem comum.
De que adianta sermos bem-sucedidos se é à custa dos outros? Que segurança temos se a nossa segurança deixa os outros vulne-

ráveis? Para que servimos se não temos como ajudar os outros? Todos nós estamos interligados nesta coisa chamada "vida". Compartilhamos este planeta. Quando nos esquecemos disso, ou perdemos a noção de como nossos atos afetam os outros, é aí que a injustiça prospera.

A frase de Marco Aurélio "o que é ruim para a colmeia é ruim para a abelha" poderia ter sido feita em um futuro debate político, ou poderia vir de um editorial do *New York Times*. Trata-se de um pensamento do qual ele precisa sempre se lembrar, assim como nós precisamos. Ele se esforçava para enxergar o universo como "um único ser vivo, com uma só substância e uma só alma... [em que] todas as coisas se referem a essa percepção única... e todas as coisas atuam em um só movimento. E como todas as coisas cooperam como causa de tudo o que existe; o contínuo tecer do fio e a tessitura da teia". As políticas e decisões dele sempre refletiram essa ideia? Não. E suas maiores falhas (como a perseguição dos cristãos pelos romanos naquela época) são reflexo do que acontece quando nos perdemos da estrela-guia maior.

"Não tenho conhecimento de qualquer experiência ao longo de minha estadia de três meses na Inglaterra e na Europa", comentou Gandhi depois de uma de suas viagens, "que me tenha dado a impressão de que, no fim das contas, o Oriente é o Oriente e o Ocidente é o Ocidente. Pelo contrário, convenci-me mais do que nunca de que a natureza humana é a mesma, qualquer que seja o clima onde viceja".

É por isso que ele era incapaz de odiar. Incapaz de dar as costas. É por isso que sonhava com um mundo melhor, com menos divisões, onde os problemas nunca seriam resolvidos pela violência ou pela dominação. "A vida não será uma pirâmide, na qual o ápice é sustentado pela base", explicava, soando como Hiérocles. "Será, isto sim, um círculo oceânico, cujo centro será o indivíduo sempre pronto a se sacrificar pela aldeia, a aldeia pronta a sacrificar pelo círculo de aldeias, até que no fim o todo se torne uma única vida composta de indivíduos, jamais agressivos em sua arrogância, e sempre humildes, compartilhando da majestade do círculo oceânico do qual são unidades por inteiro."

Foi a isso que ele dedicou os últimos anos de vida. Por isso estava disposto a morrer não apenas pela independência, mas pela igualdade para os intocáveis e pela paz entre muçulmanos e hindus. "Sou muçulmano", disse ele, "hindu, budista, cristão, judeu e pársi".

Você também é. Todos nós somos.

Somos uma única coisa e a mesma.

Todos mortais. Todos defeituosos.

Todos dotados de incrível potencial. Todos merecedores de justiça, respeito e dignidade.

Todos indivíduos singulares e, ao mesmo tempo, partes inseparáveis da humanidade passada, presente e futura.

Truman levava na carteira um verso de um poema de Milton, que dizia apenas:

No parlamento do Homem, a federação do mundo.

É a ele que pertencemos. É ele que devemos proteger.

AMPLIE O CÍRCULO

Nos Jogos Olímpicos de 1932, em Los Angeles, um carismático cavaleiro japonês chamado Shunzo Kido apresentou uma das performances mais notáveis da história do esporte: conseguiu assumir a liderança de uma corrida de *cross country* de 36 quilômetros e 50 obstáculos, na qual não estava acostumado a competir. Seu cavalo sequer era treinado para algo assim. Um companheiro de equipe tinha se lesionado e Kido entrara em seu lugar. De repente, porém, bem à frente do pelotão e tendo ultrapassado a penúltima barreira, com a medalha de ouro ao alcance da mão, ele puxou as rédeas e abandonou a corrida.

Por quê?

Ele teve a sensação íntima de que o cavalo não aguentava mais, de que, embora pudesse vencer, o cavalo não sobreviveria à vitória. Como diz uma placa na Ponte da Amizade, na trilha do Monte Robidoux, na Califórnia, "o tenente-coronel Shunzo Kido renunciou ao prêmio para salvar seu cavalo. Ele ouviu o sussurro da misericórdia, e não a aclamação ruidosa da glória".

A forma como tratamos quem trabalha para nós, como tratamos estranhos, diz muito a nosso respeito.

Como tratamos os indefesos? Os que não têm voz? As outras espécies? Segundo Gandhi, isso diz *tudo* a nosso respeito. *Tudo o que você tiver feito pelo mais diminuto dos meus irmãos.*

No livro *A insustentável leveza do ser*, de Milan Kundera, que trata da Primavera de Praga e da ocupação militar soviética, Tereza, a sensível e bondosa protagonista, diz ao marido: "É muito mais importante desenterrar um corvo meio enterrado do que mandar uma petição para um presidente."

É claro que a política é importante. É claro que as grandes lutas do nosso tempo são importantes. Mas as pequenas coisas que mal enxergamos também são. Os jainistas da Índia, religião que data do século VI a.c. e valoriza o respeito a todos os seres vivos, tinham como regra não fazer peregrinações na estação das chuvas, para não pisar na grama recém-nascida. Que atitude linda e gentil como base de comportamento. É um lembrete ao mesmo tempo prático e metafórico de que até nossas menores decisões têm repercussões no mundo à nossa volta. É certo que serviu de influência para Gandhi, cujo vegetarianismo era a mãe de todas as suas outras decisões humanitárias.

Um filósofo da Antiguidade diria que a gentileza era maior que a justiça, porque a justiça era uma questão de leis, entre seres humanos. A gentileza, no entanto, também incluía como tratamos os animais e todas as demais criaturas vivas. É isso o que os estoicos tentavam fazer: ampliar a definição daqueles a quem deviam gentileza e justiça.

Leonardo da Vinci é famoso pela genialidade de suas pinturas e criações. E quanto a seus amigos? Eles conheciam Da Vinci como o tipo de pessoa que via na feira um passarinho engaiolado e comprava-o, apenas para poder libertá-lo. Antes de Lincoln ao menos entender o que era a escravidão, sua empatia moral foi despertada quando o meio-irmão mais jovem, John Daniel Johnston, pegou uma tartaruga e esmagou-a contra uma árvore, apenas por diversão. A morte dolorosa e desnecessária da tartaruga foi insuportável para o menino, que começou, nas palavras da meia-irmã, "a pregar contra a crueldade aplicada aos animais, argumentando que, para uma formiga, a vida tinha tanto valor quanto para nós". É claro que, anos depois, quando Lincoln viu pela primeira vez escravizados acorrentados juntos (ou, em sua descrição vívida, "encordoados com a precisão de peixes no fio de pesca"), ele ficou igualmente chocado. Não era jeito de tratar ninguém nem coisa alguma.

Claro, é fácil não pararmos para pensar em como deve ser a sensação de um passarinho engaiolado. É mais fácil pensar no mau cheiro quando se passa em frente à chaminé de uma fábrica, ou pensar apenas no preço quando se escolhe entre dois itens de origens muito diferentes no supermercado. Dá trabalho parar para adotar um cachorro de rua. Mas, assim como precisamos nos preocupar com as condições de vida da "outra metade", também precisamos levar em conta a vida de bilhões e bilhões de outras formas de vida neste planeta.

Há um famoso vídeo disponível on-line em que uma gorila chamada Koko, depois de muitos anos assistindo ao programa de TV do apresentador Fred Rogers, um dia foi apresentada ao próprio. Na mesma hora, ela tira os famosos sapatos azuis dele — um gesto de boa vizinhança direto do reino animal, lembrando-nos de que a evolução também concedeu a várias espécies o dom da gentileza.

E, por conta disso, também temos a obrigação de sermos gentis.

Catão, o Velho, bisavô de Catão, foi recriminado, em sua época, pela forma como abusava dos animais no trabalho em sua fazenda. Sem se contentar em simplesmente tirar proveito do esforço deles, Catão os levava à morte por esgotamento e então os substituía. Tal prática era totalmente dentro da lei e sem dúvida lucrativa, mas nem por isso era a certa.

Ainda bem que, ao ouvir isso, sentimos nojo, assim como quando olhamos um mapa antigo e descobrimos que, poucas gerações antes, nossos ancestrais dividiam um continente inteiro de acordo com aquilo que podiam extrair dele: a Costa do Ouro, a Costa do Marfim, a Costa dos Escravos.

É ingenuidade pensar que tais impulsos e exploração brutal simplesmente desapareceram. É preciso que identifiquemos as crueldades impensadas e lucrativas do nosso próprio modo de vida, nas nossas empresas, e façamos o possível para pôr fim a elas... ou, no mínimo, reduzi-las. O trabalho de Temple Grandin, por exemplo, ajudou a reduzir o sofrimento nos abatedouros, assim como o esforço dos ativistas pelos direitos dos animais levou milhões de pessoas a questionar se deveriam comer qualquer tipo de carne. Ambos têm compreensões diferentes em relação ao que representaria justiça. Ambos, porém, estão transformando o mundo em um lugar melhor.

Isso também se aplica aos caçadores e pecuaristas, cuja relação com a vida selvagem é radicalmente diferente, mas que, em algumas situações felizes, encontraram pontos em comum com os ambientalistas na preservação de espécies ameaçadas, do clima e do planeta, para o benefício de todos. Assim como todos devem ter o direito de sentar-se sob a própria figueira sem medo, deve-se permitir que a majestosa vida selvagem do nosso planeta (animais que estão por aqui há muito mais tempo que nós) sobreviva, prospere e continue a viver do modo como faz.

E não apenas as espécies majestosas, ou as fofas... a própria figueira merece ser protegida. A parreira merece um solo fértil. Os rios precisam correr despoluídos. A grama precisa crescer a ponto de vergar sob o próprio peso, como comentou Marco Aurélio certa vez. O mundo inteiro é um templo, diziam os estoicos. A natureza é divina, abusar dela é cometer sacrilégio.

"Um homem só é verdadeiramente ético", escreveu Albert Schweitzer, "quando obedece ao rigor que lhe cabe no auxílio a todas as formas de vida que é capaz de proteger, e quando ele faz todo o possível para evitar cometer o mal contra tudo o que é vivo. Ele não pergunta até que ponto esta ou aquela forma de vida merece consideração por seu valor intrínseco, nem se ela tem ou não sentimento. Para ele, a vida é sagrada em si mesma". Por isso, Schweitzer era vegetariano... e deixou de lado a maior parte de seu trabalho como filósofo para montar consultórios médicos na África.

Durante uma viagem de barco pelo rio Ogooué, no atual Gabão, na África, ele cunhou a bela expressão *Ehrfurcht vor dem Leben*: "Reverência pela vida."

Precisamos cuidar de todas as formas de vida... mesmo que nossa própria vida se encontre diante de necessidades mais pessoais ou urgentes. Porque isso diz algo a nosso respeito. Porque é um legado que deixaremos ao mundo... Na verdade, pode até decidir se *haverá* um futuro.

Não deve causar surpresa que Catão, tão desinteressado pela vida dos animais que possuía, também fosse um impiedoso proprietário de pessoas escravizadas. De certa forma, tudo tem a ver. A lógica segundo a qual alguns seres humanos são menos importantes que outros (porque não se parecem conosco, porque não são nossos parentes) é a mesma segundo a qual outras formas de vida são menos importantes.

Para os princípios da justiça, isso não apenas é anátema. Também é perigoso e desvirtua quem pensa assim. Quando se é indelicado, indiferente e cruel em um aspecto... isso transborda para outros. Também é uma questão de oportunidade: quanto mais abrimos nosso coração em um aspecto, mais abertos podemos ficar em outros.

Ao "ampliar o círculo", na expressão do filósofo Peter Singer, tornamos o mundo melhor.

E também nos tornamos melhores.

ENCONTRE O BEM EM TODOS

Se Harvey Milk fosse um pouco mais mente fechada, talvez ainda estivesse vivo.

Mas, se tivesse sido um pouco mais mente fechada, não seria Harvey Milk.

A maioria das pessoas, mesmo antes do confronto fatal com Milk, achava que havia algo de esquisito em Dan White, um ex--policial que entrou para a política local e tinha posições antigay muito radicais.

"Harvey, esse cara é um escroto", avisou um vizinho.

Mas Milk insistia ser uma simples questão de ignorância. "Ele vem da classe operária, é católico, foi criado com todos esses preconceitos", explicou Milk, defendendo um homem que ele tinha poucos motivos para defender. "Vou me sentar ao lado dele todos os dias e mostrar que não somos todo esse mal que ele pensa de nós."

As pessoas diziam que era perda de tempo. Diziam que ele ia se arrepender. *Certos homens não têm jeito...*

Milk tentou mesmo assim. Fazer aliados era parte de sua filosofia.

"Com o passar dos anos", alegava Harvey, "esse cara pode ir aprendendo... com ajuda, todo mundo pode aprender. *Vocês* acham que certas pessoas são casos perdidos... eu, não".

De fato, os dois encontraram pontos em comum, tornaram-se amigos e trabalharam em conjunto em algumas coisas, apesar da profunda diferença de experiências. Foi White que conseguiu a nomeação de Milk como secretário do Comitê de Transportes e Vias Públicas. Em 1977, Milk foi ao batizado do bebê de White.

White apoiou a primeira e única lei que Milk conseguiu aprovar, e também se pronunciou contra uma medida cujo objetivo era que a diretoria das escolas locais demitisse professores assumidamente gays.

E então White, depois de uma série de desavenças com Milk e o prefeito da cidade, disparou cinco tiros em Milk, os dois últimos à queima-roupa, no crânio.

Adiantou ser gentil? Valeu a pena?

Essa é uma pergunta que Milk não faria.

A questão era saber se ele tinha razão. Saber qual caminho era o mais amoroso, qual trazia mais esperança.

Se Harvey Milk só enxergasse o lado preconceituoso das pessoas, se enxergasse apenas o perigo que elas representavam, ele nunca teria feito uma aliança com o sindicato dos caminhoneiros, para começo de conversa. Sem sombra de dúvida não teria sido capaz de encontrar esperança em nada nem em ninguém, e com certeza não teria sido capaz de dar esperança à população.

Todos temos um Hitler dentro de nós, escreveu a dra. Edith Eger, e todos temos uma Corrie ten Boom (uma das agraciadas como Justa entre as Nações). Qual dos dois vamos colocar para fora? Qual dos dois preferimos ver nos outros?

Em um de seus vários períodos na prisão na África do Sul, Gandhi se ocupou confeccionando sandálias. Ao voltar da África para a Índia, em 1914, ele deu um dos pares ao general Jan Smuts, o primeiro-ministro da África do Sul, com quem ele tantas vezes havia entrado em conflito, e que o havia enviado para a cadeia.

Smuts viria a lutar nas duas guerras mundiais. Tornou-se um dos principais políticos de sua geração. Porém, o tempo todo, pensava em Gandhi, em especial quando calçava aquelas sandálias, exatamente o objetivo de Gandhi. Pensava na piedade de Gandhi, em sua vocação moral, em sua coragem. Quando Gandhi completou 70 anos, Smuts devolveu-lhe as sandálias. "Calcei estas sandálias em muitos verões desde então", refletiu, "muito embora eu tenha a impressão de que não mereço calçar os sapatos de um homem de tanta grandeza". Na verdade, Smuts, apesar da cumplicidade inicial com um regime racista e explorador, fez por merecer calçar aquelas sandálias. Ele foi fundamental na criação da Sociedade das Nações. Duas décadas mais tarde, redigiu o esboço da Carta das Nações Unidas. E, depois do Holocausto, contribuiu para que os judeus encontrassem uma pátria.

Foi Gandhi, segundo ele, que o redimiu, libertando-o de "um senso de inutilidade e complacência" e servindo, para ele e toda a humanidade, como uma "inspiração [...] para não desistir de fazer o bem".

"Não se deve perder a fé na humanidade", escreveria Gandhi tempos depois para Amrit Kaur, a primeira-ministra da Saúde da Índia após a independência. Gandhi estava tranquilizando-a, mas também relembrando a si próprio. "A humanidade é um oceano. Mesmo que algumas gotas estejam poluídas, o oceano não fica poluído."

Todo o pressuposto da filosofia de Gandhi era que existe bondade nas outras pessoas (ou, pelo menos, na *maioria* das pessoas). Para ele, ninguém era intocável, ninguém estava tão fora de alcance, ninguém era desmerecedor de convencimento. É disso que dependia a não violência, é a isso que ela recorria. No caso dos britânicos, deu certo porque, por mais que o império tivesse pilhado as riquezas coloniais, eles ficaram com vergonha da própria ganância e crueldade quando se viram no espelho. E essa vergonha (que o próprio Gandhi vivenciara em sua vida) chegou a tal ponto que eles concordaram em mudar. Melhor ainda: tentaram agir melhor.

Não faltavam motivos para Gandhi desistir da humanidade, assim como não faltavam para os ativistas pelos direitos civis ou para as sufragistas. Dia após dia, eles viam o que há de *pior* no ser humano... e mesmo assim olhavam mais à frente, mantendo o foco no prêmio final. Continuaram apelando e acreditando na humanidade dos adversários, que muitos outros achavam, com bons motivos, que não existia. E foi fazendo isso, lutando com criatividade, resistindo com coragem, demonstrando a própria humanidade, que, pouco a pouco, esses ativistas arrancaram essa humanidade daqueles que eram seus cruéis opressores. O bem não se procura, *se encontra*. Porque (por mais oculto que esteja) ele existe. Em cada pecador, em cada pessoa estranha, em todas as pessoas, explicou Marco Aurélio, existe uma natureza semelhante à nossa. Em cada um de nós existe o bem, uma função que nascemos para desempenhar na vida.

Vai ser um desafio, vai nos deixar vulneráveis, vai nos assustar, como Marco Aurélio sabia por experiência própria. Cheio de amor, Marco Aurélio escreveu sobre como até mesmo seu meio-irmão cheio de defeitos ajudou-o a melhorar o próprio caráter. Apesar disso, o meio-irmão também deve tê-lo frustrado, deve tê-lo decepcionado muitas vezes.

Com elegância, Marco Aurélio usou sua experiência com Cássio, o amigo de longa data que o traiu, como oportunidade para ensinar e crescer como líder. Em breve estaremos todos mortos, lembrou Marco Aurélio a si mesmo... e, além disso, essas pessoas não chegaram a nos ferir, não mudaram *nossa* capacidade de sermos bons e justos.

Mickey Schwerner era um jovem judeu que foi para o sul durante o Verão da Liberdade. Lecionou em escolas. Convocou eleitores. Tentou ajudar pessoas a arrumar emprego. Por conta disso, acabou sendo espancado pela polícia, sequestrado e levado para uma estrada rural escura com uma arma apontada para a cabeça. Em seus últimos momentos na Terra, encarando a tortura e a morte, um de seus algozes segurou-o e perguntou: "É você que gosta dos crioulos?"

E Mickey fitou-o nos olhos e disse suas últimas palavras: "Senhor, eu sei exatamente como se sente."

Seus assassinos repetiram para si próprios muitas coisas: que Mickey era um agitador, que Mickey era um traidor de sua raça, que Mickey era comunista, que Mickey era um forasteiro ateu que viera para destruir o modo de vida deles.

O escritor William Bradford Huie teve um diálogo notável com um dos homens que assassinaram Mickey e enterraram seu corpo destroçado em um dique com outros dois ativistas, certos de que eles jamais seriam encontrados.

"É verdade que ele se dizia ateu", afirmou Huie.

"Ele era, é? Ele não acreditava em *nada*?"

"Acreditava, sim", respondeu Huie. "Ele acreditava em uma coisa. Ele acreditava piamente nela."

"Ele acreditava em quê?"

"Ele acreditava em *você*!"

"Em mim? Que história é essa?"

"É. Ele acreditava em você. Acreditava que o amor podia vencer o ódio. Acreditava que o amor podia transformar até mesmo você. Ele não achava que você não tinha jeito. É por isso que ele acabou morto."

É verdade, em boa parte do tempo vamos acabar decepcionados. Também foi isso o que provocou a morte de Harvey Milk. Às vezes descobrimos que o bem que buscamos em uma pessoa empalidece em comparação com o lado sombrio e cruel que coexiste nela.

Esse benefício da dúvida será fonte de sofrimento para nós, assim como esse perdão, essa esperança. No entanto, é preciso que brote eternamente de dentro de nós. Mesmo que não seja retribuído.

Não podemos considerar que as pessoas são imutáveis. Não podemos considerá-las de todo más.

Porque, se o fizermos, quer dizer que nossa missão acabou. Significa que a mudança é impossível. Que a justiça morreu.

Você conhece a letra de "Amazing Grace"?

Graça sublime, som afinado
Um pecador vem socorrer.
Se me perdi, já fui achado,
Se cego eu fui, já posso ver.

John Newton, que a escreveu, foi um homem traumatizado e cheio de falhas. Alistado com crueldade na marinha britânica, contra a própria vontade, foi espancado, chicoteado e sofreu abuso. Ele retribuiu esse abuso tornando-se, por sua vez, um cruel alistador, servindo como capitão de um navio negreiro em incontáveis viagens.

Motivos mais que suficientes para cancelar uma pessoa, para considerá-la irremediavelmente má e perversa.

Mas Newton acabou se tornando um fervoroso abolicionista, integrante fundamental da campanha de Thomas Clarkson, aliado sem o qual a mudança talvez não tivesse sido possível.

Algumas pessoas são piores do que gostaríamos. Também são melhores do que seríamos capazes de compreender. Esse é o poder da compaixão.

É por isso que nos sentamos à mesa com os Dan Whites, mesmo arriscando nossa vida. Mesmo que muitas vezes não dê certo.

Porque não podemos nos dar ao luxo de desperdiçar as vezes em que dá certo.

Porque *nós* nos aperfeiçoamos com a esperança, a paciência e a fé que isso exige.

DEDIQUE-SE PLENAMENTE

Quando Régulo voltou a Cartago, como prisioneiro voluntário, os captores não lhe renderam honrarias por ele ter cumprido com a palavra. O homem que deixou a própria família chorando, que pôde passar apenas alguns dias em sua pátria amada depois de tantos anos longe, não foi tratado com misericórdia por seus algozes, em retribuição a seus incríveis princípios.

Não, eles o torturaram. *Até a morte.*

Como ele sabia que fariam.

A versão mais leve de sua execução fala em crucificação. Uma das piores diz que teriam privado Régulo do sono até ele enlouquecer. Seu sofrimento só teria acabado quando foi mortalmente pisoteado por um elefante.

Ele voltara por iniciativa própria a Cartago, certo de que a "destruição manifesta" o aguardava. Cumpriu com a própria palavra pelo mesmo motivo que fez Gandhi voluntariamente retornar à prisão depois de receber uma semana de liberdade para sepultar a esposa amada. Claro, eles poderiam ter aproveitado para fugir (teria sido melhor se tivessem), mas é por isso que não o fizeram.

Como representante de Roma, os juramentos e as decisões de Régulo não diziam respeito apenas a ele. "Tenho diversas razões para esta atitude", explicou Régulo, "mas a principal é que, se cumprir meu juramento, serei o único a sofrer as consequências; porém, se eu o violar, a cidade inteira será impactada". Para ele, era melhor sofrer sozinho, de imediato, do que repassar esse preço às futuras gerações de romanos em cuja palavra ninguém, aliado ou inimigo, confiaria.

Emily Davison, a sufragista que suportou a prisão e passou por uma greve de fome quase fatal, antes de seu ato final de sacrifício político, jogando-se na frente do cavalo do rei, explicou "ter feito isso deliberadamente e com todas as minhas forças, por sentir que nada, a não ser o sacrifício da vida humana, faria a nação entender a horrível tortura enfrentada por nossas mulheres!".

Gerald Ford, presidente dos Estados Unidos entre 1974 e 1977, não *queria* destruir suas chances de reeleição, mas sentiu que os princípios da clemência, da reconciliação e da boa administração exigiam dele que perdoasse seu antecessor, Richard Nixon. Não que Nixon tenha sido muito elegante em relação a isso. Não que o país tenha sido muito compreensivo em relação ao sacrifício de Ford. No entanto, ele fez. Assim como Carter, depois dele, usaria o mesmo poder para conceder um perdão igualmente custoso.

Em Yorktown, em 1781, Thomas Nelson percebeu a aproximação do invasor britânico. Quando veio a ordem de abrir fogo, ele não vacilou. Ordenou que os artilheiros mirassem no imponente casarão ocupado pelos britânicos, perto da orla, na Main Street. Enquanto ajustava a mira dos canhões, oferecendo uma recompensa de 5 guinés a quem acertasse a casa, poucos artilheiros poderiam supor que o comandante os estava ajudando a destruir *sua própria casa*.

A uns, pede-se que deem pouca coisa. A outros, muita. A alguns, pede-se que deem *tudo*.

Quando temos nossa estrela-guia, fica claro o que temos que fazer. A força do nosso caráter nos proporciona generosidade. Mesmo quando dói, mesmo quando custa caro.

Essa clareza, claro, não faz desse sacrifício algo *fácil*.

Régulo deve ter tido dúvidas pessoais, como qualquer ser humano teria. Não apenas na hora da agonia brutal da tortura, ou na longa e solitária viagem rumo a seu destino terrível. Mas também naqueles momentos de reflexão torturante, dilacerado entre obrigações incompatíveis (do tipo que todos temos, porque trabalho, família, pátria e honra nem sempre estão alinhados). Foi tão difícil para ele que, logo após sua chegada a Roma, precisou recusar-se a ver a própria esposa por saber que o amor poderia suplantar o dever. Dá para imaginar o que ele sentiu quando os filhos se agarraram às pernas dele, quando os amigos imploraram que mudasse de ideia, dizendo-lhe que *não precisava* fazer aquilo, que ninguém o condenaria por ficar?

Mesmo assim, ele foi... e, segundo Sêneca, mesmo após aquela morte terrível, Régulo teria feito tudo de novo se tivesse a oportunidade, como provavelmente Carter, Ford, King e Gandhi teriam feito. "Quer saber o quanto ele pouco lamenta ter atribuído à virtude um valor tão alto?", escreveu Sêneca a respeito de Régulo, dizendo que ele não ficou arrasado, e sim *contente*. "Liberte-o da cruz e devolva-o ao Senado: ele manifestará a mesma opinião."

"Eu não tiraria minha própria vida", disse Martin Luther King Jr. a respeito do próprio compromisso, "mas a daria de bom grado por aquilo que acho certo".

Régulo não pôde testemunhar os benefícios de seu empenho, mas gerações de compatriotas, sim. Os inimigos também. Todos sabiam *que a palavra de um romano era confiável até a morte*.

Raramente isso beneficia os delatores que vêm a público, que acabam pagando uma fortuna em honorários advocatícios, perdem o emprego, perdem anos de vida.

Calcula-se que a abolição da escravatura posteriormente custou ao Reino Unido cerca de 2% do Produto Interno Bruto durante *meio século*. Atualizado, esse valor chegaria a trilhões de dólares nos dias de hoje. Em 2015, o governo britânico ainda estava indenizando proprietários de escravizados. Olhando para trás, porém, havia outra solução?

Porque o inverso também tem um custo. Pagamos por nosso egoísmo, lembrou Oscar Wilde em *O retrato de Dorian Gray*, "em remorso, em sofrimento, em... bem, na consciência da degradação".

Talvez valorizem o bem que fazemos e o preço que pagamos. Talvez, não.

Talvez as pessoas compreendam. Talvez, não. Mas não é essa a questão. A questão não somos nós. Mas sim as pessoas que dependem de nós.

Além disso, não estamos em busca da "terceira coisa"... isso é bom, porque talvez não estejamos mais por aqui no dia em que as pessoas vierem dá-la a nós.

O importante é fazermos o certo.

A abnegação de Harvey Milk não era apenas em favor das pessoas a quem tentava dar esperança, embora fosse por elas que estava disposto a encarar o próprio sentimento de morte iminente.

Mas a decisão final de Milk também foi um ato de doação generosa, um ato prático e ao alcance de qualquer um. Porque, quando Milk morreu, a pedido dele seus órgãos foram doados (como todos nós temos a chance, em vida, de autorizar que seja feito na hora da morte).

Embora ele nunca tenha salvado do suicídio gays que ele incentivara a assumir sua oriental sexual, embora ele nunca tenha conseguido promover a paz e a harmonia entre estilos de vida e crenças radicalmente diferentes, só com essa última decisão ele já seria um herói, um doador de esperança e felicidade... como você também pode ser.

Basta comunicar à sua família o desejo de ser doador de órgãos.

Basta comprometer-se a ser um doador naquilo que faz, seja algo grande ou pequeno. A valorizar mais os outros que a si mesmo.

Valorizar o certo, acima da própria vida.

Dar a medida integral da sua devoção. É para isso que estamos aqui.

Essa é a missão. Justiça é isso.

O AMOR TRIUNFA

Malcolm X era um homem revoltado. Os jornais o descreviam como o "homem mais revoltado" dos Estados Unidos. Essa era uma acusação que sem dúvida ele não podia negar.

Era uma característica perfeitamente compreensível. Antes mesmo de enfrentar as terríveis injustiças do país na época, ele tinha nascido na pobreza. O pai morreu de forma trágica, horrenda, quando ele tinha apenas 6 anos. Malcolm foi arrastado para o submundo do crime e passou anos em uma prisão lúgubre.

Havia ainda a presença do racismo, que sempre se fazia presente. Quando tinha 13 anos, o professor do oitavo ano perguntou o que ele queria fazer na vida. Malcolm, orador esperto e inteligente, disse que queria ser advogado. O professor, que o garoto admirava e tinha como inspiração, matou a esperança dele na mesma hora, em um momento de decepção. "Você precisa ser realista sobre o que é ser crioulo", disse. "Advogado... não é uma meta realista para um crioulo."

Imagine uma existência sob tanto infortúnio e crueldade. Imagine mil humilhações e decepções. Imagine um mundo onde, perante a lei, você é um cidadão de segunda classe. Imagine um mundo onde tudo isso é imposto com a ameaça permanente de violência e morte.

Então, sim, ele era revoltado. E, sim, sendo um produto do ódio, ele também odiava.

"O mais terrível de tudo", escreveu Oscar Wilde de dentro de uma cela não muito diferente da que Malcolm conheceu, "não é que parte seu coração". Afinal de contas, corações foram feitos para serem partidos. O que há de verdadeiramente terrível na injustiça, disse ele, "é que seu coração se torna uma pedra".

Na prisão, Malcolm começou a ler. Consumiu livros de filosofia e história. Como Gandhi na Inglaterra, ele absorvia tudo. Porém, como Gandhi bem sabia, em todo esse aprendizado existe um risco em potencial: destruir o que resta das ilusões. Um dia perguntaram a Gandhi o que o preocupava mais na vida. Ele respondeu simplesmente: "A dureza do coração dos instruídos." A verdade que Malcolm aprendeu nos livros, o que ele aprendeu sobre o que vinha sendo feito a seu povo havia centenas e centenas de anos, teve esse exato efeito.

Malcolm entrou para uma seita separatista do islã, a Nação do Islã, que pregava uma supremacia negra radical. A frase "O homem branco é o demônio", ouvida por ele no processo de conversão religiosa, soava autêntica à luz de quase toda a sua vivência, de tudo o que tinha lido. Era quase inevitável, viria a refletir Malcolm mais tarde, que ele reagisse a essa ideia e que "os doze anos seguintes de [sua] vida fossem devotados e dedicados à propagação dela entre a população negra".

Malcolm não demorou a ascender na hierarquia da Nação do Islã, saindo da cadeia como um dos oradores mais apaixonados e polêmicos de sua geração. Porém, ao contrário de Martin Luther King Jr., sua mensagem era violenta. Amarga. Embalada pelo ódio, e não pela esperança.

Em um momento particularmente negativo em 1961, por ordem de Elijah Muhammad, o líder da Nação do Islã, ele chegou a debater uma colaboração com a Ku Klux Klan. Sim, ambos tinham visões de mundo radicalmente diferentes, mas, como os opostos de uma ferradura, estavam assustadoramente próximos um do outro.

Malcolm tinha todos os motivos para ser revoltado.
O problema é que isso nunca o levou a lugar algum.
Não apenas ele se deixou consumir pelo ódio que sentia, mas a própria Nação do Islã foi paralisada por tal ódio. Claro, eles

escreviam e discursavam com eloquência contra as injustiças dos Estados Unidos daquela época. Mas o grupo nunca conseguiu acabar com a segregação em um restaurante sequer. Apesar de todo o discurso de retaliação, nunca chegaram a combater de fato. Na verdade, todo o ódio virtuoso deles foi traído por Elijah Muhammad, que buscava o enriquecimento pessoal e corria atrás de mulheres.

Nas *Meditações*, Marco Aurélio escreveu que "aquilo que não emite luz gera as próprias trevas". Quando nos fechamos para o amor e a esperança, é natural vivenciarmos menos amor e esperança. "Quem endurece o coração virá a cair no mal", relembra-nos a Bíblia (Provérbios 28:14). Nós criamos nossas próprias trevas.

As duas frases acima sintetizam com perfeição a armadilha em que Malcolm X caiu.

Muitos de nós, submetidos a situações bem menos graves, fazemos a mesma coisa. Mas precisamos resistir, abrir espaço para o amor.

Pense em aonde Gandhi chegou no fim. Não somente ele testemunhou quase oitenta anos de lutas e injustiças, mas, quando enfim conseguiu êxito, o que encontrou não foi a paz dos Campos Elíseos da mitologia grega, e sim violência em uma escala que ele nunca nem poderia ter imaginado. Seus aliados de longa data abandonaram a única força que os havia levado à vitória. Seus próprios compatriotas se voltaram uns contra os outros, levando a violência, literalmente, à porta da casa dele.

Gandhi teria todos os motivos para perder a esperança, para desistir de tudo.

Ele poderia (talvez até devesse) ter ficado mais revoltado do que Malcolm. O que torna os últimos dias de sua vida ainda mais belos e perfeitos. Ele se manteve fiel. "Nenhuma causa intrinsecamente justa pode jamais ser descrita como perdida", escreveu. Ele continuou a amar. Continuou com o coração aberto. *Doou* mais. Foi sua maior performance, seu sermão final.

Considerando que Malcolm X morreu pelas mãos da mesma violência que pregou, pode-se concluir erroneamente que sua história acabou nas trevas, que ele deixou este mundo com o coração endurecido.

Foi o oposto. Aos 39 anos, expulso da Nação do Islã, abatido e revoltado, mas sem ter abandonado a fé, Malcolm visitou Meca. Ali, descobriu-se aberto, receptivo à luz que até então acreditava ter desaparecido do mundo.

Malcolm encontrou-se tanto com líderes mundiais quanto com pessoas comuns. Encontrou-se com cristãos e muçulmanos. Encontrou-se com brancos que o trataram com respeito, gente que comungava da mesma fé que ele. Deu-se conta pela primeira vez de que nem todo mundo era racista, que talvez o mundo real não fosse uma guerra de todos contra todos, e sim um lugar onde a maioria está dando o melhor de si, onde existe mais amor do que ele imaginava.

"Estou farto da propaganda alheia", escreveu de lá. "Defendo a verdade, quem quer que a diga. Defendo a justiça, a favor ou contra quem ela for. Antes de tudo, sou um ser humano e, assim sendo, defendo todo aquele e tudo aquilo que beneficiem a humanidade *como um todo*."

Depois do período em Meca, sua vida se tornou mais aberta. Seu círculo de amizades passou a conter cristãos, judeus, budistas, hindus e pessoas sem religião. "O verdadeiro islã", refletiria mais tarde, "me ensinou que são necessários *todos* os ingredientes, ou características, religiosos, políticos, econômicos, psicológicos e raciais, para tornar completa a Família Humana e a Sociedade Humana".

Foi essa perspectiva, essa experiência mais ampla, que em 1964 ele levou de volta às ruas do Harlem, as quais frequentou na juventude, primeiro como criminoso e depois como pregador revoltado. Em seus últimos dias (na época, teria menos de três meses de vida), sua mensagem se tornou inteiramente diferente. "Somente quando a humanidade se submeter ao Único Deus que criou a todos", passou a dizer às plateias, pela primeira vez de um lugar de amor, "somente então a humanidade chegará perto da 'paz' da qual tanto se *fala*... mas rumo à qual tão pouco se *age*".

Malcolm abandonou o ódio e caminhou rumo à luz, rumo ao amor. Ele deixou para trás o separatismo e aderiu aos conceitos de direitos humanos e união humana.

Cada um de nós, na luta contra a injustiça, precisa tomar cuidado. Não é preciso muito para que ela nos endureça, desumanize, arruíne. Nietzsche disse que quem enfrenta monstros precisa cuidar para não se tornar um deles. Trata-se de um testemunho ao verdadeiro caráter de Malcolm X, que ele, por mais imerso que tenha estado no ódio e na maldade, tenha conseguido, no final da vida, fugir de sua atração gravitacional.

Ele não era perfeito. Não teve tempo de abandonar todas as antigas crenças (por exemplo, o antissemitismo). Mas o fato de ter mudado de direção tão tarde na vida, depois de tudo o que viu e vivenciou, dá esperança a nós, meros humanos.

Não podemos deixar os escrotos nos transformarem em escrotos. Não podemos deixar a desumanidade nos roubar a humanidade. Não podemos deixar as trevas nos tornar sombrios. Nós precisamos estar sempre abertos à luz, servir de condutores para a luz. Do contrário, o mundo ficará bastante sombrio. *Nós* ficaremos bastante sombrios.

"O ódio, que tanto é capaz de destruir", escreveu James Baldwin, "nunca fracassou na destruição dos homens que odeiam, e essa [é] uma regra imutável". O amor, por outro lado, protege. O amor confia. Espera. Persevera. Não fracassa.

O amor sempre triunfa.

É, com certeza, um jeito melhor de viver.

Seu coração está crescendo ou encolhendo?

Seu amor, sua compaixão e conexão com os outros, sua esperança em um futuro melhor, está crescendo ou encolhendo?

O coração é um músculo. É preciso fortalecê-lo.
Deixá-lo forte, e não duro e frágil.
Forte o bastante para amar a tudo e a todos, em qualquer situação.
Forte o bastante para não se partir junto com o mundo.

PASSE ADIANTE

Ralph Ellison caminhava por um dos prédios do campus de Harvard, certa noite depois do jantar, quando, por acaso, olhou para cima. Ali, no Memorial Hall, em Cambridge Street, bem em frente ao Jardim de Harvard, ele avistou uma longa lista de nomes gravados no mármore.

"Eu compreendi a importância de forma quase intuitiva", relataria tempos depois o escritor, "e o choque do reconhecimento me encheu de uma espécie de angústia. Alguma coisa dentro de mim gritou 'Não!', contra aquele conhecimento doloroso, pois eu soube que estava na presença de homens de Harvard que deram suas jovens vidas para me libertar".

Cada um daqueles homens tinha dado sua última e plena medida de devoção na Guerra de Secessão Americana, sacrificando-se na flor da juventude pela ideia de que *todos os homens são criados iguais*, libertando da escravidão os avós de Ellison e a alma da nação.

Evidentemente, Ellison tinha bons motivos para não pensar muito naquele gesto de humanidade, tendo nascido sob a pobreza e o racismo e vivenciado no princípio da vida linchamentos, motins raciais e toda a terrível injustiça da época das leis segregacionistas. Além disso, estava ocupado levando a própria vida, travando as próprias lutas e buscando a consagração literária.

Por isso, o que causou uma impressão tão profunda nele foi uma compreensão da história que antes lhe fugia, um senso de "dívida" que nunca mais o deixaria.

Nem pode nos deixar.

Todos nós temos uma imensa dívida para com aqueles que sacrificaram o próprio amanhã para que tivéssemos um hoje melhor, para que o futuro fosse melhor. Eles atravessaram oceanos. Apodreceram em prisões. Pisaram voluntariamente, tremendo de medo, em imensos campos de batalha. Aguardaram. Aceitaram. Desejaram. Suportaram. Alguém lhe deu conforto no dia em que você estava entristecido. Alguém cuidou de você quando era pequeno. Alguém trabalhou horas e mais horas para sustentar você. Alguém construiu essa estrada. Alguém pagou o imposto, alguém investiu o dinheiro, alguém trabalhou neste escritório, alguém foi voluntário depois da catástrofe, alguém não se calou contra um malfeito. Alguém inventou isto. Alguém aprovou esta lei, alguém concebeu estas instituições.

Alguém fez isso por nós.

O que nós fazemos com essa dádiva gratuita? Precisamos concedê-la de graça.

Não é porque ninguém nos pediu, não é porque nossos ancestrais deram sem esperar pela "terceira coisa"... que não existe uma dívida. Uma dívida esplêndida e espiritual, conectada à existência.

Tammy Duckworth perdeu ambas as pernas em um piscar de olhos, quando seu helicóptero Black Hawk foi abatido por uma granada disparada por um míssil. Foi a tripulação que lhe salvou a vida: o copiloto, o subtenente sênior Dan Milberg; o artilheiro de porta, Kurt Hannemann; o chefe de tripulação, o sargento Chris Fierce. Essas pessoas puxaram dos destroços seu corpo quase aniquilado, demarcando um perímetro de segurança apesar dos próprios ferimentos e levando-a às pressas para um hospital. Foram dias de cirurgias e anos de reabilitação até que se restabelecesse, mas ela se recuperou e veio a trabalhar no Departamento dos Assuntos de Veteranos e, posteriormente, a ser eleita para o Senado.

Mesmo assim, ela continua assombrada, não pela ocasional "dor fantasma" nos membros amputados, mas por uma certa dívida. "Todos os dias", explicou, "eu acordo pensando: 'Hei de nunca fazer [minha tripulação] lamentar por me salvar a vida'".

Na vida, não podemos ser só recebedores. Houve um rei da França cuja filosofia era resumida pela expressão *Après moi, le déluge*. Depois de mim, o dilúvio. Ou, como se diz hoje em dia: "Eu vou morrer. Você vai morrer." Por que se importar com as consequências?

Hum, porque alguém vai precisar sofrê-las? Porque alguém se importou com as consequências que teríamos que sofrer?

À luz dessa nossa dívida, nós precisamos não apenas retribuí-la, mas passá-la adiante.

Porque, da mesma forma que nós (que hoje levamos essa vida melhor) fomos importantes para alguém muito tempo atrás, nos deve ser importante a vida das gerações futuras. Temos que plantar árvores para elas. Temos que iniciar processos, carregar a tocha, acender uma procissão de tochas que continuará em andamento depois que nos formos.

Nossa missão é tornar o mundo um lugar melhor para viver, como explicou o político e estoico LeRoy Percy (pai de Will, tio de Walker Percy), mas, na medida da nossa capacidade, "sempre lembrando que os resultados serão insignificantes". Gandhi não tinha certeza se um dia veria os britânicos saírem da Índia, tampouco prometeu que a *satyagraha* valeria a pena para cada indivíduo. Mas ele acreditava que cada um de nós era capaz de dar uma pequena contribuição e que, juntando todos, seria possível adquirir um futuro melhor.

Desejamos que nossos filhos possam descansar à sombra das árvores que plantamos, comer o fruto dessas árvores, respirar o ar puro que elas filtraram. "Se meu pai tivesse feito isso", disse um alquebrado manifestante de 78 anos que pela primeira vez participava de um protesto pelos direitos civis, "eu estaria muito melhor hoje". Vamos fazer com que nossos filhos não precisem dizer algo do tipo. Temos que lutar para evitar que as futuras gerações se decepcionem. Pois, como escreveu Dietrich Bonhoeffer, o teste final da moralidade de qualquer sociedade é "o tipo de mundo que deixa para os filhos".

Para tornar o mundo melhor, não precisamos ser líderes de um grande movimento. Podemos ajudar uma única pessoa. Podemos ser generosos, podemos ser fiéis. Podemos cumprir com nossa palavra, podemos nos recusar a desistir de alguém. Podemos ser aliados. Podemos perdoar. Podemos escolher uma segunda montanha. Podemos persistir, aos poucos reduzindo um problema de grandes dimensões.

Existe um poema, de Will Allen Dromgoole, sobre um homem idoso, em sua última viagem, que se depara com um trecho de estrada destruído pelas águas. Ele consegue chegar ao outro lado, mas, tendo conseguido tal feito, para, em vez de seguir em frente, e trabalha arduamente para construir uma ponte. "Por que desperdiçar sua energia nisso?", pergunta outro viajante. "Você já conseguiu atravessar."

> O velho ergueu a fronte encarnecida:
> "Meu caro amigo, nesta trilha percorrida
> Atrás de mim um jovem encontrei
> Cujos pés hão de pisar onde eu pisei.
> O abismo que para mim foi como nada
> Para o moço loiro pode ser uma cilada.
> Também ele há de cruzá-lo à tênue luz do anoitecer;
> Esta ponte, meu amigo, é para ele que estou a erguer!"

Talvez não consigamos terminar a ponte em nosso tempo de vida. Gandhi não conseguiu. Martin Luther King Jr. também não. Truman não tinha como saber se sua reputação melhoraria com o tempo, assim como Milk não teria como prever totalmente quantos outros ocupariam o lugar dele.

Mas a obra de toda uma vida também é a obra que dá sentido à vida. Se a poeira das estrelas de tamanha bondade nos recobriu, é nosso dever (e nossa *satisfação*) também jogar um pouco dessa poeira sobre os outros.

Estamos tão cobertos pelo pó de estrelas de tamanha bondade que podemos compartilhá-la com outras pessoas.

O futuro depende disso.

POSFÁCIO

Creio que não teria conseguido escrever um livro sobre justiça quando era mais jovem. Para ser bem franco, não tenho tanta certeza se teria me importado a ponto de fazer algo assim.

Como a maioria das pessoas, quando comecei a me interessar pelo estoicismo, o que me atraiu foi o que a filosofia poderia fazer por mim. Eu estava à procura de coisas que me fossem úteis. Meu estoicismo era, em grande medida, ascético, uma questão de cuidar do corpo com rigor, como Sêneca pregava. Acordar cedo. Correr. Atingir meu potencial. Dominar minhas emoções. Disciplina. Fortaleza. Determinação.

Nessa minha interpretação inicial da filosofia havia um certo egocentrismo juvenil: ignore aquilo que não lhe diz respeito, preocupe-se primeiro consigo mesmo e com seu próprio senso de justiça. Se você quiser descobrir como alguém consegue se tornar diretor de marketing de uma empresa com ações cotadas na bolsa pouco antes da idade legal para beber álcool, esse é o caminho. Também é assim que se acaba trabalhando para pessoas repugnantes e publicando um livro intitulado *Acredite, estou mentindo: Confissões de um manipulador da mídia* aos 25 anos de idade.

Obsessão, sobrecarga, ambição e determinação são um coquetel e tanto.

Mas o que o estoicismo tem de bom é que ele vai trabalhando em você. Tenho sorte de ter descoberto o estoicismo, não porque me manteve calmo e ponderado em meio à pressão, mas porque, à medida que os anos foram passando, começou a cair a ficha de sua mensagem mais profunda. A razão pela qual abandonei o marketing, em vez de me tornar um guru das redes sociais, é que o estoicismo me deu a clareza para perceber que eu não era o que estava destinado a ser. Não era um bom caminho para guiar minha vida, por mais que isso me tornasse rico ou poderoso.

Passe um tempo com Marco Aurélio e acabará percebendo que ele fala *muito* do "bem comum" (mais de oitenta vezes, como comentei no *Diário estoico*). Quando se estuda a verdadeira *vida* dos estoicos (o que eu fiz em um livro com esse título), é impossível não perceber o quanto o tema da justiça era importante na vida de filósofos menos conhecidos, que lutaram contra a tirania e as injustiças de Nero, Júlio César e outros imperadores corruptos.

Conforme o estoicismo migrou da Grécia Antiga para a Roma Antiga, de filósofos "lobos solitários" para líderes da vida política, sua linha de pensamento passou por uma transformação. Um estudioso deu a isso o nome de "abrandamento", mas o termo é inadequado. Ao longo das gerações, os estoicos foram se tornando mais abertos, mais voltados para a comunidade, mais dignos, mais generosos. Tornaram-se pilares da sociedade, líderes e heróis cujo exemplo de abnegação, coragem e princípios perduraram por milhares de anos.

Não posso dizer o mesmo a meu respeito, mas com certeza sou uma pessoa melhor hoje e do que quando comecei.

Recordo-me de um dia ter ouvido meu pai dizer algo como "se na juventude você não é progressista, então não tem coração; mas, se você não é conservador quando envelhece, então não tem cérebro". Tempos depois, descobri que essa frase era popular nos programas de rádio e que, na verdade, existem versões dela que remontam à década de 1870.

Deixando de lado nossos partidos políticos modernos, vim a considerar essa uma ideia muitíssimo triste e terrível. Não deveria ser exatamente o contrário? Quando se é jovem, pensa-se principalmente em si mesmo e nas próprias necessidades, e, quando se envelhece, à medida que se ganha experiência, se passa a conhecer cada vez mais pessoas e a pessoa se torna mais tolerante, mais aberta a mudanças, mais interessada, mais disposta a colaborar?

Sim, pode ser complicado manter o idealismo diante de um mundo cruel, mas que tipo de vida você viveu, se vai se tornando mais frio e egoísta com o passar do tempo?

Os maiores estoicos, fiéis à própria filosofia, fizeram o caminho contrário. O imperador Adriano enxergou potencial no jovem Marco Aurélio, mas teria ficado surpreso com o progresso feito pelo pupilo, que evoluiu de um homem arrebatado a um líder benevolente de milhões, escapando, como ele mesmo escreveu nas *Meditações*, da temida maldição da "cesarização", manchando-se de púrpura devido à riqueza e autoridade.

Este é um caminho pelo qual todos temos que passar, não apenas evitando o egoísmo e o cinismo, com a idade, mas certificando-nos de não nos deixarmos endurecer pela profissão ou pelas circunstâncias. Se o tempo e a experiência não o tornam mais generoso, menos desconfiado dos outros e de suas necessidades, mais aberto de coração, que tipo de vida é essa? Porque me soa mais como uma prisão, como uma espécie de praga, que um inimigo rogaria a alguém em uma tragédia teatral, como o preço de quem vendeu a própria alma.

Nunca imaginei que meus livros sobre uma obscura escola de filosofia da Antiguidade me transformariam em um empresário do setor industrial, mas o *Diário estoico* cresceu e virou uma editora, uma empresa de mídia, uma operação de e-commerce e uma livraria em uma cidadezinha do Texas. No sentido de que somos apenas seis ou sete, diariamente, no escritório, trata-se de uma pequena empresa. E, no entanto, nem de longe ela é pequena, considerando o faturamento e o alcance, chegando hoje a dezenas de milhões de pessoas todos os meses.

O motivo pelo qual as empresas terceirizam e contratam prestadores de serviços não é apenas pela economia de custos. É porque longe dos olhos significa longe do coração. Significa não ter que pensar concretamente no que sua empresa é e faz, em quem afeta.

Por isso, à medida que fui construindo meu negócio, tentei fazer a mim mesmo as perguntas que torturavam os estoicos ainda nos tempos do general Antípatro (questões sobre transparência, externalização e consequências cadeia abaixo).

Na Daily Stoic, vendemos moedas de cara ou coroa inspiradas por conceitos filosóficos (de um lado, *Memento Mori*; do outro, *Amor Fati*), que são cruciais para muitos leitores na prática cotidiana do estoicismo. Depois de receber muitas propostas, concluí que fabricar essas moedas na China seria muito mais barato que nos Estados Unidos. Li a respeito dos campos de concentração para uigures, tenho ciência das condições trabalhistas em outros países e sei que enviar desnecessariamente produtos de um lado para o outro do Oceano Pacífico não é das melhores coisas para o meio ambiente.

Mas junto com a ética vêm as despesas comerciais: o custo mais alto por unidade iria além do que meu bolso permitia. Eu seria obrigado a repassar esse custo para o cliente. Era eu que ficaria vulnerável a produtos rivais e imitações.

No fim das contas, tomei a decisão de trabalhar com uma ótima empresa norte-americana, a Wendell's, que atua desde 1882 no estado do Minnesota. Não era a opção mais barata, mas ficou mais honesta e continuou mais do que lucrativa. Ambos estamos atendendo ao próprio interesse e ao mesmo tempo tendo êxito, o que deixaria Adam Smith orgulhoso. Mas vale a pena recordar que, antes de seus trabalhos relacionados ao capitalismo, Adam Smith estudou o estoicismo e, em seu livro *Teoria dos sentimentos morais*, escreveu que devemos agir como se houvesse um espectador imparcial ao nosso lado, observando e julgando as decisões que tomamos.

Ninguém faz uma festa quando você faz o certo. O carma, por mais que nosso sonho seja que existisse, curiosamente nunca aparece. Um dos meus passatempos fora do comum é catar lixo. Eu tenho um saco e uma dessas varetas com um ferro na ponta e saio pelas estradinhas do interior onde moro. Já recolhi toneladas de lixo ao longo dos anos (incluindo, o mais desagradável de tudo, carcaças de animais caçados ilegalmente e de cães de briga desovados). A polícia não parece se importar. Tampouco a maioria dos meus vizinhos. Carma? Por mais pregos que eu recolha no asfalto, continuo tendo os pneus furados.

Mas não fazemos isso para obter reconhecimento. Fazemos porque, se não nós, quem vai fazer?

Começamos de tijolo em tijolo e vamos construindo.

Descobri que a Wendell's embalava em plástico uma por uma de nossas moedas. Segundo eles, o plástico tem um efeito protetor (e é barato). Tenho certeza de que 95% das embalagens em excesso no mundo existem por motivos assim. Porém, em uma única decisão, obtive um impacto maior que em uma vida inteira catando lixo.

Depois que os tanques de Putin avançaram Ucrânia adentro com o apoio do presidente da Bielorrússia, Alexander Lukashenko, precisei avaliar com seriedade meu acordo comercial com o a gráfica que imprime as edições personalizadas, com encadernação de couro, de vários livros que lancei. No fim das contas, trabalhar com a Bielorrússia não era proibido, e me custou o dobro para encontrar um fornecedor britânico que fizesse o mesmo serviço ofertado pela Bielorrússia. Porém, como se diz, não é um princípio enquanto não custa dinheiro.

Eu teria feito a mesma coisa caso fosse uma decisão multimilionária? Não faço ideia. Tenho empatia pelos CEOs que são obrigados a tomar decisões assim. Mas estou me aperfeiçoando em decisões caras: decidir não vender material que achei de má qualidade e que não usaria (mesmo quando os clientes pedem). Decidir não aceitar anúncios de bebidas alcoólicas, drogas ou apostas. Decidir não contribuir para a baixaria da Black Friday e da Cyber Monday (os dois dias de vendas mais lucrativos do ano) e usar essas datas, em vez disso, para arrecadar alimentos (até hoje isso rendeu 627 mil dólares, cerca de 6,2 milhões de refeições).

Tomamos pequenas decisões para podermos tomar as grandes, mesmo sem ninguém ficar sabendo, mesmo que ninguém se importe conosco.

Uma coisa que acabou servindo de estrela-guia para mim (considerando que não inventei o estoicismo nem tenho pretensão em relação a ele, além do fato de que tem gente que parece gostar daquilo que eu tenho a dizer) está escrita em um cartão ao lado da minha mesa: "Você tem sido um bom guardião do estoicismo?"

Ao acessar os números de cancelamento de assinaturas da newsletter da Daily Stoic, vejo com clareza que, à menor menção a nossas obrigações recíprocas, em questões como o racismo ou a desigualdade, perco leitores e clientes. Gente irritada escreve: *O que diria Sêneca a respeito de você usando o estoicismo para falar de política?*, esquecendo que não apenas Sêneca serviu no governo de Roma, como também disse que o estoicismo *obrigava* o filósofo a participar da vida política (na verdade, muitos estoicos, literalmente, eram políticos). É um teste para nós, em um mundo dominado pelos algoritmos: devemos dizer às pessoas o que elas querem ouvir? Ou dizer e fazer aquilo que achamos que precisa ser feito?

O estoicismo é particularmente atraente para homens jovens sofrendo para encontrar um propósito e um rumo na vida. Sei disso porque já fui um deles. Tive problemas com meu pai. Não pertencia a nenhuma tribo, não tinha nenhuma guerra para provar a mim mesmo, não tinha irmãos de armas para me apoiar. Cada geração sente que seu papel na sociedade é precário, mas ao longo de uma geração os jovens encararam recessão, terrorismo, instabilidade política e instituições decadentes, choques seguidos que testaram bastante a fé no futuro.

Temos uma geração de homens jovens perdidos. As mulheres estão brilhando nas escolas, no ensino superior e no mundo do trabalho, de uma maneira que inspira e incentiva. As estatísticas apontam que os homens, nos Estados Unidos e na maioria dos outros países, parecem ter caído em uma espécie de ciclo de destruição. Estão sentindo dificuldade. Estão revoltados. Revoltados porque, além das próprias dificuldades, espera-se deles que cuidem de outras pessoas, que têm suas próprias dificuldades, por outros motivos. Espera-se que levem em conta as desvantagens de outras pessoas, outras injustiças além daquelas com as quais precisam lidar.

Não deveria nos surpreender que demagogos e aproveitadores preencheriam esse vazio, jogando com essas inseguranças e oferecendo (má) orientação, assim como recalques. Eles pegaram as bases da filosofia estoica, perverteram-na, misturaram-na com uma dose de masculinidade tóxica e outra de ressentimento (absorvendo argumentos de direita e normalizando uma espécie de ignorantismo moderno). Deve ser um bom negócio, a julgar pelas enormes audiências on-line de certas figuras polêmicas. Elas falam às pessoas que foram ignoradas e se sentem injustiçadas. Talvez fosse inevitável que aparecesse alguém para atender a essa demanda.

Tudo o que sei é que *eu não serei uma dessas pessoas*. A cada assinatura cancelada e acusação de que virei "militante", aumenta minha determinação de ir contra a expectativa.

O carma não contribuiu muito para isso. Para mim e para minha família, os últimos anos foram marcados por um assédio quase constante, de trolls e extremistas, por nossos posicionamentos contra a proibição de livros, por nosso apoio aos direitos da população LGBTQIAPN+, pelos direitos das mulheres, pelo voluntariado em clínicas de vacinação e pelo trabalho para retirar monumentos confederados de nossa cidade.

Mas eu tenho dois filhos, e isso me torna responsável. Sinto-me obrigado a apresentar um caminho diferente. Carrego uma dívida que preciso pagar, sendo um bom pai e um bom cidadão.

Contestar a crueldade e a indiferença não é posar de virtuoso. Pronunciar-se a favor da gentileza, da justiça e de direitos inalienáveis não faz de você um "militante pela justiça social". Mesmo que fosse o caso, porém, existe algo *melhor* que militar pela justiça ou posar de virtuoso? O que aconteceu com o cérebro de quem *se opõe* a tais coisas?

Durante a pandemia, um jornalista notou uma tendência que batizou de "estoicismo da Covid", essa atitude de *Não tenho medo desse vírus. Não preciso usar máscara ou me vacinar, como se eu fosse um maricas. Por que tenho que mudar uma vírgula do meu comportamento pelos outros?* É um tipo de indiferença reacionária, quase histriônica, uma incapacidade de pensar em "como a outra metade vive", de pensar que nem todo mundo é jovem ou saudável ou tem o mesmo acesso a cuidados de saúde. Fundamentalmente, uma crise da saúde pública destrói a ficção da separação (a mentira do individualismo). A pandemia deveria ter lembrado a todos nós que estamos nessa juntos, que estamos tão seguros quanto o mais vulnerável de nós.

Mais de *um milhão* de norte-americanos morreram. Em todo o planeta, muitos outros milhões perderam a vida. Muitos não precisavam ter morrido. Se todos tivéssemos tomado decisões melhores, muitos mais estariam vivos hoje.

O estoicismo é o contrário disso. Não estamos aqui por nós mesmos. Não podemos assistir ao mundo pegar fogo. Nosso papel é tentar salvar o mundo... e, se não der, pelo menos podemos tentar não contribuir para o problema.

Estudar a história me levou a crer que existe um tipo de matéria sombria dentro da raça humana. É diferente do mal (do qual, é claro, todos são capazes), mas é um tipo de energia contrária, que trafega de uma questão para outra, de uma era para outra. Sua origem é o interesse egoísta, a autopreservação, o medo, a vontade de não ser incomodado, de não mudar, de não ter que se envolver. Ela se manifesta de mil maneiras, mas, quando se sabe como reconhecê-la, passa a fazê-lo em toda parte.

Ela apareceu em grandes momentos da história. A acusação contra Sócrates, a crueldade judicial de Pôncio Pilatos, a Inquisição, a Confederação, a exploração do colonialismo, o impedimento da Reconstrução, a colaboração na França derrotada pelos nazistas, as pessoas que gritaram insultos e vaiaram Ruby Bridges quando ela entrou na escola pela primeira vez. Também aparece em momentos menores e recentes, quando um morador de determinada comunidade tenta barrar novos projetos de construções durante uma reunião do conselho municipal, quando se assedia um bibliotecário para proibir um livro, quando se ignora uma chacina ou a aceleração das mudanças climáticas porque a solução é politicamente complicada, quando se hasteia a bandeira Thin Blue Line para combater movimentos sociais importantes, quando se criticam os excessos da cultura de cancelamento, quando se renega um filho que acabou de revelar que é gay ou trans, quando se propõe "deixar rolar" um vírus que assola e mata.

Essa energia sombria está dentro de cada um de nós, mas nossa natureza também tem um lado angelical. Qual dos dois vencerá?

Marco Aurélio fez uma observação que é uma das minhas preferidas, escrita durante uma de suas próprias pandemias devastadoras: que existem dois tipos de peste. Uma delas pode tirar sua vida, disse ele, mas a mais preocupante é a que pode destruir seu caráter. Uma das imagens mais indeléveis que temos de Marco Aurélio é do homem chorando, inconsolável, diante das incontáveis vítimas ceifadas pelo vírus de sua época... e sem dúvida botando para fora a frustração pela crueldade e indiferença de pessoas que ele julgava conhecer, por quanto se revelou mais difícil tentar fazer o certo.

Uma filosofia que o torna insensível ao flagelo alheio, qualquer filosofia que empurra para baixo (quem é diferente ou quem possui menos) e não para cima (como a Oposição Estoica fez com César, Nero e Domiciano), uma filosofia que odeia em vez de amar?

Ideias assim são a peste do nosso tempo.

Se existe uma coisa que eu não consegui tratar o bastante neste livro foi a questão do amor e dos relacionamentos. Sempre achei que os estoicos não foram muito longe na conexão da amizade e da afeição com a virtude da justiça. No livro *O chamado da coragem*, eu queria incluir uma história sobre Charles de Gaulle. Neste livro, novamente não consegui achar o melhor lugar para ela. Em 1928, ele e a esposa tiveram uma filha chamada Anne. Ela tinha síndrome de Down (embora no linguajar da época as pessoas se referissem a ela em termos bem menos gentis, e a maioria das famílias, tragicamente, enviassem essas crianças para instituições). De tudo que De Gaulle realizou, de tudo que ele fez pela França e pelo mundo, sua relação com a filha me parece uma das coisas mais impressionantes.

"Ela não pediu para vir a este mundo", dizia ele. "Temos que fazer de tudo pela felicidade dela." No fim, porém, a questão não é o que ele fez por ela, e sim o que ela fez por ele. Anne o tornou mais suave, mais aberto, uma pessoa melhor. "Acho que ela desempenhou um papel fundamental na vida dele", diria um amigo íntimo. "Em Londres, ele costumava refletir enquanto caminhava de mãos dadas com ela, e talvez o tom de suas reflexões tivesse sido um tanto diferente, se elas não tivessem surgido na presença da dor."

No posfácio de *Disciplina é destino*, comentei que fiquei sem inspiração e quase tive que pedir um prazo maior ao meu editor. Na verdade, foi neste livro que acabei fazendo isso... por motivos muito diferentes. Decidi adiar em um ano o término deste livro, de modo a ser melhor como pai, marido, chefe e ser humano.

Todos os artistas são, até certo ponto, profundamente egoístas. A dedicação à profissão os consome naturalmente, deixando todo o resto em segundo plano. Wright Thompson (o cronista esportivo cujos textos sobre Michael Jordan, Tiger Woods, Muhammad Ali e Ted Williams eu citei em vários de meus livros) falava do *custo dos sonhos*. Tornar-se excepcional no próprio ofício exige muito do indivíduo, mas também exige muito das pessoas ao redor. Da esposa, dos filhos, dos subordinados, dos rivais, dos estranhos com que cruzamos na rua. O custo do sucesso é pago, em grande parte, não por nós mesmos, mas por aqueles que nos amam, nos apoiam e trabalham incansavelmente por nós (e que, mesmo quando bem pagas, provavelmente não recebem o crédito que mereceriam).

No fim das contas, porém, não importa o tipo de trabalho que você faz ou aquilo que conquista. No fim, você é julgado pelo modo como trata as pessoas mais próximas. Adiar o livro foi uma bênção. Também foi um desafio. Revelou coisas com as quais uma versão muito mais ocupada e inacessível de mim mesmo simplesmente não precisava lidar antes.

Passei a ter uma consciência melhor do fardo que outras pessoas carregavam para mim, dos sacrifícios que faziam por mim, para que eu pudesse perseguir meus sonhos. Não consigo conceber por completo o que é conviver comigo todos os dias, que dirá ser casada comigo por tantos anos, mas pelo menos hoje com certeza entendo que não é exatamente fácil para minha esposa. Tentar compensar isso tem sido um processo complexo, mas se não conseguirmos encarar nosso próprio passado, nossos próprios erros, só vamos perpetuá-los.

À medida que fui retomando a pesquisa e recomeçando a escrever, tive que praticar uma disciplina de trabalho de outro tipo, concentrando-me mais no equilíbrio e dando prioridade aos outros e às necessidades deles. Mas o benefício inesperado foi que, depois de tomar a decisão um tanto apavorante de colocar o lado profissional depois do pessoal, acho que o resultado acabou ficando melhor.

E mais: sinto-me mais feliz e minha casa se tornou mais igualitária.

Tentei devolver para o mundo essa energia.

Algum tempo atrás descobri que um dos meus colaboradores favoritos estava agindo em causa própria, criando uma empresa à qual atribuiu contratos superfaturados e embolsando dezenas de milhares de dólares com esses serviços terceirizados.

Eu fiquei tão possesso. Tão possesso.

Esse momento foi uma encruzilhada para a pessoa, mas para mim também. Se eu fosse mais novo, não só iria querer sangue, como iria conseguir, na necessidade de provar que comigo ninguém mexia. Em vez disso, tentei enxergar tudo "à luz serena da filosofia moderada". Tentei praticar a misericórdia sobre a qual escrevo.

No livro *Os miseráveis*, o bispo Myriel deixa o ladrão ficar com o produto do roubo: *Use para se tornar um homem honesto*. Isso parecia estar muito fora de alcance. No entanto, fizemos um acordo em que quaisquer ganhos ilícitos seriam devolvidos. Para minha surpresa, a pessoa queria manter o emprego, e dentro de mim havia um lado mais fraco que só preferiria fingir que nada tinha acontecido. Mas como isso seria justo para com os demais colaboradores da empresa? ("A justiça é uma terrível tirana", disse Truman). Mesmo assim, pude preservar a dignidade e o futuro da pessoa. Ela pôde aprender com isso e evoluir... seja lá onde foi parar.

Será que vou me arrepender? Talvez. Talvez o caráter da pessoa já esteja formado e seja tarde demais. Mas me sinto bem sabendo que o meu continua intacto, e que minha capacidade de empatia aumentou nesse processo. O perdão, dizem, é um presente que se dá a si mesmo. Meu objetivo era me poupar da amargura, da paranoia, do ressentimento, da distração e da culpa. Meu objetivo era não fazer nada que eu viesse a lamentar e não desperdiçar tempo, energia e dinheiro na busca de uma "justiça" vestida de vingança ou castigo.

Por mais que pessoas problemáticas nos causem problemas, os estoicos fazem questão de nos lembrar de que, na mesma medida, essas pessoas nos apresentam uma oportunidade. Não foi uma experiência agradável, mas de fato influenciou o conteúdo deste livro.

Meus filhos, assim como talvez os seus, não demonstram muito interesse pelo meu trabalho. Na verdade, enquanto eu escrevia este posfácio, meu filho mais velho pegou um exemplar do *Diário estoico* e disse: "Olha, esse é o livro do papai, *Diário esterco*."

É sempre bom quando nos trazem de volta à realidade...

Embora meu palpite seja que este livro não será o mais vendido da série sobre virtudes, se eu escrevi um livro que gostaria que meus filhos lessem, seria este (pois o escrevi para eles como uma espécie de testamento ético).

Como eu disse antes, o que me levou ao estoicismo foi o que ele poderia fazer por mim. Ao longo dos anos e das dificuldades que enfrentei, convenci-me mais do que nunca de que optar por esta filosofia representa aceitar certa responsabilidade. Significa assumir um certo papel de guardião.

Até os melhores entre nós terão dificuldade para estar à altura desse papel.

Mas tentar nos torna pessoas melhores.

Nos desafia, nos envergonha, nos esmaga.

Mas também é a coisa mais significativa e recompensadora que já fizemos.

No final da nossa vida, não vai importar tanto se as pessoas nos achavam dedicados ou se os riscos que assumimos na carreira valeram a pena. Queremos que alguém diga: "Foi uma boa pessoa. Honesta, decente, generosa, fiel e gentil. Fez do mundo um lugar melhor."

A vida é curta.

Seja bom. Faça o bem.

Ame e seja amado.

Tente deixar o lugar melhor do que quando o encontrou.

Faça o certo.

Já.

RYAN HOLIDAY

MIRAMAR BEACH, FLÓRIDA, 2023

QUAL É A PRÓXIMA LEITURA?

Para a maioria das pessoas, bibliografias são chatas. Para quem gosta de ler, são a melhor parte. No caso deste livro, que recorreu a tantos autores e pensadores incríveis, eu não teria como fazer caber a bibliografia inteira. Em vez disso, preparei uma lista completa, não apenas de todos os grandes livros que influenciaram as ideias que você acabou de ler, mas também daquilo que tirei deles e as razões pelas quais talvez você goste de lê-los. Para receber essa lista, por favor mande um e-mail para books@therightthingrightnow.com ou acesse therightthingrightnow.com/books (site em inglês).

POSSO OBTER AINDA MAIS RECOMENDAÇÕES DE LIVROS?

SIM. Você também pode se tornar assinante da minha lista mensal de livros recomendados (a essa altura, já na segunda década). A lista já reúne mais de duzentas mil pessoas do mundo inteiro e recomendou milhares de livros capazes de mudar nossa vida: RyanHoliday.net/readingnewsletter. Vou começar indicando dez livros incríveis, que eu sei que você vai adorar.

AGRADECIMENTOS

Outro capítulo que eu queria muito enfiar neste livro, mas ficou sem espaço, se tratava de gratidão. Nenhum de nós estaria aqui sem a ajuda de muitas pessoas, e certamente este livro não existiria sem incontáveis amigos e os serviços que prestaram. Sou grato a minha editora, a Portfolio, e à turma que publicou não apenas meu primeiro livro, mas todos os outros desde então. Devo muito a meu agente, Stephen Hanselman, por me apoiar e defender. Este livro, em específico, foi melhorado pelas observações de Dolores Molina (minha avó extra), David Roll, Sam Koppelman, Peter Singer, Nils Parker, Dear Beloved, Tyler Shultz, Hristo Vassilev e Billy Oppenheimer. Agradeço ao saudoso Paul Woodruff pelo incentivo e, acima de tudo, por como moldou a vida de filósofo, até bem no fim. O universo Daily Stoic como um todo não poderia funcionar sem o trabalho incansável de gente como Dawson Carroll, Deezie Brown, Chelsea Dobrot, Rachel Penberg, Jess Davidson, Brent Underwood e muitos outros. Tenho uma dívida de gratidão para com os vários escritores, pensadores e figuras heroicas cujos textos, ideias e vidas preencheram as páginas deste livro (e, a rigor, toda a minha obra). Não teria feito sem vocês... só me resta tentar passar adiante. E, como falei no posfácio, minha maior dívida é com minha família. Samantha, obrigado por toda a sua paciência, compreensão e amor. A meus meninos, Clark e Jones, obrigado por me motivarem a acordar e a voltar para casa. Jones, você pediu que eu falasse de coelhinhos neste livro, então considere o pedido atendido. Coelhinho, coelhinho, coelhinho.

1ª edição	JUNHO DE 2025
impressão	IMPRENSA DA FÉ
papel de miolo	HYLTE 60 G/M^2
papel de capa	CARTÃO SUPREMO ALTA ALVURA 250 G/M^2
tipografia	REGISTER